U0680246

数字孪生赋能交通强国高质量发展研究

SHUZI LUANSHENG FUNENG JIAOTONG QIANGGUO GAOZHILIANG FAZHAN YANJIU

赵光辉◎著

人民出版社

序　一

在推动我国交通运输行业发展及其公共政策供给，以及交通科技研究等方面，我和赵光辉教授有一些接触和交流，很赞同他追求科技与公共管理融合研究的态度。读完《数字孪生赋能交通强国高质量发展研究》后，我对作者又有了全新的认识。

这是我所知道的国内第一本专门分析数字孪生促进交通发展的研究著作，具有一定的引领价值。此书的落脚点是时代新兴科技数字孪生，紧密结合我国交通发展现状，分析发展趋势，让人不得不佩服其敏锐的眼光和严密的逻辑。

我认为《数字孪生赋能交通强国高质量发展研究》一书中有两大板块值得读者朋友们品读回味，一是交通发达国家对数字孪生技术的应用及其获得的成就；二是赵教授对数字孪生促进我国交通高质量发展的分析。这两大板块的内容，让人意识到时代前沿的交通科技居然可以为一个国家的发展带来如此庞大的力量，及时认知这一情况，才能够攀上时代发展的风口，才能有所斩获，有所成就。数字孪生将成为我国交通强国战略中的一大利器，其铸就的数字之路指明了我国交通未来发展的方向与趋势。在万物皆可数字化的数字时代，数字孪生的发展不断改变着大众的生活品质。它实现了现实世界在数字空间的真实复制与演变，并在物联网的时代背景下完成了现实事物在虚拟空间的孪生体相连。这项技术可以提供现实事物状态信息的动态演示及相应变化，对事物的改良发展、升级迭代有极大的促进作用。数字孪生落地我国交通运输领域后，逐渐成为我国交通发展的重要技术。数字孪生不仅是我国交通发展的技术支撑，在全球范围内其最常见的应用领域都是交通运输行业。

从本书中，我看清了数字孪生技术与我国交通运输行业的融合路径，也赞同赵教授就“数字孪生赋能交通强国高质量发展”表达的观点与策略。该书有助于我们认清中国交通运输行业的发展状况，明确我国与交通发达国家的差距所在。就我国交通运输行业发展现状而言，虽然整体形势一片大好，但部分领域与交通发达国家技术水平差距并未缩短，这正需要数字孪生技术的有效运用、正确运用，需要更多中国交通人凝聚数字质量，深厚耕植我国交通运输的技术实力。

我相信，《数字孪生赋能交通强国高质量发展研究》一书定会获得无数交通相关人士的青睐，因为这本书可以带来实际价值，可以视为事业发展的指引。比如书中“数字时代赋能交通发展新动能”部分，从多个层面分析交通发展的关键技术，并结合业内人士的发展观点指明了动能所在、动能所需，以及动能所向。这不仅有助于读者朋友对数字力量与交通运输融合发展产生更具象的认知，更能够引导相关人士发现这一趋势中的重要机遇。

读完《数字孪生赋能交通强国高质量发展研究》样稿，我与赵教授进行过一次深谈，在这次深谈中我获益良多。我发现作者客观、坦诚的学术态度，是书中观点不由让人信服的主要原因。作者直言不讳地讲解了我国在数字孪生应用过程中的不足，更缜密分析了我国与交通发达国家的实质差距，让人心怀不甘的同时不禁激发出一种动力，这种动力应该是我国交通人的担当、责任。

总结来说，在细读《数字孪生赋能交通强国高质量发展研究》过程中我受到的震撼颇多，赵教授深入浅出的表述也为我带来了诸多启迪。所以我十分乐于将本书推荐给各位读者朋友，更希望我国交通人细细研读这本佳作，相信本书定会在我国交通运输领域掀起一股“数字孪生”发展热潮，为我国交通发展创造一种趋势和无数机遇。

徐晓林

（国务院学位委员会公共管理学科评议组成员，华中科技大学公共管理学院原院长、教授、博士生导师）

序　二

赵光辉博士是我在密歇根大学的访问研究员，我对他近十年来一直坚持研究大数据交通、大数据科技，特别是智能制造和交通科技融合痴迷研究的精神表示赞赏，从来都是鼓励他在自己喜欢的交通运输领域把自己的想法写下来。在拿到《数字孪生赋能交通强国高质量发展研究》样稿时我倍感欣慰。因为在多年包括交通科技在内的智能制造科技的研究过程中，我曾多次看到这一数字技术对西方国家交通发展带来的改善，但从全球接触到的各种资料后发现中国交通领域对这一技术深入研究的著作寥寥无几。这本书的出版可谓弥补了中国交通科技领域的一大空白，相信本书也将获得许多交通运输领域朋友的青睐。

研读过《数字孪生赋能交通强国高质量发展研究》之后，我发现赵博士的观点非常独到，书中对数字孪生的分析不仅结合了行业需求、时代趋势，更联系到了经济社会发展与技术价值。同时作者还对数字交通发展的各项策略进行解读，确保了书中观点与国家政策的一致性与实用性。同时，本书又具备一定的科研深度。赵博士在分析“数字孪生赋能交通强国高质量发展”中汲取了国内外的先进经验，以交通发达国家的应有方式为主导，结合我国交通发展的实际情况，产生了一条数字孪生的落地之路。

总体而言，本书是一部文风严谨、观点鲜明的交通科技研究著作。书中介绍了大量中外数字孪生在交通运输领域的具体应用，并对这一数字技术的应用方法进行了细致的分析与阐述，让读者朋友明确了学习、运用这一科技的正确方法。

我国交通运输行业的数字化、智能化发展已是必然趋势，如何获得卓越的发展成果是当代交通人士都在思考的问题。作者对这一问题的解答看似剑走偏锋，用一种新兴交通科技诠释了一种发展趋势，但各种观点都具有较强的落地性，且运用了大量事实佐证，让我不禁暗暗赞叹赵光辉博士的思维竟然如此缜密、清晰，抽丝剥茧的理念表达竟然指明了一个民生领域的发展道路。我国政府出台的《交通运输领域新型基础设施建设行动方案（2021—2025年）》中明确提出："坚持创新驱动、智慧发展，以数字化、网络化、智能化为主线，组织推动一批交通新基建重点工程，打造有影响力的交通新基建样板，营造创新发展环境，以点带面推动新基建发展，促进交通运输提效能、扩功能、增动能，不断增强人民群众获得感、幸福感、安全感。"在《数字孪生赋能交通强国高质量发展研究》一书中我看到了这种发展趋势，更找到了交通发展增强人民群众"获得感、幸福感、安全感"的有效方法。所以我认为本书即将成为交通人士的阅读佳作，这份视野开阔、立足实际、透彻分析当代交通数字化、智能化发展趋势的作品一定可以让读者朋友收益良多。这部"明道"之作也将掀起我国交通科技发展的新浪潮，引领我国交通运输行业获取巨大突破。

在我们这个时代，每个人都有故事，把自己喜欢的想法变成能够和他人分享、能够感动他人、能够对他人的精彩故事有意义，就是一种学术研究的动力源泉。期待赵光辉博士能够把中国交通运输最新的数字孪生实践，以一种生动的故事讲到全世界，传播出中国交通强国的声音，也能让全世界都能理解罗马不是一天建成的，中国交通强国也不是一天建成的。

倪　军

（美国密歇根大学工程学院终身教授、世界经济论坛未来制造委员会主席，中华人民共和国国际科技合作者获得者，上海交通大学未来科技学院院长、教授、博士生导师）

前　言

2011年，在美国空军研究实验室的研究分享中诞生了这样一个名词——数字孪生，这一名词的出现代表着一种数字力量开始改变世界、改变时代。2021年，数字孪生已遍布世界各个角落，成为全球多个行业的核心发展力量。它通过将真实世界二进制化，将真实事物采样、量化、编码，在虚拟空间创造全要素数字模型的方式加快了世界发展的脚步，创造了一个个举世瞩目的成就。

在数字孪生改变世界发展的过程中，其在交通运输行业的运用最为深入，对交通运输领域带来的发展最为突出。如今，数字孪生不仅成为许多交通发达国家智能发展的重要标志，更带动了这些国家的经济进步。自2019年我国交通运输部发布了《数字交通发展规划纲要》后，我国交通也开始进入数字化、智能化升级阶段。数字孪生随之与我国交通运输行业的发展深度融合，带领我国交通逐渐迈向世界一流水平。

在贵州财经大学出版专著基金支持下，我们经过三年的不懈努力形成了本书。基于我国交通发展的这一趋势，对数字孪生赋能我国交通高质量发展的策略、途径与方式进行了全方位分析阐述。本书共22章。分别讲述了数字孪生推动全球交通跃变发展的趋势；分析了国际数字孪生交通的应用方法与应用成果；之后详细讲解了数字孪生助力我国实现交通强国目标的路径，最后总结了数字孪生未来发展的方向与重点。

本书可以视为数字孪生在我国交通领域落地融合的白皮书，也可以视为数字时代下交通运输行业方向变革的指引。相信在阅读本书的过程中，交通领域从业者、交通领域管理者、交通领域相关创业者以及对交通科技感兴趣的读者定会获益良多，充分感受到我国交通运输行业在数字力量支撑下的铿锵步伐。

为提高本书内容的可读性，笔者搜集了大量国内外数字孪生与交通融合的经典案例；为确保本书观点的正确性，笔者阅览了大量交通数字化发展的相关政策，分析解读了政策的核心观点；为增强本书知识点的实操性，笔者详细拆解了数字孪生的每一种应用模式，并结合我国实际情况进行了关联性总结分析。相信本书的出版可以促进我国交通运输行业的发展，可以弥补数字孪生质变我国交通发展的知识空白，让广大读者了解数字孪生与交通融合的理论依据。

总而言之，本书的编撰出版既是对我国交通强国战略目标实现路径的分析，也是对全球前沿数字科技的诠释。希望本书可以为读者朋友带来更多惊喜，为我国交通发展贡献一份绵薄之力。

最后，由于笔者水平有限，书中难免有不足和疏漏之处，恳请广大读者朋友批评、指正，笔者万分感激。

目　录

赋能篇：数字孪生，绘就交通强国蓝图

趋势篇：数字新世界的中长期发展方向与重点

引　言

一、数字孪生交通发展理论源流

数字孪生（Digital Twin）与交通发展的理论结合，首先要认清数字孪生的概念是源自工业界的一个新兴概念，其官方定义较为复杂，即充分利用物理模型、传感器更新、运行历史等数据，集成多学科、多物理量、多尺度、多概率的仿真过程，在虚拟空间中完成映射，从而反映相对应的实体装备的全生命周期过程。简单而言，数字孪生就是在一个设备或系统的基础上，创造一个数字版的“克隆体”。其概念层面结合交通发展理论的亮点，在于其“全生命周期过程”“实时”与“双向”三个特点。全生命周期指数字孪生可以贯穿产品包括设计、开发、制造、服务、维护乃至报废回收的整个周期，它并不仅限于帮助把产品更好地造出来，还包括帮助用户更好地使用产品；实时指在本体和孪生体之间，可以建立全面的实时或准实时联系，两者并不是完全独立的；双向则是指本体和孪生体之间的数据流动可以是双向的，并不是只能本体向孪生体输出数据，孪生体也可以向本体反馈信息。交通运输层面的管理可以根据孪生体反馈的信息，对本体采取进一步的行动和干预。由概念引申可见，数字孪生理论借由孪生城市交通、数字孪生在其他方面的应用、数字孪生应用案例、数字孪生技术面临的挑战与发展趋势、数字经济产业政策，一定程度上正在也必将改变交通运输行业的底层逻辑，作为代表未来交通运输领域的一个重要技术要点，为掌握其技术框架的交通运输高质量发展而持续赋能（陈根，2020）。

数字孪生与交通发展理论的结合，同时也源于数字孪生与智慧城市概念的融合。5G 开启了万物互联的时代，云和端之间可以建立更紧密的连接。这也就意味着，更多的数据将被采集并集中在一起。这些数据，可以帮助构建更强大的数字孪生体。例如，一个数字孪生城市。再深入些，首当其冲的就是数字孪生城市中的交通运输体系。在智慧城市背景下，基础设施（水、电、气、交通等）的运行状态，市政资源（警力、医疗、消防等）的调配情况，都会通过传感器、摄像头、数字化子系统采集出来，并通过包括 5G 在内的物联网技术传递到云端。城市交通的管理者，基于这些数据以及城市模型，构建数字孪生体，从而更高效地管理城市以分秒为单位的交通运输状态。数字孪生交通理论为智慧城市相关的产业提供借鉴和参考，为各地智慧城市建设提供一种新思路、新模式、新途径、新方向。数字城市交通与物理城市交通两个世界精准映射、孪生并行，在数字城市模型上加载全量交通运载数据资源，实现数据驱动下的全景可视化和动态高效管理。同时交通调整决策和方案在虚拟空间仿真，在现实世界执行，以虚拟服务现实。数字孪生交通结合智慧城市，将具有更敏锐的城市脉搏感知能力、更全面的数据融合能力、更透彻的城市运行规律洞察能力、更强大的预测仿真推演能力，未来将形成虚实协同、深度学习、自我优化、内生发展的高度智能化的城市交通发展新形态。在智慧城市融合下的交通运输范畴内，数字孪生带来的回报更大，当然，城市数字孪生的部署难度也更大（高艳丽等，2019）。

数字孪生交通发展理论的拓展，源于国内大基建的宏观政策背景，二者紧密相关，关系密切。基建工程是数字孪生的一个重要应用领域。尤其是对中国这个“基建狂魔”来说，引入数字孪生意义更加重大，而基建工程的背后，与交通运输及其理论支撑联系紧密（杜明芳、邢春晓，2021）。具体理论引申的表现为，在修建高速公路、桥梁等基础设施前，完成对工程的数字化建模，然后在虚拟的数字空间对工程进行仿真和模拟，评估交通工程的结构和承受能力，还可以导入流量数据，评估工程是否可以满足投入使用后的需求。在工程交付之后，还可以在维护阶段评估工程是否可以承担特殊情况的压力，以及监测可能出现的事故隐患。数字孪生交通在大基建趋势下，不仅仅是技术手段的升级，它改变了基础设施项目从设计、施工到后期运营维护的协作方式；解决了以往无法反馈数据变化的问题，使整个交通运输状态基于一个数据整合的平台，实时得到最新的数据更新（安筱鹏，2021）。学界普遍认为，未来十年是数字基础设施的安装期，在加速迭代的数字交通时代，数字孪生驱动的新基建在交通领域的想象空间十分开阔，会是行业的下一个风口。

基于工业 4.0 背景，数字孪生交通理论同时也迎来了相关理论的加速变革。工业 4.0 对交通运输领域的核心要求是数字化，数字孪生发挥基于模型的交通负载解决方案、基于模型的分类型谱化和模块化管理方案、基于模型的软件全生命周期管理方案、基于模型的运输成本管理方案、基于模型的交通再造革新验证解决方案以及基于模型的闭环复盘综合方案等一系列数字化方案，依托海量数据，融合虚拟现实、仿真、大数据、物联网、人工智能、区块链等跨学科数字技术，通过现实世界与虚拟空间双向映射、动态交互、实时连接，记录、仿真、预测交通运输的对象全生命周期的运行轨迹，实现工业 4.0 政策倡导下的数字交通系统内海量的数据信息与资源的配置（克里斯蒂安·曼蔡、李努斯·施劳宜普纳，2021）。工业 4.0 驱动下的智慧交通系统若高效结合数字孪生技术，将实现先进的信息、通信、电子控制和计算机处理技术有效集成，应用于交通运输系统，以提高交通系统的运行效率。目前，智慧交通系统相关理论研究主要应用于城市交通和高速公路方面。但随着中国交通运输行业日益发展，“互联网 +”和多种交通运输方式协同发展的战略被提出，如：智慧城市轨道交通、智慧高铁、智慧航空、智慧港口等（曾岳、朱良才，2020）。为满足科技和行业的发展需求，工业 4.0 之下的数字孪生交通发展理论亟须进行更多论证与实践案例佐证。

综合而言，数字孪生是基于美国密歇根大学的迈克尔·格里夫斯（Michael Grieves）教授的研究所提出的概念，之后这一提法得到广泛的认同并沿用至今。数字孪生本身的理论方法已经走过了几十年的发展历程，从

20 世纪 60 年代美国航空航天局的阿波罗登月计划开始，数字孪生技术广泛应用于各个行业中。但数字孪生结合交通运输领域的理论源流则更多是在近 5 年才被广泛关注与提及的，其理论沿革经历数字孪生概念从工业领域的破圈，顺着工业 4.0 概念的东风逐步被国内学界知悉并认可，依托 5G、智慧城市概念与国内大基建背景而最终实现了理论结合实践的初步融合，细分于数字孪生交通领域的相关研究目前客观上看仍较为单薄，具备较高学术价值且切入这一细分概念进行深挖的学术研究较为稀缺，虽然在目前有限的学术争鸣中能够找到一些论点独特的文献参照，但总体的研究空间可以说已经随着我国越发重视数字经济，重视科技结合民生层面的竞争而快速打开，以上的数字孪生交通发展理论溯源只是起点，未来可期。

二、数字孪生交通引领交通运输现代化发展

数字孪生交通，正在成为数字孪生重要的应用场景并持续体现其核心价值，其总体的方向是实现交通运输现代化的前提下，为交通运输的 5G 化、数字化、智能化持续赋能，锚定广阔的想象空间并最终逐步攻克实现。

数字孪生交通助力交通运输现代化，实际上是利用数字孪生的技术手段，解决交通工程中遇到的一系列决策问题。从本质上讲，数字孪生交通是应当有助于优化交通中的物理对象或过程的历史和当前行为的不断发展的交通系统数字档案。数字模型是基于跨越一系列维度的大规模、累积、实时，真实交通世界的数据测量。因此，数字孪生交通必定依赖高精度的交通检测器数据。数字孪生交通是以数字化方式创建交通系统中各类交通物理实体的虚拟实体［包括交通基础设施、交通参与者（机动车、非机动车、行人）、交通环境］，借助历史数据、实时数据以及运算方法等，模拟、验证、预测、控制各类交通物理实体全生命周期过程和全交通运行过程的技术手段（宋晓峰，2020）。因此，真正的数字孪生技术不仅能够准确地将现实交通世界以数字化方式进行漂亮的表达，同时也能够模拟 / 仿真 / 分析 / 虚拟调试现实交通世界中发生的问题或未知的问题，另外还能够回到过去，解决问题，预测未来，

减少失败，并且与真实交通系统实现交互对接，将现实世界中的交通系统效率提升到全新的高度，以此来实现交通运输的现代化与数字化融合发展。

呼应《关于推进交通运输治理体系和治理能力现代化若干问题的意见》，交通运输现代化目标与数字孪生交通技术的应用目标高度对照。一是建立健全交通运输法治体系。按照习近平总书记关于"法治与改革是'鸟之两翼、车之两轮'"重要指示要求，落实全面依法整治交通治理问题，尤其是数字交通趋势下的法治革新与二次厘清问题需要数字技术辅助支持。二是对应政府、市场、社会3个治理维度，完善交通运输行政管理体系、完善交通运输市场治理体系、完善交通运输社会协同共治体系，数字孪生在此主要侧重的是技术输出与技术支持。三是对应基础设施建设、出行服务、货运物流等3项行业主要职责任务，建立健全交通基础设施高质量发展政策体系、完善交通出行保障政策体系、建立健全现代物流供应链体系，这些体系背后的技术需要挂靠数字孪生技术来彼此成就，体系与技术的统一即表现于数字孪生交通的应用水准。四是对应安全、智慧、绿色、开放4个方面的治理理念和价值导向，完善交通运输安全与应急管理体系、完善交通运输科技创新体系、完善交通运输绿色发展体系、完善交通运输开放合作体系，数字孪生将率先解决安全与智慧两个要点，绿色与开放两个方面需要相关技术的延伸。五是完善高素质交通运输人才体系，夯实行业治理现代化基础保障。交通人才补充的一个重要方向即数字化人才缺口的补足，招募一些熟稔数字孪生技术的高科技人才进入交通运输行业，将作为各区域交通发展现代化建设的一个重要考核考量指标。六是坚持和加强党对交通运输治理现代化的领导，落实全面从严治党制度，健全权威高效的制度执行机制，数字化交通管理对此有更高效率的解决方案，数字孪生技术的应用可以通过虚实两个平台来实现党管交通的高效实现（耿彦斌等，2019）。

在数字孪生助力交通运输现代化的过程中，也应客观判断这是一个需要时间、技术投入累积的漫长进程，现有相关产品的一些问题侧面表现了数字孪生助力交通现代化的误区与方向性错误。其一，并非界面好看就是数字孪生交通。用3D甚至VR/AR等视听手段打造出美轮美奂的图形显示界面，呈现“车在画中游、人在景中走”的美景，仿佛只要车辆立体、人物丰满、建筑优美、景色漫游，就可以号称孪生。其二，并非仿真再现就是数字孪生。问题在于产品号称运用了实时交通流数据，能够完全再现视频中所有交通物体的运动轨迹和运动特点，可以与视频视野范围内的所有物理实体保持同步重现，认为能够实时情景再现就是现代化数字孪生。其三，并非场景可控就是数字孪生。往往宣传既实现了实时仿真场景重现，又能够根据不同的要求修改交通运行参数和场景环境，这种情况除了观看还能够控制，更容易产生此类技术已经实现了交通数字孪生的错觉（张竞涛，2020）。数字孪生技术的发展势必会引领交通运输现代化的发展进程，但也要认清客观技术的实现进度，不过分夸大数字孪生在交通运输行业的价值，也不过分低估它所蕴涵的巨大发展潜力与广阔技术实现场景。

综合而言，数字孪生交通目前只能说引领方向，真正实现技术变革还有很长的路要走，如果要实现交通系统全保真映射，就像实现类似阿凡达一样的效果，就目前的数字化技术水平来讲，未来 20 年以内也难以实现数字孪生交通真正所描绘的图景。当下更多的交通现代化尝试仍然处在交通仿真技术阶段，即应用交通仿真硬件和交通仿真软件通过仿真实验，借助某些数值计算和问题求解，反映交通系统行为或过程的模型技术，是将包含了部分确定性规律和部分交通机制的交通模型转化成软件的方式来模拟交通流的方法。交通运输的现代化变革需要交通仿真技术作为创建和运行数字孪生交通的核心技术，是数字孪生交通实现数据交互与融合的基础（王强，2020）。在此基础之上，数字孪生交通依托并集成其他新技术，与感知数据共同在线以保证其保真性、实时性与闭环性，方能成就国内交通运输行业真正的数字孪生 1.0 阶段的突破，并进一步期待数字孪生技术为交通领域开拓更为多元与数字化的技术实现与管理水平迭代。

三、数字孪生交通发展的全球态势

放眼全球以数字孪生为代表的交通发展管理态势，不难看到以交通发达国家为代表的信息化交通技术正在形成聚合效应，这些国家重视程度更高，技术迭代已经遥遥领先于其他各国，中国在这方面的发展目前处于落后奋起直追的赶超状态之中，大幅度改变核心技术落后的客观局面还有一段路程要走。

对比之下，国际上代表性信息化系统有 TRAVTEK、FASTTRAC 等。TRAVTEK 以实时路线引导和服务信息系统实用化为目的，由交通管理中心、信息与服务中心、装有导航装置的车辆组成。交通管理中心进行道路交通信息的收集、管理及提供，同时还进行系统运行所必需的信息管理；车载导航装置由车辆位置测定、路线选择及接口三种功能构成。FASTTRAC 是把先进交通管理系统（ATMS）和先进交通信息系统（ATIS）技术组合在一起的智慧交通系统（ITS）项目，它计划进行使实验车辆与信息控制方式统一的试验，亦即根据车辆测量的等候时间等使信号控制和绿色信号实现最佳化（胡晓丽，2020）。日本则重视孪生虚拟系统在交通布控管理层面的技术实现，VICS① 中心通过日本道路交通通信中心汇总交通管理者和道路管理者双方的交通信息。由 VICS 提供的信息有：交通堵塞信息、所需时间信息、交通障碍信息、交通管制信息和停车场信息五种。ATIS 则是先进的交通信息服务系统，它的通信媒体是电话线路（无线、有线）。交通信息利用者通过车上装载的导航装置或自己家及办公室的微机，可按需要接收多媒体的地图信息和文字信息（李哲，2019）。欧洲为代表的是 EUROSCOUT，即以红外线信标为媒体的动态路线引导系统。车辆和信标间的红外线通信是双向进行的，汽车就变为一个探头，将旅行时间、排队等候时间及 OD 信息等交通信息数据传输给中央引导计算机，形成动态静态结合、实体路况与虚拟计算机模拟的双向互通（朱国振，2019）。

全球视野下目前在数字孪生交通应用领域做得最为出色的代表当属德国的西门子。其中，软件公司 Aimsun 是西门子移动（Siemens Mobility）家族

① VICS 可以解释为道路交通情报通信系统（Vehicle Information and Communication System），它能提供实时、准确的交通信息给驾驶者。

的最新成员，它是一家全球交通建模公司，构建交通网络的数字模型并模拟人员和货物的移动。这可以识别网络运行中的薄弱环节，并允许测试解决方案以优化流量。不仅可以测试局部交叉路口——因为 Aimsun 的解决方案不仅仅模拟道路交通，还评估了多种出行模式，并确定和试用了潜在的解决方案。西门子移动已经成功地对交通控制中心的交通流量进行实时模拟，以预测即将发生的交通中断，并确定最佳的短期缓解策略以最大限度地减少拥堵。英国、法国等中心已经在使用 Aimsun 解决方案来使他们的城市更加智能。这些中心使用模拟应用程序不断监控和处理实时数据，模拟任何规模网络上的车辆运动，从单个干道到大都市区。该系统运行速度如此之快，以至于交通管制员可以虚拟地测试各种场景，并知道在现实世界中实施哪种场景最有效（丰波，2019）。

交通的数字孪生发展建设，本质是其实体资产、基础设施、车辆和发生的交互的虚拟副本。当下，随着各国对数字孪生技术的逐步重视与评估其前景，已被用于开发和测试交通工程解决方案，但总的来说，我们才刚刚开始意识到它的潜力，只是全球视野下德国的西门子移动目前走在了最前列，中国仍有广阔的时间窗口来实现弯道超车，前提是认清与交通发达国家的技术差距，并主次有序地予以赶超。

四、数字孪生交通提升交通运输技术创新

为什么交通需要数字孪生？数字孪生又是如何快速进入交通运输信息化建设的视野？交通拥堵、行车难、停车难、公共出行不准时等问题，不仅让普通的交通参与者头疼，更是一直困扰交通管理部门的重点民生问题。交通参与者也大都经历过这样的事情，比如道路拥堵的路段上，刚在交警的指挥下走过拥堵的路口，没行驶出几分钟，就又跑到了另一段平时并不拥堵，却因其他道路疏通影响下变得严重拥堵的道路上去。这就体现出当前交通管理中存在的主要问题：应用离散化，信息孤岛化，对交通问题处理的相对单一且割裂，难以顾及交通运输的整体性。智慧交通兴起于此，在项目建设和运

营过程中，更加注重交通数据和系统的互联互通，强调整体解决方案的质量和效果。具备实时性、闭环性的数字孪生进入交通领域，正好弥补了交通管理和控制的不足之处（吴柯维，2019）。

随着数字孪生的发展，互联网科技企业的不断渗透，数字孪生逐渐深入到交通行业的各个细分领域：项目建设规划、城市交通、高速公路、车路协同、自动驾驶，等等。在城市交通的建设升级层面，数字孪生的数字空间中，可以利用收集得来的数据进行模型建设，按照相应的需求进行仿真模拟，自动计算城市道路路网密度、干线网密度、人均道路面积等内容，在对路网的情况做出分析评价的同时自动优化解决方案，得到最优效果，从而提高道路通行效能。交通路口是城市交通事故发生的集中地，汇集了多样的交通参与者和城市交通问题。因此，交通路口是交通感知设备布置最多的场景之一。也正因如此，交通路口作为当下交通行业玩家的主要战略进攻地，百度、华为等互联网科技巨头，先后发布智慧路口、全息路口、全息路网等相关解决方案和系统架构，试图将数字孪生的部分应用率先实现，为更加依赖数字孪生技术的车路协同、自动驾驶等应用场景的进一步发展奠定基础。感知硬件厂商也先后推出新型产品和解决方案，试图抢占数字孪生带动扩张下的市场份额和市场话语权。相关部门则通过建设数字空间方面的交通数据中心、交通大脑等，统筹规划，力争实现对城市交通的全域管控（郑国荣，2019）。

车路协同、自动驾驶，是数字孪生技术发展和应用创新的形象体现。通过数字孪生技术将感知设备采集得来的交通数据结合高精度地图，并构建自动驾驶数字模型，将真实世界 1∶1 还原到数字孪生中的数字场景，并还原物理世界的运行规律，满足智能驾驶场景下人工智能算法的训练需求，从而提升训练的效率和安全度。数字孪生依赖 AI 等技术在专业领域上的突破，因此在车路协同、自动驾驶领域建设上，互联网科技巨头是主要的建设推动者，百度、腾讯等科技公司相继进入该领域的建设当中，并且还在持续地加大投入（伍朝辉等，2021）。

同时应指出的是，需要辩证地看待我国数字孪生交通对交通运输技术创新层面的有效助益，因其当下有技术驱动利好的同时，也存在诸多问题仍待解决。一是建设和发展不明确，应用场景较为单一且不够深入，缺乏建设推进的目的性。各交通细分领域都有基于数字孪生的项目规划和建设展开，但在初期的规划和设计方面，依旧停留在解决单个场景下的交通问题，对具体应用场景下的交通问题解决也不够深入，缺乏对道路交通的整体性规划，并且对建设最终的呈现效果没有目的性。有部分地区为了蹭热度，对数字孪生的概念和建设方向都不清楚，盲目跟风数字孪生项目建设，从而脱离项目实际业务需求，数字孪生交通有名无实（吴付标，2020）。二是缺乏明确的建设标准和规范。数字孪生的建设是涵盖整个行业领域的综合性项目，但归结于现实世界，领域不同，项目背后的需求责任方也不尽相同，常出现对同一区域的重复建设，而应用数据和系统构架的项目建设标准和规范也并不统一，在后续的项目协同处理和整合应用上出现以谁为准进行统一的问题（肖静华等，2021）。三是关键技术存在卡脖子风险，亟待创新突破。数字孪生诞生于诸多先进科学技术的爆发式发展，依赖于多种感知手段的快速发展。但当前数字孪生所涉及的新型测绘、标识感知、协同计算、全要素表达、模拟仿真等多项关键技术自身发展和融合还有待加强，海量数据加载技术、云边计算协同技术、模拟仿真技术等成熟度也有待提高，人工智能、边缘计算对动态数据快速分析处理能力也有所不足（黄海松等，2020）。四是孪生场景与动态交通实景互动模型成熟度不高。数字孪生在交通领域的应用还处于初级水平，各专业领域的算法、模型还有待进一步研发；成熟度不高，因此孪生场景与实际动态交通之间的互动还不够，数字空间的模拟仿真、态势预测价值远未释放，不少应用最终变成传统信息化建设项目（陶飞等，2018）。

五、数字孪生交通改变交通运输生命周期

随着数字化技术的新兴迭代，客户对于产品体验的需求日趋多样化，数字孪生作为工业互联网和智能制造发展的一个综合展现，其期望值被抬升至前所未有的高度。人们期望将数字孪生技术应用于改变交通运输全生命周期，帮助管理者、出行者及市场参与者更好地创造产品并使用产品，带来效

率提升和成本下降。

交通运输的全生命周期变革可以依托数字孪生核心技术实践，运用三维数字化技术构建一个共享模型配合智能化工具，将交通运输全生命周期中各个阶段的数据信息进行集成（软硬件系统的综合集成）、融合（应用数据的集成融合）、联动（各专业子系统的实时联动，孪生互动）、可视（真实可视，交互可视）。其本质就是通过支持整合交通各部门现有信息系统的数据资源，深度融合5G、大数据、云计算、AI、融合通信等前沿技术应用，将信息、技术、设备与交通管理需求有机结合，覆盖交通总体态势监测、区域交通监测、枢纽态势监测、交通人口分布分析、出行需求分析、职住联系分析等多个业务领域，赋能用户业务应用，实现“智能感知、智能处置、智能考评、智能改进”，有效提升跨部门决策和资源协调效率（董华，2019）。

我国近年来随着经济社会建设的快速推进，交通运输层面的技术迭代正在实现从交通运输生命周期1.0向2.0的升级变革，由传统交通二元论向新时代交通运输多元化转型拓展。2010—2018年期间，我国智慧交通市场规模以23.33%的复合增长率逐年增长，2018年我国智慧交通管理系统行业市场规模达到720亿元。截至2018年，我国已有200余座大中型城市建立城市交通指挥中心，城市智慧交通投资规模达到450亿元。数字孪生作为智慧交通的重要发展方向，也在逐步体现其改变交通运输行业全生命周期建设的重要意义与价值。基于过往传统交通运输所面临的如管理系统验证周期短、升级周期紧迫、道路管控规则规范更新频繁等现实问题，先导智能的数字孪生技术能够帮助解决管理平台、调度协调资源等关键难题，助力我国交通运输在新时期降本增效，提供交通运输领域全生命周期的整体解决方案(罗钰，2019)。

数字孪生强调虚拟环境与真实数据的互联互通，在数字化时代，万物都可以用数据的形式来描述，并按照固有的规律被参数化、模型化。在智慧交通运输的应用中，数字孪生以数据为基础，以模型为核心，把数据和模型注入三维重建的城市交通网的内部，进行宏观、中观和微观的仿真模拟，构建数字孪生的交通引擎，可以应用于城市静态的辅助规划、城市动态的路况推演，或者是特定场景的交通预案的评价等。例如，在城市交通场景中，使用雷达融合数字孪生的感知方案、采用长焦的摄像机、鱼眼相机和毫米波雷达等，同时跟踪 128 个以上的目标，进行多种类型的机动车和非机动车检测，同时依托腾讯云端大规模并行加速的能力进行交通仿真和预测，并运用游戏引擎技术让交通流数据可视化呈现，并将交通流数据导入三维重建的环境中，形成交通热力图，可以直观展示整个城市的交通状况，贯穿打通交通运输管理的全周期运作（张龙，2018）。从虚拟仿真到数字孪生，交通运输中的每个环节、每个终端都能够实现数据的流通，帮助交通建设、管理、运营和服务的优化。随着未来与自动驾驶技术的融合，数字孪生有极大可能将继续为智能汽车乃至智慧交通产业提供数字化的工具箱，实现更高效、便捷的交通运输新世纪图景。

我国《国民经济和社会发展第十四个五年规划和 2035 年远景目标纲要》明确强调了要加快建设交通强国。提出的纲领性要求即需要紧扣构建新发展格局目标，着力于建设现代化高质量综合立体交通网络，努力使交通运输成为现代产业体系协调发展的坚实支撑、内外经济循环相互促进的重要纽带、产业链供应链安全稳定的保障基石，助力筑牢国民经济循环底盘。而各种交通方式发展必须要从传统要素驱动转向创新科技驱动，从而建设出让人民满意、保障有力、世界前列的交通强国（张艳丽等，2020）。在国内交通场景日趋复杂化的当下，人们对日常出行的安全性、便利性、环保性的呼声越来越大，智慧交通实现全局管理、同步可视、虚实互动这类的要求也会变得更加急迫，数字孪生赋能智慧交通运输全生命周期势必是未来交通发展的新方向。

交通强国战略背后离不开新兴科技力量支撑，我们已经有了“互联网 +”、大数据、区块链、人工智能技术，现在正迎来数字孪生技术。本书将论述数字孪生交通赋能交通运输高质量发展的创新逻辑，数字孪生交通必将助推国家交通强国战略迈向更高、更广、更深的发展空间，为人民群众提供更加满意的交通社会服务。

第一章　助推时代向更高、更深空间发展的新兴科技

在万物皆可数字化的数字时代，数字科技的发展不断改变着大众的生活品质。近年来一项全新的数字技术，通过将真实世界二进制化，将真实事物采样、量化、编码，而创造了一个与现实世界完全相同的虚拟空间。在这个虚拟空间中，真实世界的发展、变化都可以被演示、预测，真实世界向更高、更深空间的发展随之可视化、直观化，完成这一壮举的技术，被称为"数字孪生"。

第一节　数字孪生技术概述

数字孪生是一项近年来很火的时代前沿科技，它实现了现实世界在数字空间的真实复制与演变，并在物联网的时代背景下完成了现实事物在虚拟空间的数字孪生体相连。这项技术可以提供现实事物状态信息的动态演示及相应变化，对事物的改良发展、升级迭代有极大的促进作用。

截至 2021 年，数字孪生至少已经在大众生活的七个领域展现出了巨大价值，并大力推动着时代的发展。

（1）智能家居管理领域；

（2）智能设备远程操控领域；

（3）工业设备监控指挥领域；

（4）智慧城市建设管理领域；

（5）大众健康检测管理领域；

（6）数字科技未知领域探索；

（7）人类大脑活动的检测管理。

据工业互联网专家预测，2022 年 85%的物联网平台将使用结合数字孪生技术实现智能监控，数字孪生将成为物联网未来十年发展的核心科技。

一、数字孪生技术缘起及含义

数字孪生思想最早由美国密歇根大学的迈克尔·格里夫斯教授提出，不过他最初对数字孪生的命名为“信息镜像模型（Information Mirroring Model)”，后随着技术思想不断成熟，最后演变为“数字孪生”。数字孪生也有另外两个名字，分别为“数字双胞胎”“数字化映射”，其释义均为现实事物的数字建模复制。

数字孪生是基于 MBD 技术基础发展而来，某些企业在实施大型工程时需要基于工程系统建立大量的物理模型、数字模型，这些建模技术的发展为数字孪生奠定了坚实的基础。

二、数字孪生技术原理

2011 年 3 月，美国空军研究实验室在一次演讲中明确提出了“数字孪生”的技术名称，这便是“数字孪生”的首次出现。同一时间，美国航空航天局也开始关注数字孪生技术，并将这一技术运用到航空航天设备开发领域。不过近十年的发展中，数字孪生在美国航空航天局做出的贡献并不大，反而被美国国防部进行了全面开发。

2012 年，美国航空航天局率先对数字孪生的概念进行了全面解释。美国航空航天局解释为：数字孪生是指充分利用物理模型、传感器、运行历史等数据，集成多学科、多尺度的仿真过程，它作为虚拟空间中对实体产品的镜像，反映了相对应物理实体产品的全生命周期过程。

随着数字技术的发展，数字孪生的定义也越发明确。如今，数字孪生已经被公认为一种利用物理模型、传感器更新、运行历史等数据，集成多学科、多物理量、多尺度、多概率的仿真过程，它可以完成现实事物在虚拟空间的映射，并在虚拟空间反映出现实实体装备的全生命周期过程。结合新一代信息技术在虚拟空间的仿真应用，数字孪生可以分析、预测各种现实实体装备运行、运用的最优结果，以此驱动现实世界实体装备的改进完善。

可以说，数字孪生的本质就是将现实世界事物在数字空间进行等价映射，这项技术在未来发展中将展现巨大价值。

三、数字孪生技术的基本组成

2011 年迈克尔·格里夫斯教授在《几乎完美：通过 PLM 驱动创新和精益产品》著作中明确提出了数字孪生的三个关键组成部分：①现实空间的实体产品；②数字空间的虚拟产品；③现实空间与数字空间的数据和信息交互口。数字孪生的三个基本组成部分中，现实空间与数字空间的数据和信息交互口成了决定技术高低的关键。

2016 年，西门子集团在西门子工业论坛上站在“数字双胞胎”的角度，对数字孪生的基本组成部分进行了不同解释。西门子集团认为，数字孪生的三个关键组成部分为：①产品数字化双胞胎；②生产工艺流程数字化双胞胎；③设备数字化双胞胎。通过这种解释，数字孪生可以完整、真实地在数字空间展现整个企业。

不久后，我国北京理工大学庄存波教授也站在产品的角度对数字孪生的组成进行了细化的解释。庄教授认为，站在产品设计、研发的角度，数字孪生主要包括产品设计数据、产品工艺数据、产品制造数据、产品服务数据以及产品退役和报废数据等多个组成部分。

事实上，数字孪生的这三种解释都属于合理范围，且具有学术针对性。

以西门子集团对数字孪生组成部分的解释为例，数字孪生可以直观、全面地在数字空间复制任何一家生产企业，企业的全生命周期发展也可以在数字空间得到清晰体现。

无论哪种解释，数字孪生的基本构成都不会脱离现实空间、数字空间以及两个空间连接的三个基本元素。

四、数字孪生技术的研究现状

自 2003 年迈克尔·格里夫斯教授提出数字孪生的雏形概念后，这一技术便开始用于物理产品在虚拟空间的复制转化，其应用的主要方面为物理产品应用后的抽象化发展。因为数据可以将各种抽象发展进行具象展示，所以，数字孪生在虚拟空间提供的各种产品真实条件仿真运行，大幅加速了各行业的核心生产技术发展。

最早将数字孪生运用到智能制造领域的是美国航空航天局，在美国阿波罗航天项目中，美国航空航天局运用数字孪生技术对空间飞行器进行了仿真运行分析，从而获取了飞行器的真实飞行状态数据，地面控制人员通过数据梳理制定各种指挥决策。

2012 年，美国国家标准与技术研究院又提出了 MBD（基于模型的定义）和 MBE（基于模型的企业）两种不同角度的数字孪生技术应用的概念，由此数字孪生开始贯穿到各产业产品设计、加工、维修维护的各个环节当中，且与产品制造过程的各个环节进行深度结合。

2015 年，随着网络技术的高速发展，CPS（信息物理系统）技术被正式提出，数字孪生技术也被世界各国制造业提升到一个全新高度。尤其在智能制造企业，数字孪生成了企业现实发展与数字模拟的最佳途径，也加速了信息技术与制造产业的融合发展，数字孪生开始优化各企业的工程实施，并降低了企业工程系统建设的各项费用。

2019 年，数字孪生全面进入我国高端交通装备发展领域，并在航空航天、智能汽车研发、水路航道管理等各领域展现出极高的应用价值。

2020 年，我国工信部中国电子技术标准化研究院正式发布了《数字孪生应用白皮书》，书中对数字孪生定义、特征进行了详细阐述，并对数字孪生技术的研究现状、应用领域进行了梳理分析，分析结果表明目前数字孪生已经深入到我国智能制造、智慧城市、智慧交通、智慧能源等六个领域，且技术水平不断提升。

第二节　数字孪生技术的发展现状与前景

随着新一代信息技术的加速发展，社会数字化、网络化、智能化的演进趋势越发明显，在这一过程中无数行业展现出了新模式与新业态，其中数字孪生技术以核心力量的身份逐渐成为各界关注、研究的焦点，其未来发展前景十分宽广。

2020 年，全球数百家龙头企业将数字孪生纳入了核心技术研究行列，全球第二大市场研究咨询公司 Markets and Markets 预测，预计到 2023 年数字孪生技术的市场将超过 157 亿美元，并以近 40%的年增长率持续攀升。种种现象表明，数字孪生技术将成为未来众多行业发展的关键力量，如今数字孪生也正在悄然渗透到各个行业的核心领域。

一、数字孪生技术的发展趋势

2020 年，拥有 170 多年发展历程的英国专业服务机构德勤（Deloitte）发布了《技术趋势 2020 报告》，这是一份关于全球技术趋势的年度报告，在这之前德勤公司发布的前十份技术报告都精准预测了世界先进科技的发展趋势。

在《技术趋势 2020 报告》中，德勤公司明确提出，未来 18 ～ 24 个月当中，数字孪生将成为未来各大行业重要的技术发展趋势。这种预测源于德勤公司数百位技术专家对全球顶尖企业、行业领袖的分析，其中也包含了德勤公司与知名风投公司、技术供应商的交流探讨。

德勤公司指出，未来影响世界发展的宏观力量汇总，数字孪生是一种不可忽视的力量，其在短期内可能引发五个方面的颠覆式变革，并在多个领域激发关键的新兴趋势。

《技术趋势 2020 报告》提出，数字孪生技术发展的趋势主要分为五个方面。

（一）打通现实世界与数字空间的通道

自数字技术诞生以来，数字模型便开始优化现代产业的生产流程与相关服务。随着数字技术的不断完善，这种优化能力不断趋向细致化与全面化。数字孪生技术诞生后，其复杂的仿真和建模能力全方位提高了数字模型的操作性，其最主要的特点为通过 IoT 传感器以及电力系统在数字空间构建仿真平台，让数字模型更具动态感地呈现在大众面前。

通过数字孪生技术的有效运用，各大行业得以提升生产效率，优化维护系统与供应链。当代数字孪生技术运用效果最为突出的，当属有效缓解交通领域的拥堵情况，并提升了交通资源的利用率。

随着数字孪生技术在各领域的深入，我们可以发现这一技术可以成为多个行业的数据驱动器，在模型设计、技术创新等方面起到重要作用。同时，数字孪生技术还展现出了巨大的潜力，因为它对各行业生态系统的健全与加速也有明显的效果。

（二）数字架构的觉醒

技术作为时代发展的核心力量一直是各行业发展的重点。很多人认为数字孪生打乱了行业技术发展的规律，但事实上数字孪生不过是重新排序了各行业技术发展的逻辑，剔除了一些不必要的试错环节。

在数字孪生的促进下，各大行业开始涌现出一大批技术架构师，这一IT 岗位提升了企业的市场竞争力。未来发展中，行业技术架构的战略地位将被数字孪生大幅提高，甚至成长为行业核心力量。

（三）预测真实发展

数字孪生目前还处于各行业核心技术的辅助地位，但其最大的特点是实现各行业的数字仿真、数字模拟。未来发展中，数字孪生可以与各大行业的核心技术深度融合，对行业发展进行真实、全面预测，从而进一步加速行业的发展。

（四）开创情感体验领域

随着 AI 技术的发展，人工智能开始覆盖到大众生活的各个领域。但目前的 AI 技术普遍缺乏“情感”，技术核心依然是数字的客观运算。数字孪生技术出现后，“情感计算”的比重开始不断加大，情感仿真的程度也在不断提升，未来发展中 AI 技术的情感将越发丰富，这也将有赖于数字孪生的支撑。

（五）加深 IT 与财务融合

财务的数字化发展已经成为主流趋势，在数字孪生诞生之后，IT 财务对未来的探索性更加准确，从而提升了财务运作的安全性与稳定性，在数字孪生的支撑下未来 IT 财务可以表现得更加敏捷，为各大企业带来更多竞争优势。

二、数字孪生技术的实际价值

简单来说，数字孪生技术是物理世界与数字空间的桥梁，数字孪生将一切物理元素进行实时数据分析，形成数字副本在虚拟空间呈现，再对其进行理解、分析与操作。在多年的发展中，数字孪生技术已经展现出了巨大的价值，并在 2019 年被互联网领域列为十大战略技术趋势之一，随着越来越多的领域被数字孪生渗透，这一技术的实际价值也逐渐被展现出来。

例如，现代医疗行业可以通过数字模型，实时监控、获取患者的各项身体指标，通过传感器协调设备与医护人员，并制定出更符合患者具体情况的诊疗流程，更及时、准确地实施诊疗措施。

2020 年，据美国加州一家应用数字孪生技术的医院报告，该医院急诊室利用率翻倍提升，医院其他资源利用率也有显著提高，综合管理成本相较 2019 年降低了 90%。此外，在数字孪生技术的支持下，该医院医疗保健网络的急诊事件发生率降低了 61%。

又例如，数字孪生在我国交通管理领域已经得到广泛运用，其主要价值为优化城市交通网络，提升交通资源利用率。

总体而言，数字孪生的实际价值如今已经在各个领域得到了体现，且价值还在被不断深挖，其价值所在主要表现在以下三方面。

（一）削减成本

数字孪生技术可以在各领域新型产品设计过程中大幅削减研发成本，其通过产品原型的数字仿真，在虚拟空间完成多次迭代，进而节省现实世界的时间成本、人力成本、试错成本，并降低各种财务风险，使行业发展更安全、更便捷。

（二）提升效率

数字孪生可以将企业运营在数字空间完成预演，进而分析出运营方式的不足与弊端。产品的全生命周期模拟有助于企业优化经营策略，提升运营效率与利润空间。

（三）预测维护

目前，预测维护是数字孪生技术在各领域中表现出的最大价值，尤其在交通领域当中，数字孪生通过虚拟副本的仿真模拟实现了交通远程监控，并在传感器的辅助下降低了事故发生率。数字孪生的这一价值不仅体现在经济领域，更多是用于提高交通资源的有效运用以及人身安全保障。

总而言之，数字孪生在不断发展与进化中提高了世界发展的速度，优化了发展流程，并提前感知了各种发展问题，这一技术值得深入探索，其价值也在不断深挖。

三、数字孪生带来的新事物

数字孪生技术在近十年的发展中不仅改变了多个行业的发展节奏，更为我国带来多种新鲜事物，或者说因为数字孪生技术的应用，很多行业表现出新业态、新景象。

目前，数字孪生带来的新事物主要表现在以下几个方面。

（1）新模型。在数字孪生技术的支撑下，现实世界的物理物体在虚拟空间的数字建模越发顺畅，复杂的模拟方案在数字空间得以清晰展现。从检测到演化步步清晰，从成型到原料回溯清楚，这种新模型的出现帮助多个行业、多个领域提高了洞察深度与实用可靠度。

（2）新数据。数字孪生传感器的多方位布设增强了现代监控系统的可控性与及时性，尤其置于设备内部或供应链、产业链内部的物联网传感器，更生成了新型数据，构建了新型模拟系统，实现了事物发展的真实仿真，准确模拟。

（3）互联互操。相比传统的数字技术，数字孪生在监控模拟基础之上，更增加增强了实施操作能力，这种技术升级主要源于物联网传感器的工业通信标准的增强，这种能力的出现为多领域平台整合提供了重要的技术支撑。

（4）人工智能可视化。数字孪生与 AR、AI、VR 技术的结合实现了人工智能的可视化转变，人工智能的升级得以具象展示，“智能性”得到了大幅提升。

（5）新型技术平台。数字孪生在节省各大数据平台构建、运营成本的同时，更提高了平台的处理能力、负荷能力，所以各类云平台的研发成本越来越低，大量功能齐全、高端的新型平台开始出现，各行业、各领域的探索边界被不断拓宽。

四、未来数字模型与模型外应用

从数字孪生当前的发展形势中可以看出，数字孪生未来将逐步渗透全球各个行业，相信不久后其将成为各行业进行数据库决策、修订产品、升级服务、创新商业模式的主要技术支撑。尤其在交通、制造、公共事业等密集产业中，数字孪生将以先驱的身份引领发展，且早期实践者也将表现出更多优势，更多特点。

从长远发展的角度分析，未来各个领域的数字模型将会整合行业生态，并构建庞大的基础数据库，数字空间将呈现一个个全生命周期的预演模型。

例如，当我国所有城市都构建了数字模型之后，我国综合立体交通网络便可以在数字空间完成全生命周期的预演，交通部门对交通资源的管理、建设将更加有效，交通合理利用率将翻倍增长。

这种数字模型可以为人类提供更具洞察力的决策依据，能够帮助人类更加准确地预测未来发展，并在数字空间思考出战胜未来苦难，应对长期挑战的方法。从这一点可以看出当代对数字孪生的付出都是有价值、有回报的。

在数字模型之外，世界各个领域也将受到积极影响。比如在物流、制造等领域，机械化程度也将不断增强，配合新一代信息技术，物流、制造的各个环节都可以实现实时追踪、监控，并可以根据实际情况随时调整流程，优化配送、制造效果。

不仅如此，模型之外的服务领域也将得到大幅改善，这不仅体现在具体服务之上，数字模型为产品进行的定价分析、渠道优化都是提升服务的主要表现，且这种模型外的应用还会为各行各业开拓利润空间。

例如，监控企业可以根据在数字孪生的预演与分析下调整产品生产节奏，优化区域市场的分配策略，提升满足客户需求的及时性与保障性，为企业发展开辟出新的货币化战略，这也是数字模型之外的应用方式。

第三节　数字孪生开创的数字空间

2021 年 9 月，由工信部主办，中国信息通信研究院和芜湖市人民政府联合承办的“第三届中国工业互联网大赛——工业互联网＋数字孪生专业赛”顺利开赛。这场为期三个月、以推动“工业互联网＋数字孪生”融合创新为目的技术大赛代表着我国对数字孪生技术人才的培养越发重视，数字孪生在我国互联网领域的布局越发广泛。

事实上，数字孪生技术不仅与工业互联网进行了完美融合，其与我国各行各业的产业链、价值链都产生了连接，并促成这些行业数字化、智能化的转型升级。

数字孪生开创的数字空间完整复制了物理对象，在虚拟空间实现了模拟映射，再通过数据与模型的融合，实现物理对象的综合决策以及运行优化。简单来说，数字孪生就是在数字空间构建了一个可以被感知、可视化的双胞胎，这一双胞胎的出现有力推动了各行各业的发展。

一、数字孪生的工业应用

数字孪生技术最早被运用的行业是工业制造业，随着时代发展，工业制造、交通、互联网等领域逐渐发展成了数字孪生的主战场。

在工业领域中，产品的研发设计需要反复尝试与优化，这一过程需要大量人力物力的支撑。在数字孪生构建的虚拟空间中，工业设计师可以看清产品的外部变化，能够完成产品的动态观察，进而节省了大量时间、人力、财力成本，并提升产品研发、生产效率。

例如，当代大多数品牌汽车厂家都会在数字空间构建零部件的运动模型，尤其是发动机内部零部件、线路的变化，决定着汽车的品质与竞争力，而这一空间的开拓降低了这些企业的生产与研发成本。

在工业行业的生产过程中，数字孪生又可以在虚拟空间描述产业链的生产环境，对生产过程进行针对模拟，以此减少生产异常、生产事故的发生。

在工业行业的维护方面，数字孪生也发挥着重要作用，比如美国航空航天局对数字孪生技术的应用，正是为了提升战斗机的维护效果。全球各个大型工业生产企业，也会运用数字孪生技术优化设备的使用方式，延长设备的使用寿命。

由此可见，数字孪生给工业行业带来了显而易见的成本节约与效率提升，尤其对传统工业制造向现代化、智能化工业转型提供了巨大推动力，且这一技术将在工业行业不断发挥更加重要的作用。

二、数字孪生的娱乐行业应用

2021 年 3 月 10 日，位于美国加利福尼亚州圣马特奥的儿童游戏网站公司 Roblox 正式上市，股市价格从 45 美元一路高升至 70 美元，成了近年来娱乐游戏领域十分亮眼的上市品牌。

Roblox 公司开发的游戏拥有一大特色，它允许玩家创建自己的 3D 世界，公司会为玩家提供游戏的实时响应以及个性化数据分析的基础设置。这种通过数字工具创造另类游戏体验的模式获得了当代年轻用户的青睐，并令其拥有了“元宇宙概念股”发展姿态，而这一切的基础恰恰是数字孪生。

数字孪生的出现让曾经的科幻概念越发真实，这一技术不断模糊现实与虚拟的界限，它通过数字空间的真实演示，让虚拟和现实日益融合，不断推进“虚拟世界真实化”的进程，进而带动了无数娱乐企业的发展。

例如，在 Roblox 带动下，微软、英伟达等行业巨头也借助这一东风，充分挖掘“元宇宙”的价值，纷纷以数字孪生为基础推出了自己的元宇宙应用框架，英伟达 CEO 黄仁勋还说道：“未来数字空间或虚拟空间将比物理世界大上数千倍，工厂和建筑都将有一个数字孪生体模拟和跟踪它们的实体版本。”这表明娱乐行业与数字孪生技术的融合势在必行，虚拟空间的概念开始普及到现实领域。

事实上，早在 2015 年，数字孪生技术便在娱乐行业中取得了不凡的反响。2015 年，台北小巨蛋举办的“如果能许一个愿望 · 邓丽君 20 周年虚拟人纪念演唱会”中，数字孪生技术便被充分应用，台上虚拟空间的邓丽君献唱了多首经典歌曲，台下 7000 多名观众听得如痴如醉。在这个虚实结合、亦真亦幻的场景中，数字空间与现实世界的边界仿佛彻底消失，台上嘉宾甚至现场与虚拟空间的邓丽君进行了同台对唱。

不得不说，数字孪生技术在娱乐行业的运用已经取得了惊人的成绩，其主要应用方式正是消除虚拟世界与现实世界的界限，在提升大众娱乐体验感的过程中，数字孪生技术的价值也在不断增长。

三、数字孪生的交通应用

数字孪生在我国交通领域的应用十分广泛，例如，2021 年贵阳先行试点数字孪生交通系统就曾成为交通领域的实时焦点，这一技术在我国智慧交通建设、智慧城市发展中起到了重要意义。

目前，数字孪生在交通领域的应用主要体现在人、车、路的检测管理方面，通过虚拟数据的建模分析，进行交通发展的推演和操作，进而优化综合立体交通网络的改进与建设。

以贵阳先行试点的数字孪生交通系统为例，正是通过监控设备与毫米波雷达设备的结合，进行车辆、行人的全息感知，并在数字空间完成城市交通系统的整体映射，针对数字空间现实的模型数据进行实时分析与跟踪，最终解决交通资源浪费、信号系统简化等问题，并提升了交通时间的预测性以及响应速度。

由此可以看出，未来我国交通领域的稳定快速发展，以及人们日常出行安全性、便捷性的保障都离不开数字孪生技术的支持，这一技术也将成为智慧交通发展的新方向。

目前，数字孪生技术在交通领域的应用主要表现出三个特点。

（1）数字孪生技术实现了交通网络的同步可视化管理、模型发展推演，以及数据驱动决策，这项交通管控能力的完善与增强提升了交通网络安全性与稳定性。

（2）数字孪生技术实现了复杂交通环境的实景模拟，加速了智能驾驶、自动驾驶技术的落地。基于真实环境数据建模的数字孪生技术，可以在虚拟空间完善智能驾驶、自动驾驶对外界环境、突发状况的应对能力，从而加速智能驾驶、自动驾驶的安全落地。

（3）数字孪生技术为交通管理提供了全局视野。通过对城市复杂交通网络的真实模拟，数字孪生技术准确量化了城市交通的日常情况，城市交通管理部门可以根据数据变化实现城市交通实时的动态管理、全局管理。

数字孪生技术正逐渐成为我国交通发展的前沿趋势，并为交通强国战略提供了源源不断的动力，在智慧交通建设过程中，数字孪生技术提供了更多新思路、新途径，相信在不久的未来，我国数字孪生技术将在交通领域形成完善的运行体系。

四、数字孪生的科技应用

数字时代来临之后，数字技术逐渐发展成一种新型生产力，尤其在科技领域当中，AI、VR、AR 等技术带来了科技变革，创造了全新的市场空间。这一过程中，我国互联网市场表现出了蓬勃的发展趋势，数字孪生技术也化身为重要的生产元素，它有效提供了科技产品与用户的适配度，并成了当代数字经济发展的重点。

数字孪生在科技领域的应用主要表现为促进科技发展与满足大众的更高需求。通过虚拟空间的开辟，数字孪生技术不仅完成了物理世界的仿真模拟，更将未来世界提前展示到了人类面前。它以物理世界为原型技术，提前预演了未来发展，并将各种大胆的畅想进行了可视化呈现。

例如，未来社会的劳动者将由人逐渐转变为机器；社会生产由满足需求发展为“满足需求 + 创造需求”；劳动过程由人力主导转变为数据主导，社会发展节奏、进程将不断突破人类的认知。

这些未来社会的发展预测在数字空间被一幕幕呈现，人类生活体验也在这种趋势的引导下不断提升。

总而言之，数字孪生在科技领域的应用主要是预见未来、预测发展，这一技术有助于社会发展的整体布局，有助于国家制定发展战略。在高端科技力量的支撑下，社会资源的整体布局将更具战略性与前瞻性。

第四节　数字孪生构建的标准体系

数字孪生作为促进时代数字化、智能化发展的关键技术，如今在世界各个领域已备受关注。在数字孪生研究落地过程中，其构建的标准体系决定了技术效果的差异。

从数字孪生体系架构的角度分析，数字孪生主要分为五个板块，分别是物理板块、数据板块、模型板块、预演板块与决策服务板块。这五大板块的内容决定着数字孪生的运用方向，以及实际的运用效果。

一、数字孪生的物理板块构建

数字孪生技术构建的标准体系中，物理板块的构建是支撑基础发挥重要作用的基础板块，这一板块中数字孪生将现实世界的物理对象，即对物理实体进行数字化分析，对其内部存在的运行逻辑，或运作流程进行规则、逻辑的明示。

这一过程看似是数字孪生复制物理世界的过程,却可以决定着数字空间对物理世界的影响。比如数字孪生对制造产业中零件的物理板块构建,零件某一部位细微的尺寸变化便会影响到生产、组装、磨合等一系列问题,如果这一板块的构建出现问题,很容易引发某一企业产业链的蝴蝶效率,令企业遭受重大损失。

目前，通用、西门子等众多大型知名企业都已经运用数字孪生技术加速了产业发展，节省了研发、生产、运营成本。这些企业在数字孪生物理板块构建过程中，会加大投入进行细致的数据分析，比如通用电气在物理板块构建过程中把实体精度控制到微米，这种物理板块的精细化构建为通用公司的后续生产节约了大量成本。

二、数字孪生的数据板块构建

物理数据的采集主要通过各类传感器，在传感器多模式、多类型的细致收集下，数字孪生利用这些固有数据完成物理板块的构建。当物理板块构建完成之后，数字孪生便可以将固有的物理数据进行虚拟空间的数字转化。

数据板块的构建决定着数字孪生的作用范围。以德国西门子公司为例，西门子公司通过数字孪生技术构建了虚拟生产车间、数字加工工厂，其虚拟空间的数据与现实世界的物理实体数据完全同步，所以西门子公司的生产流程优化、产品功能升级都是在虚拟空间完成，之后西门子公司再将虚拟空间的变化数据复制到现实空间，完成产业的升级迭代。

另外，数字板块的构建更注重数据的实时性与变动性。以美国通用公司为例，通用公司将自建的工业互联网平台 Prefix 与数字孪生技术进行了深度融合，通过各类传感设备对飞机发动机进行实时数据监控，这些数据也清楚感知了发动机的故障与维护需求。

由此可见，数字孪生的数据板块构建重在物理数据的全面复制，以及物理数据的实时感知与变动监控。

三、数字孪生的模型板块构建

数字孪生在虚拟空间构建的模型是物理板块的机制模型与数字板块的驱动模型的结合，它以物理实体数据为基础，但也包含了动态的数字变化，这代表数字模型板块具有发展、调节的能力。

很多人认为数字模型的构建就是物理实体的数字仿真，但这种说法并不准确，因为数字仿真只是针对物理实体的外在模仿，但数字模型的构建还具有发散、发展能力。即数字孪生构建的模型不仅真实，还具有虚拟的一面，具有虚拟空间的可变性。

例如，2020 年的新冠肺炎疫情期间，中南建筑设计院临危受命，利用数字孪生技术将北京小汤山医院完美复制到了武汉，可以说雷神山医院正是小汤山医院的孪生兄弟。十天时间建成的雷神山医院举世闻名，其速度震惊世界。但事实上，在雷神山医院建成之前，在数字空间已经完成了建模，中南建筑设计院的建筑信息建模团队将小汤山医院的物理信息、数字信息进行了完美复制，在虚拟空间进行了细致建模，所以雷神山医院在完成建设后可以马上投入使用，其功能性与小汤山医院完全一致。

总体而言，数字模型板块的构建便是将物理板块与数字板块有机结合的过程，结合过程中数字孪生技术在虚拟空间对结合体赋予了发展、变化能力，让其具备了实用效果。

四、数字孪生的预演板块构建

如今，数字孪生已经全球各个领域都得到了深度运用，尤其在超时代的科技领域中，随处可见数字孪生的影子。比如 2019 年全球票房第一的《复仇者联盟 4》中，数字孪生的作用就被展现得十分全面。

《复仇者联盟 4》中钢铁侠的智能助手“星期五”可以根据战甲状态、战局情况为钢铁侠提出战斗建议，这便是数字孪生预演的作用。由此可见，数字孪生预演是一种物理事物在虚拟空间的发展预测，这种预测具有真实依据，且准确度、真实度非常高。

数字孪生构建的标准体系中，预演板块的构建非常重要，它是数字模型的真实动态展现，更是人类对物理原型进行分析、决策的主要依据。数字孪生技术在虚拟空间完成模型建构后，数字模型可以根据物理固有信息、传感器采集的实时信息，以及数字模型提供的整体架构展示物理实体在一定趋势下产生的变化，模拟出物理实体的行为，并准确评估变化中物理实体的状态，预测未来发展，这便是数字孪生的预演板块。

数字孪生的预演板块具有真实度高、还原度高的特点，对物理实体发展的推演十分准确，所以这一板块也是数字孪生技术实际应用的重要板块。

五、数字孪生的决策服务板块构建

在数字孪生技术构建了预演板块后，数字孪生便可以针对模型与预演进行未来趋势分析，进而提高物理实体的性能，优化物理实体的运行，并完成虚拟空间的同步控制，这一功能板块正是数字孪生的决策服务板块。

可以说，数字孪生的功能主要通过这一板块展现，这一板块也是对数字孪生进行复杂操作的板块。决策服务板块的构建可以帮助人类实现物理实体在数字空间的指向性发展，可以将复制体任意扩展、替换或修改，这种复杂的操作为物理实体在现实空间的优化节省了大量成本，并提高了物理实体的功能性。

以通用公司的发动机模型为例，通用公司发动机的功能提升需要无数次的测试与修正，而这一切过程皆是在虚拟空间完成，通用公司通过数字孪生技术的应用节省了大量研发、测试成本，产品品质也得以提升，品牌获得了全方位的保障。

在虚拟空间进行过指向性操作后，数字孪生便可以通过各板块的调整提高物理实体对特定环境的适应性，或针对性增强某种能力，这些优化数据的呈现便是数字孪生为物理实体带来的决策服务，也是数字孪生技术应用的意义所在。

第五节　数字孪生铸就交通强国的“数字之路”

数字孪生在促进时代发展过程中展现出惊人的价值，其对国民经济的带动十分明显。尤其在我国交通运输领域，数字孪生已成为综合立体交通网络升级质变的重要支撑。

自 2020 年起，我国交通便在数字孪生的带动下发生了诸多变化，整体智慧性、便捷性、有效性的提升十分显著。可见，数字孪生将成为我国交通强国战略中的一大利器，其铸就的数字之路也将指明我国交通未来发展的方向与趋势。

一、数字孪生智变大交通

北京五一视界数字孪生科技股份有限公司 CEO 李熠曾说过：“让真实世

界中需要高成本，或者很难实现的事情，在虚拟空间里得以快速实施，这正是数字孪生的意义。”这句话充分凸显了数字孪生技术在交通领域的价值。

我国交通网络的庞大程度属世界前列，且立体性极其突出，交通发展趋势是满足我国庞大人口的出行需求。在庞大的交通网络中，对交通网进行整体优化升级需要耗费超高的成本，而数字孪生技术恰恰解决了这一问题，让现实生活中的恶劣交通环境、复杂交通网络在虚拟空间得以完美复制，并在极低成本下完成了成百上千次测试，让我国交通网络的每一条路线、每一份资源找到最佳使用方式，让海陆空交通都跑出最优解。

同时，在海量传感器的帮助下，我国庞大的交通网络也实现了实时监控，车况、路况等动态数据得到了同步更新，交通管控越发便捷、高效、简单。

我国交通强国战略中明确提出，预计到2035年基本实现交通强国的发展目标，其中数字交通是大型综合立体交通网络的基石，数字技术应用的根本目的是提高交通运行的安全性、便捷性，通过数字技术与新一代信息技术的结合不断孵化出新型智慧交通应用，支撑交通行业的迅猛发展。

由此可见，数字孪生作为交通发展节本降耗、提速提质的重要技术将会逐渐与交通网络融合，并不断质变交通发展生态，以数字大脑、智慧大脑的身份升级我国庞大的交通网络、交通系统，让交通发展真正进入数字时代、智能时代。

二、数字孪生打造数字新城轨

数字孪生在智变我国交通问题的过程中让交通更加顺畅、安全，且数字孪生技术不仅存在于虚拟空间，它正以数字城轨、智慧港口、数字机场等形式出现在大众面前，这一技术正在不断提升着大众出行体验。

在基于数字孪生技术打造的众多新型交通设施中，数字新城轨独具代表性。这种在城市内部铺设，功能性、时效性远高于传统城市轨道交通的新型交通运输系统，全面满足了城市快捷发展所需，且让城市交通由信息化迈向了智能化、智慧化。

例如，我国多个一线城市的地铁管理系统深度运用了数字孪生技术。地铁管理部门通过对地铁运行、安防、环控的分析，在虚拟空间完成建模之后，融合设计建造阶段的实际信息以及运维过程中出现的各种问题，优化地铁服务方案，同时在各种传感器的辅助下，实现数据在物理空间与数字空间的实时交互，让地铁的智能性、智慧性不断提高。

总体而言，数字孪生技术打造的数字新城轨继承了传统轨道交通快速化、公交化、电气化的特点，在保证满足城市出行需求的基础上进行了绿色化、高效化、智慧化的升级。同时，数字新城轨的建设成本、空间使用也根据城市的实际情况找到了最优解，在发展过程中对材料结构、安全防护、便民设施等细节进行着各种完善与创新。

可以说，数字新城轨是我国轨道交通发展的主要趋势，它有效缓解城市道路的运输压力，实现交通的绿色发展，以多元的出行方式将城市交通网络进行立体化改善，加速大众出行效率，也加速了城市间的交流。

三、数字孪生催生数字新基建

在数字孪生促进交通强国战略发展的过程中，数字孪生技术与交通新基建擦出了不少火花。交通新基建注重新一代信息技术、数字技术的应用，而数字孪生强调数字空间与现实世界的互联网互通，将物理事物进行数字化、模型化的转变，所以两者可以深度结合，相互促进。

尤其在智慧交通的各种基础建设中，为确保智慧交通建设的功能性，数字孪生以各类交通数据为基础，建设了各种数字模型，并将数据与模型注入智慧立体交通网络中，对智慧交通网进行宏观、中观、微观的仿真模拟，这种模式确保了智慧交通各种功能得到实际应用，交通发展符合城市动态与静态的转变需求，或适应特定环境、特定情况。

例如，近年来重庆市高速公路扩建工程中，在项目可行性研究阶段便完成了权限的实景建模，这一数字模型是在原有高速公路基础上进行的物理叠加、扩建或拆除，数字模型为重庆高速公路基础建设的升级迭代带来了技术支撑，并提升了重庆交通部门在高速公路扩建过程中的决策效率。

又例如，京哈高速建设过程中，哈尔滨路段的基础建设运用了数字孪生技术。数字孪生技术为施工单位提供了建设方案的可视化呈现，并为各种基建设施提供了虚拟审核平台，实现了建设与管理的深度融合，并为施工方节省了大量建设资金。

由此可见，未来交通建设过程中，建设模式、建设基础都会因数字孪生发生改变，在虚拟空间中基础设施的使用效果、运行效果，以及服务性、安全性、智慧性都可以得到体现。换而言之，未来交通新基建的建设主要由数字孪生进行决策。

四、数字孪生引领数字新方向

我国交通智慧化发展已经进行了多次迭代，但每次升级均在新技术的促进下完成。在数字孪生交通时代来临后，车、路、人的关系将更加紧密，大众出行体验、交通出行服务也将呈现出新的发展方向。

未来发展中，数字孪生技术将引领我国交通行业完成智慧体系架构的大迁移，立体交通网络逐渐趋向场景化、智能化，交通资源应对复杂环境的能力也将大幅提升。

在数据 + 模型 + 预演的架构下，数字孪生可以为交通领域开辟广阔的发展空间。

例如，数字孪生在创造一个可以不断尝试、无限试错的虚拟空间。以往汽车设计过程中的无数次碰撞实验，飞机场建设过程中几万个小时的风洞实验都可以在虚拟空间完成，这种零成本试错空间的出现大大缩短了交通装备品质的爬坡期。

又例如，2021 年我国神舟十二号顺利完成了太空载人旅行，这一航天事业的伟大探索也离不开数字孪生的支持。在神舟十二号出发之前，其数字模型便在虚拟宇宙中完成了多次任务，并应对了各种突发状况，虚拟宇宙中提供的各种数据代表着我国航天事业的新高度、新方向。

如今，我国交通发展已经进入加快交通强国建设的阶段，数字孪生也在充分发挥自身优势，为交通发展铸造着可视、安全、高效、高质的数字发展之路，相信在未来的发展中，数字孪生技术将以更多数字姿态、数字模式引领交通行业的发展，将我国交通水平提升了全新高度。

★相关案例★

数字孪生构建的川藏铁路三维实景平台

川藏铁路是继青藏铁路之后我国建设的第二条进藏天路，建设过程中我国铁路建设部门克服了地形地质复杂、气候条件恶劣、生态环境脆弱等多种建设难题，完成了人类迄今为止建设难度最大的铁路工程。

自川藏铁路建设完成后，进行数字化、智能化、信息化升级便成了川藏铁路运维的主要工作，引起了全国多个交通科研团队的关注，其中西南交通大学朱庆教授团队对数字孪生在川藏铁路中的应用进行了大量的研究。

2020 年 8 月，朱庆教授发布了一份《数字孪生川藏铁路实景三维空间信息平台关键技术》报告，报告中朱庆教授详细讲述了数字孪生在川藏铁路建设、运维过程中的重要作用。数字孪生技术对川藏铁路全要素、全生命周期以及相互之间的关系进行了整体描述，通过对现实世界各类信息的数字化展示，川藏铁路的建设难点、运维难点以及环境影响都得到了直观展现。

在数字孪生的支撑下，川藏铁路从规划、设计、建设到后期运维实现了全生命周期的精细化、高效统筹管理，建设信息、运维信息全程透明化，可追溯，川藏铁路的建设状态、运维状态都可以得到动态展示，可以说数字孪生在川藏铁路的应用充分展现了这一技术的高度与价值，数字孪生构建的数字平台、信息平台为川藏铁路建成了标准化、高性能指挥系统，支撑了物理空间复杂、敏感环境下的全生命周期数字化管控。

数字孪生在川藏铁路的高效应用对我国铁路数字化建设、智能化发展具有深远意义，这一技术为铁路行业开拓的智能空间也令人叹为观止。

本章小结

与其说数字孪生技术正在与全球各行各业逐步融合，不如说数字孪生正在开创一个全新的世界。在数字孪生构建的这个景象世界中，现实世界的一切都可以清楚感知，各行各业都可以仿真推演，数字孪生充分利用自身优势为世界呈现了一条可视、高效、高质的数字发展之路，并助推各行各业实现突破，再创新高。

第二章　数字孪生成为我国交通发展的关键驱动力

近年来，随着我国交通事业的快速发展，四通八达、综合立体的交通网络开始逐步成型。但我国经济的腾飞、城市生活节奏的加快、汽车保有量的爆发式增长依然令交通系统承担着巨大压力。想要全面满足我国群众的交通需求，提升出行体验，交通运输需要向智能化、数字化的方向升级，在这一过程中数字孪生技术逐渐凸显出超高价值，并以关键驱动力的身份加速我国交通的高质量发展。

第一节　数字应用：主导交通发展大方向

交通运输既是我国强基础、利长远的战略性行业，也是促进我国经济稳定增长、惠及民生的重要举措。自我国设定交通强国战略目标以来，以数字力量强化发展效果便成了交通发展的重要战略布局，数字应用在近年来开始主导交通发展的大方向，虽然相比交通发达国家我国交通数字应用的规模、程度依然存在差距，但数字应用已经表现出成长性、创新性特点，对智慧交通的升级起到了带动作用。

2019 年我国交通运输部颁布了《数字交通发展规划纲要》（以下简称《规划纲要》），《规划纲要》的“基本原则”中明确指出：

创新引领，数据赋能。以数据为关键要素，赋能交通运输及关联产业，推动模式、业态、产品、服务等联动创新，提升出行和物流服务品质，让数字红利惠及人民，增强人民获得感。

共建共享，融合发展。充分发挥统筹规划、协同推进的制度优势，推动政企、行业、部省间协同发力。发挥市场主体作用，科学配置各类资源要素，构建跨界融合、共创共享的数字交通产业生态。以数据链促进多种运输方式高效衔接，促进政企间数据双向转化运用。

防范风险，保障安全。兼顾创新发展和安全发展，防范化解数字化转型带来的信息安全风险，提升网络安全和数据安全保障能力，保障公共安全和国家利益。

勇于探索，试点先行。坚持世界眼光、国际标准、中国特色，以开放包容的态度，适应技术发展趋势，以试点为重要手段，汇聚技术、智力、产业等资源，通过典型引路，逐步形成数字交通发展的“中国经验”和“中国方案”。

从这一点中可以看出“数字力量”是打造中国交通、现代交通的重要力量，也是中国交通时代化、全球化的主要趋势。

一、我国数字交通发展大方向

我国交通运输部颁布的《规划纲要》中明确写道：

“到 2025 年，交通运输基础设施和运载装备全要素、全周期的数字化升级迈出新步伐，数字化采集体系和网络化传输体系基本形成。交通运输成为北斗导航的民用主行业，第五代移动通信（5G）等公网和新一代卫星通信系统初步实现行业应用。交通运输大数据应用水平大幅提升，出行信息服务全程覆盖，物流服务平台化和一体化进入新阶段，行业治理和公共服务能力显著提升。交通与汽车、电子、软件、通信、互联网服务等产业深度融合，新业态和新技术应用水平保持世界先进。

“到 2035 年，交通基础设施完成全要素、全周期数字化，天地一体的交通控制网基本形成，按需获取的即时出行服务广泛应用。我国成为数字交通领域国际标准的主要制订者或参与者，数字交通产业整体竞争能力全球领先。”

数字交通未来发展内容为：“构建数字化的采集体系、构建网络化的传输体系、构建智能化的应用体系、培育产业生态体系、健全网络和数据安全体系、完善标准体系、完善支撑保障体系。”

从以上内容中可以看出，未来我国数字交通的发展方向将以交通运输设备与运载设备的数字化为基础，构建综合立体交通网络的数字模型，促进交通产业生态的数字化转型，同时注重交通网络的安全性、交通数字体系的健全性。

交通运输数字化发展已然是当下可见可触碰的发展趋势，交通运输数字化发展的初衷是提升交通运输发展效果，确保交通运输网络的建设满足经济社会发展所需。在交通运输的数字技术应用过程中，数字孪生技术的应用正在不断深入，其带给交通运输行业的助力更为突出，在交通运输领域创造的价值更为巨大。

二、我国数字交通发展现状及展望

2018 年，我国交通运输部正式颁布《数字交通发展报告（2017）》，报告中明确指出，数字力量为交通强国发展提供了有力支撑，并成为数字中国建设过程中的重要战略部署，我国交通运输行业在基础设施、便捷出行、高效物流、行业治理等方面取得了良好的数字发展成效，公路、铁路、港口、机场等方面的智慧性得到了有效提升。

2021 年，我国互联网信息办公室颁布的《数字中国发展报告(2020 年)》中也明确提到，数字交通催生了众多新技术，并展现了新业态、新热点，发展中聚焦实际应用加速了交通运输行业的发展，聚焦政策促进了我国民生行业、扶贫项目的推进，聚焦国际水准，引领我国交通向高质化、国际化高速迈进。如今，数字交通已经成为我国数字经济的重要增长极，成为我国数字领域的代表性行业。

从我国数字交通取得的发展成效中可以看出，未来数字交通将不断升级核心技术，在数字孪生的支撑下构建出虚实交互的闭环系统，同时我国交通运输行业的全面数字化进程也将加速，数字化效率、数字化精度将带给大众更多惊喜。

（一）升级核心技术构建虚实交互的闭环系统

目前，数字技术已经为我国交通发展附加了感知能力、实时监控调度能力、人机交互能力以及数据采集、反馈、控制能力。结合交通发达国家的数字化发展成果，可以预测出未来我国数字交通领域将构建出虚实交互的闭环系统。在这一系统中，数字力量将发挥更大作用，交通运输将在虚拟空间与现实世界同步发展，甚至现实世界的发展被虚拟空间引领。

（二）数字化效率、数字化精度将带给大众更多惊喜

随数字交通技术的升级，交通运输行业数字化效率、数字化精度将不断提升，并为大众带来更多惊喜。以数字孪生技术为例，数字孪生技术带来的仿真模拟效果优化了城市交通资源的使用，舒缓了城市交通压力，大众出行、出游体验感获得较大幅度的提升。

三、数字孪生带来智慧交通发展新机遇

数字孪生技术作为新兴数字技术在各大行业、各大领域展现了巨大价值，在智慧城市建设过程中也具有重要意义。从我国交通运输发展现状中不难看出，数字孪生为我国日益复杂的交通行业带来了稳定性、安全性、便利性，并为智慧交通发展带来了诸多全新机遇。

（1）数字孪生技术与5G技术进行深度结合，激活了智慧交通的新动能。在5G技术的支撑下，我国交通运输网络建设日益完善，数字交通的交互性、操作性不断提升，行业发展进入了全新局面。例如，5G技术与数字孪生的

结合促进了自动驾驶行业的发展，行业新业态增大了技术需求、人才需求，行业发展空间也在不断拓展。

（2）数字孪生为智慧交通装备制造、生产、维护带来了新机遇。数字孪生不仅提升了交通装备的智慧性，并优化了交通装备的生产流程、生产工艺，加速了装备生产效率与质量。同时，在虚拟空间完成过程性能测试的智能装备，使用过程中的维护工作也更加便捷、有效，智慧交通装备行业的整体发展也将进入新阶段。

（3）数字孪生提升了智慧交通管控的有效性。在数字孪生的支持下，交通管控部门可以根据交通网络的虚拟空间仿真，以及现实世界的实时数据收集，对交通系统进行灵活、主动的优化配置，提高智慧交通的整体效率。例如，在交通事故发生时及时根据事故实际情况制定对应的应急预案，确保城市交通网络的安全与效率。

（4）精细化物流运输行业的发展。通过物流运输设备的传感器安装，数字孪生可以在对不同环境、不同温度、不同震动状态下的货物情况进行精准感知，确保特殊物品、高精度仪器等货物的运输安全。同时，物流网络在数字孪生技术的支持下可以构建更多元、更灵活的流通配送模式，根据物流业务的周期性、季节性特点制定相应的配送方案，优化物流运输资源的配置，提升物流配送效率。

数字孪生作为当代数字技术的代表在不断提升交通运输行业的发展效果，促进着交通强国战略的实现，这一技术将成为我国交通升级的关键驱动力，并打开我国交通运输行业发展的新局面。

第二节　数字交通：智慧出行关键驱动力

2019 年 9 月，国务院正式颁布了《交通强国建设纲要》（以下简称《建设纲要》），《建设纲要》中明确提出未来一段时期我国会“推进数据资源赋能交通发展”“构建综合交通大数据中心体系”。为贯彻这一发展目标，推进交通运输行业的发展效果，提升交通运输综合服务水平，交通运输部随即印发了《推进综合交通运输大数据发展行动纲要（2020—2025 年）》。

《推进综合交通运输大数据发展行动纲要(2020—2025 年)》中明确提到，2020 年之后，我国将大力推动交通载运工具的数字孪生技术研发，以增强交通运输网络的智慧出行效果，提升大众交通使用体验，并将数字孪生作为未来发展的关键驱动力，提质交通强国战略目标的实现效果。

一、数字交通是智慧出行的重要驱动力

数字交通是我国数字经济发展战略的重要领域，数字交通的发展成果直接影响着我国大众的生活质量及社会整体的运行效率。近年来，在数字孪生的促进下，我国交通发展从共享逐渐转入智慧出行阶段，交通整体数字化的程度也在不断增加。

例如，在 2021 年 9 月召开的“中国国际数字经济博览会”上，全国各地的 400 多家企业展示了我国数字科技最前沿、最核心的技术产品，其中交通领域的科技产品成了博览会的一大亮点，众多交通领域的最新科研成果让大众感受到了未来智慧出行的全新体验。

（一）未来智轨：在虚拟轨道质变出行体验

近年来，我国轨道交通展现出了全新发展局面。智能轨道快运系统、城轨车辆、城际轨道系统在数字孪生技术的支撑下不但可应用于不同的交通环境，更可以充分发挥轨道交通优势，融入智慧城市核心，为城市公共交通发展提供高效解决方案。比如在数字孪生技术的辅助下，轨道交通可实现行驶的智能前视，在无须铺设钢轨的前提下提前在既定虚拟轨道试运行，这种虚拟空间的运行预演可以提前发现轨道交通的建设难点与铺设问题，不仅缩短了建设周期，更提前了投入使用期限，建设成本也远低于传统轨道交通的建设。

城市轨道交通的“数字大脑”全面丰富了轨道交通运行模式，有效缓解

城市拥堵，满足大众出行需求，推动交通强国战略的发展，升级了大众出行体验。

（二）智能驾驶：创新出行方式

2021 年，相对于新冠肺炎疫情发生初期，我国大众出行频率开始急速增长，智能驾驶、自动驾驶开始成为大众关注重点。为满足大众出行需求，各大汽车企业纷纷推出了具有智能驾驶技术的新款车型。以搭载 L4 级自动驾驶技术的长城欧拉好猫为例，驾驶员无须触碰方向盘、油门、刹车，车辆便可以完成连续弯道行驶、变道行驶、躲避障碍物，虽然未全面实现无人驾驶，但这款采用 GNSS RTK 高精定位 + 摄像头识别避障技术的车型彰显了我国在智能驾驶领域的技术创新。

智能驾驶技术的发展同样需要数字力量的支撑，这一技术也是数字交通发展的一大领域。未来发展中，数字技术将结合更多市场需求，提升智能驾驶技术的应用范围，无人驾驶公交、无人驾驶清扫将呈现出产业化趋势，我国交通出行方式将获得颠覆式创新。

（三）综合立体交通网络的数字模型：开拓交通运输发展路径

数字技术不仅在轨道交通、智能驾驶领域提升大众出行体验，更对我国综合立体交通网络起着重要的升级优化作用。例如，数字孪生技术在虚拟空间构建了城市交通的数字模型，提升了交通资源利用率与大众出行效率。未来发展中，随着我国城市交通网络数字模型的丰富，我国综合立体交通网络将通过连点成面的方式，构建起精准化、全面化的数字模型，整体发展将再次提升，大众出行体验随着再次升级。

二、我国全力推动运载工具数字孪生技术研发

交通运输部在《推进综合交通运输大数据发展行动纲要（2020—2025年）》中明确提出：推动各类交通运输基础设施、运载工具数字孪生技术研

发，加快交通运输各领域建筑信息模型（BIM[①]）技术创新，形成具有自主知识产权的应用产品。研究制定交通运输行业互联网协议第六版（IPv6[②]）地址规划，推进第五代移动通信技术、卫星通信信息网络等在交通运输各领域的研发应用。开展综合交通运输体系下大数据关键技术研发应用。由此可见，未来交通运输行业发展中，运载工具的数字孪生技术研发将成为重要发展任务，这一过程中，数字孪生技术也将展现出更高的应用价值。

（一）数字孪生在陆地运载工具领域的技术研发

目前，数字孪生已经在汽车领域取得了良好的发展效果，支撑公路运载工具进行了多项技术创新，当代智能驾驶技术、无人驾驶技术都离不开数字孪生的促进。

除公路运载工具之外，数字孪生为铁路运载工具带来的技术促进也非常明显。例如，2021 年，德国铁路集团的全资子公司德铁信可宣布与瑞士斯塔德勒铁路公司共同开发一种完整列车的数字孪生系统，这一研发成果很快于当年年底投入使用。研发工程中，德铁信可阶段性展示新型数字孪生系统的技术成果，在这一系统的辅助下，铁路运载工具可以提升运行可靠性及运输能力，并预防意外状况的发生，减少铁路运载工具中断运输的次数，斯塔德勒德国公司首席执行官米科尔奇先生表示："通过创建整车的数字孪生技术，我们作为车辆制造商和德铁信可都可以获得相关的数据资料。这样，我们可以确保主动维护和不断优化老化管理。这有助于双方可持续地提高车辆可用性，并将故障造成的破坏降至最低。"

在德铁信可的数字孪生技术研发中可以看出，数字孪生技术是提升铁路

① BIM：建筑信息模型（Building Information Modeling）是建筑学、工程学及土木工程的新工具。建筑信息模型或建筑资讯模型一词由 Autodesk 所创的。它是来形容那些以三维图形为主、物件导向、建筑学有关的电脑辅助设计。当初这个概念是由 Jerry Laiserin 把 Autodesk、奔特力系统软件公司、Graphisoft 所提供的技术向公众推广。（摘自百度百科）

② IPv6 是英文"Internet Protocol Version 6"（互联网协议第 6 版）的缩写，是互联网工程任务组（IETF）设计的用于替代 IPv4 的下一代 IP 协议，其地址数量号称可以为全世界的每一粒沙子编上一个地址。

运载工具效率、安全性升级的必然途径，更是铁路运载工具未来技术研究的重点。

（二）数字孪生在空中运载工具领域的技术研发

2017 年，我国完全按照国际先进适航标准研制的单通道大型干线客机 C919 成功首飞，这架具有我国完全自主知识产权大型客机的研发成功代表我国彻底打破了波音、空客垄断的空运局面，中国正式成为除美国、法国、德国、俄罗斯、巴西、加拿大、英国之外，世界上第八个有能力研制大型飞机的国家。

C919 的研制成功对我国航空发展有极其重要的意义，这架新型大型空中运载工具的出现同样是数字孪生与航空技术结合的成果。在 C919 研发过程中，飞机结构设计、空气动力应用、系统性能测试、热能管理等各个环节全部通过数字孪生进行了仿真测试，C919 的电气系统、液压系统、环境控制系统、飞行控制、燃料系统、着陆系统在数字空间进行了无数次升级，因此 C919 才得以顺利研发，且成功完成取证试飞。

未来发展中，数字孪生在空中载运工具研发过程中的应用将更加深入，并提升空中载运工具的智慧性，增强空中载运工具的安全性，增强我国空运行业的整体实力。

（三）数字孪生在水上运载工具领域的技术研发

目前，数字孪生技术已在智能船舶管理系统中发挥了重要作用，数字孪生构建的数字运营系统彻底解决了船舶远程监控、故障检测等问题，不仅减少了船舶运行过程中的管理成本，更提升了管理效率。尤其数字孪生在虚拟空间构建的船舶模型，可远程可视化监控船舶的运行状态以及各种运行参数，最大限度保证船舶的运行安全。

由此可见，数字孪生技术对大型水上运载工具的健康管理有良好的促进作用，未来发展中数字孪生在这一领域的应用、研发将更加深入，大型水上运载工具的智能性、安全性也将不断提升。

第三节　数字创新：开创交通运输新时代

交通运输的数字孪生可以被视为交通实体、新基建、运行个体、运行系统在虚拟空间的同步交互仿真，这一技术目前已成为交通运输领域测试开发的主要力量，其巨大的发展潜力也影响着交通运输行业的整体发展。

事实上，自 2019 年我国制定“交通强国”的发展目标后，数字孪生技术便渗透到交通运输发展的各个方面。例如，我国高速路网的建设便需要数字孪生在虚拟空间进行交通流量建模，对整体框架和基础设施功能进行模拟，进而提供出经济高效、符合实际建设特点的建设参数、实施方案。

截至 2021 年，我国交通运输已经全面进入数字化建设、网络化发展、智能化升级的全新阶段，在各种政策的支持下交通运输进行数字化升级改造的程度也在不断升入，数字孪生掀起的应用热潮衍生出了行业新趋势、新业态。

一、“两新一重”规划交通运输发展格局

2020 年 5 月 22 日，国务院在《政府工作报告》中明确提出，未来发展中“两新一重”将成为我国建设发展的重点。所谓“两新”是指新基建、新城镇，“一重”是指交通、水利等重大工程。“两新一重”的发展重点确定后，我国城镇建设，水利、交通工程建设将获得更多政策扶持，且整体发展将呈现高标准、高质量的趋势。

从未来交通运输的发展局势中可以了解到，技术创新在发展过程中必不可少，这恰恰需要数字技术、新一代信息技术的支撑。比如，在交通运输行业近年来的发展中，三维地理信息系统的升级运用保障了我国多项重要交通工程的建设管理。同时，交通运输部也在多项关于交通发展的文件中明确表示，未来交通设计、交通规划、交通运维管理需要深度运用数字技术，提升交通运输行业的智能化水平，提高交通运输的建设、规划和管理能力。

总体而言，数字孪生为交通运输发展开辟新局面重构了行业发展格局。未来发展中，传统发展模式的比重将不断降低，以信息化、智能化为主导的数字发展模式将成为行业核心，交通运输行业将走上可视化、可分析、可管理的智慧发展道路。

二、数字孪生在交通工程建设中全面应用

在“两新一重”的发展格局下，我国交通运输工程的建设将会再次提速，数字孪生在交通运输工程中的应用也将更加广泛，结合数字孪生的技术特点可以看出未来发展中，数字孪生在交通工程建设中主要有两个应用方向。

（一）数字孪生在交通工程建设中的应用

数字孪生技术可以贯穿交通工程建设的整个流程，从规划设计到建设施工，再到运营养护，每一个环节中数字孪生都可以发挥重要的作用。

首先，数字孪生能够基于建设工程构建可视化、全要素的建设模型，确保工程的功能完整；其次，全要素的数字模型便于工程设计、实施人员进行便捷的分析与完善；再次，数字孪生与物联网的结合可以设计施工现场、施工路程的精细化管理系统，确保工程质量。

（二）构建现代交通设施的全要素虚拟模型

我国交通网络的智慧性取决于交通设施的数字化、智能化建设程度，数字孪生能够根据交通设施的业务需求，构建精细化管理的智慧模型。这一模型不仅承载了交通设施的出行要求，更在仿真预演中反映出交通设施的全生命周期，所以，数字孪生构建的交通设施模型又被称为全要素虚拟模型。

数字孪生构建的全要素虚拟模型是我国交通智慧性发展的主要方式，因为这一模型可以将交通设施的建设环境、运行环境、运行情况等全场景进行拟真再现，然后将交通设施进行物理模拟，将其与外部环境、交通载具进行融合叠加，之后针对运行数据进行数字升级，测算出一套提升智能性的改进方案。

三、数字孪生的交通辅助作用

数字孪生的出现支撑了我国交通部门的有效发展，其不仅整合了交通运输行业现有的数据资源，更深度融合了5G、大数据、云计算、AI等前沿技术应用。我国交通运输系统得以在正常运行中根据实际需求对信息、技术、设备进行有机结合，进而增强了交通运输的整体管理能力。

以城市交通管理为例，数字孪生技术可用于城市交通总体势态监测、区域交通监测、枢纽态势监测，城市出行人员的密度分布、出行需求分析都可以实现智能感知、智能处置，并进行智能改进，这一技术有效提升了交通运输部门的决策能力及资源协调效率。

总体而言，数字孪生技术对我国交通发展的辅助作用可以表现在以下几个方面：①交通总体态势监测；②交通人口分布监测；③交通需求分析；④交通网络结构分析；⑤区域、枢纽交通势态监测；⑥交通结构优化分析；⑦交通智能预警；⑧交通状况智能处置；⑨交通网络的智能优化；⑩全要素交通网络的集成建模；多源交通数据的融合处理；全尺度、全要素三维孪生仿真。

可以说在数字孪生的帮助下，我国交通运输的建设效率、运行效率，以及安全性、智慧性都可以得到较大提升，这也是数字孪生在交通领域如此受青睐的主要原因。

四、数字孪生协助交通设施实现智慧建设

交通运输行业的智慧性发展是未来的主要趋势，基于数字孪生技术进行交通基础设施的智慧性建设也是“十四五”规划中提出的明确任务。在数字孪生的辅助下，环境数据信息与施工现场的动态信息都可以在虚拟空间中进行可视化展示，这种动静结合、虚拟结合的仿真模拟可以将建设过程中各种复杂信息与精细化管理、智能化升级相互结合，实现基于交通基础设施业务需求、施工环境真实情况的动态性建设管控。

例如，在数字孪生构建的数字模型中，大到整个工程，小到各部件设施的精度都可以得到真实体现，同时数字孪生构建的数字模型还支持单个目标的精细化管理、分析计算功能，可以将繁杂的工程数据进行关联管理，其中包括图纸、方案、建立过程等，在可视化模型中对这些施工信息进行逐个逐点的优化，工程建设质量、效率，以及后期运营维护效果都可以获得较大提升。

五、数字孪生支撑交通在线运维管理养护

数字孪生不仅能够提升交通工程建设的质量与智慧性，还可以提升交通运输网络的运维管理养护效果。基于数字孪生技术建设的交通设施可以构建更高效的养护系统，交通网络的每一个关键设施、每一个关键部件都可以得到实时监测，并建立起运营管理档案，这些数据的储存分析有助于对交通设施进行动态分析，并制定更合理的养护方案。

数字孪生在交通网络的运维管理中可以进行设施运行的场景优化，支持大范围交通网络的优化管理，同时借助割裂传感器查看、分析交通设施部件的实际实时信息，之后在虚拟空间展开动态性渲染，便于交通运输网络的管理人员更直观、更及时地对交通运输网络进行管理养护。另外，借助数字孪生的这一功能，管理人员可以更准确地预测环境变化对交通运输的影响，实现交通运输设施运营、管理、养护的智能化管控。

第四节　数字孪生：助力智慧交通发展

近 30 年的发展中，我国交通网络从打通闭塞发展到四通八达，不仅改变了大众运输、出行的效率，更惠及经济促进人民生活水平不断提升。不过最近几年来，我国交通发展的方向开始出现新转变，根据人、车、路、环境关系的变化，我国交通发展开始促进大众生活品质的提升，交通运输行业的智慧性越发凸显。

随着交通运输基础建设的大力发展，我国交通路网开始实现新跨越，数字孪生技术的运用为智能交通发展注入了强大力量，逐步改变了交通运输人为管理、事后反思、反复修正的发展现状，这对我国各大行业的整体发展都具有重要意义。

一、数字孪生，智慧交通发展新方向

我国交通的智能发展虽然相比交通发达国家依然存在差距，但交通智能化的发展速度已经位居世界前列。在我国多项政策的推动下，从交通基础设施建设到整体交通网络设计，再到后期运维管理都在注重智能属性的打造。截至 2021 年，我国已成为全球交通基础设施建设速度最快的国家之一，同时也是交通智能化转变、交通行业经济增长最快的国家之一。

通过梳理、对比交通发达国家的发展现状，可以得出当前国际交通发展的主要方向有以下三个。

（一）交通路网的智能化、数字化

交通路网的智能化、数字化发展是指交通运输网络的智慧属性增强，同时进行数字化管控。目前，欧美多个交通发达国家已经基本实现了交通路网的智能化、数字化发展，在这种发展模式下交通路网的可控性、高效性更加凸显，大众出行满意度也在不断提升。

我国的交通路网目前也处于智能化、数字化的发展进程中，以贵州试点运行的数字孪生交通系统为例，贵州省通过视频监控融合毫米波雷达的方式，实现了机动车辆、非机动车、行人等交通要素的全息感知，根据实时感知数据进行分析与跟踪，有效解决了交通资源浪费、系统功能僵化等问题，贵州省大众交通出行体验得到了全方位升级。

（二）交通意外状况的预测感知

在以往的交通运输管理系统中，交通意外状况的预测感知大多依靠事故处理经验。当交通运输网络与数字孪生技术融合之后，交通运输管理系统便可以就车辆的运行状态提前预知一段时间内可能出现的碰撞，这种全要素的真实仿真实现了交通事故的多状态预测识别，有效提升了交通运输网络的安全性。

（三）车路协同的智慧管理系统

在数字技术与无线通信技术结合后，配合交通设备的传感器可以构建出车路协同的智慧管理系统，这一发展方向也是当代交通发展的重点。在车路协同的智慧管理系统中，交通安全、通行效率可以大幅提升，同时可以减少城市污染，所以，车路协同的智慧管理系统是构建高质量、环保性的交通系统的重要基础。

从当代交通发展的主要方向中可以看出，智慧交通的发展离不开数字力量的支撑，数字孪生正在助力智慧交通进入全新的发展局面。

二、数字孪生在智慧交通领域的落地方法

近年来，我国交通发展虽然取得了长足的发展，但依然存在一些需要解决的痛点。数字孪生的落地方式恰恰可以被视为解决当代交通网络痛点的过程，这一技术的深度应用全方位弥补了智慧交通的不足，突出了交通网络的智慧性。

(1) 数字孪生提升数据采集的实时性，实现交通运输网络的同步运行可视，并构建交通网络的推演模型，打造了数据驱动决策的管理方式，这也是数字孪生在智慧交通落地的第一步。

(2) 数字孪生提升了当代驾驶功能的智能性。与真实数据全要素建模的数字孪生可以有效提升智能驾驶的安全性、稳定性，并加速无人驾驶技术的落地，这便是数字孪生在智慧交通领域落地的第二步。

(3) 以全局视野进行细节规划，找到交通管理最优解的数字孪生技术如今已应用到我国的各大城市，它不仅有效处理了城市交通的复杂情况，更根

据交通流量变化解决交通发展难点，量化了智慧城市的发展数据。可以说数字孪生不仅是智慧交通的管控工具，更是智慧城市的虚拟画像，这便是数字孪生在智慧交通领域落地的第三步。

三、“5G＋数字孪生”催生的新动能

数字孪生在交通领域的发展中与人工智能、新一代信息技术都进行了有效结合，但成效最为显著的还是5G技术。而随着信息技术的升级，5G网络有效提升了交通网络的反应速度，与数字孪生结合后，催生了我国交通运输行业发展的新动能。

首先，“5G＋数字孪生”模式让车辆在高速移动中实现了数据的实时交互，这种网络特性保障了车路协同的有效性，促进了自动驾驶技术的发展，同时加速了远程驾驶技术的落地。

其次，5G促使万物互联的特性增强数字孪生的建模精确度，协调“人、车、路、环境”的发展关系，极大限度丰富了交通部门的数据库，让智慧交通的数字化、智能化特点更加突出。

总而言之，数字孪生在5G技术的加持下可以展现出更大价值，可以确保我国交通运输网络的全局管理、虚实互动，并将我国智慧交通推向时代前沿，开创我国交通发展的新思路、新路径，打造出国际一流的综合立体交通网。

★相关案例★

科大讯飞携手北京五一视界，打造“丝路智港”

2021年是中欧班列运行10周年。这条被称为“钢铁驼队”的中国商贸要道在10年的发展中不仅能跑出了“中国速度”，且从一条线逐渐发展成一张网，截至2021年，中欧班列就累计开行7377

列，发送 70.7 万标箱，支撑了我国经济的持续稳定增长。

在中欧班列取得卓越成绩的背后，除独特的交通优势外，还有高效智能化的运营方式。新疆乌鲁木齐陆港集结中心是中欧班列西通道中国段与中亚及欧洲距离最近的国际编组枢纽，它是我国中欧班列出境前的最后一站，也是入境欧洲前的第一个编组站，所以新疆乌鲁木齐陆港集结中心可以成为中欧班列的核心枢纽站。

在新疆乌鲁木齐陆港集结中心中有一个被称为“丝路智港”的智慧平台，这一智慧平台是基于数字孪生技术、人工智能技术等多种前沿科技打造的管理平台，“丝路智港”有效提升了乌鲁木齐陆港集结中心的运营效率，更提升了中欧班列的安全保障。

这一平台由科大讯飞和北京五一视界公司联手打造，以数字孪生技术为主，主要用于新疆乌鲁木齐陆港集结中心的全数字化表达。在数字孪生的技术支撑下，“丝路智港”构建了以集结中心和多式联运中心为主体的数字模型，在数字模型的仿真预演下，新疆乌鲁木齐陆港集结中心得以优化班列组织模式、合理调配运输资源，并创新了“集拼集运”模式，结合人工智能技术后，更完成了新疆乌鲁木齐陆港集结中心的智慧化升级。

“丝路智港”的突出特点主要表现为两个。

（1）全要素仿真。“丝路智港”之所以被称为新疆乌鲁木齐陆港集结中心的智慧大管家，是因为它可以完成集结中心的全要素仿真，并针对仿真数据进行全局分析，提供最佳最及时的决策信息，进而对集结中心的产业运行、场站运营、安全治理等进行智慧性管理。

（2）实现无人运转。数字孪生与 5G 技术结合之后，新疆乌鲁木齐陆港集结中心实现了高效的“无人运转”运营。在陆港集结中心中有一套全天 24 小时不间断的无人集卡自动运营系统，这些无人车可以根据数字模型反馈的站内信息进行运行最佳配置，在无人模式下完成各种运转工作。同时，无人车的实时状态还可以在数字模型中全面展现，这也让新疆乌鲁木齐陆港集结中心的管理变得更加合理、及时，让中欧班列的运输中转更加高效、安全。

总体而言，科大讯飞和北京五一视界公司联手打造的数字孪生平台大幅提升了新疆乌鲁木齐陆港集结中心的管理运维效果，更加速了中欧班列的智慧性发展。未来，这一模式可以在我国铁路其他干线中复制应用，数字孪生的价值也将全面展现。

本章小结

截至 2021 年，我国交通的智慧性发展已经取得了显著的成就，这有赖于数字孪生技术的关键驱动。从全球交通数字化的发展中可以看出，数字孪生将成为未来交通的核心支撑，将贯穿交通规划、设计、建设、运维的各个环节，并促进我国发展成智能化凸显、交通经济增长显著的世界强国。

第三章　我国交通建设进入数字孪生时代

自2019年我国交通运输部发布《数字交通发展规划纲要》，提出2025年和2035年两个阶段性发展目标后，一个日新月异的数字交通时代便向我们走来。数字交通作为全球交通发展的主要模式，正不断激发我国交通资源的潜能，勾画着中国交通质变的美好蓝图。数字孪生作为数字技术代表，不断加速我国交通数字化、智能化转变的趋势，逐渐化身为我国经济腾飞的重要引擎。

第一节　数字时代，交通网络安全亟待提升

数字技术为我国经济发展带来了百年难遇的大变局，在理清了各领域复杂格局后，为我国科技发展、产业发展带来了巨大改变。数字时代中，万物皆可互联，万物皆可编程，数据化、网络化成了驱动世界进步主要方式。

不过当能源、金融、交通等各个领域与数字挂钩之后，虽然发展速度获得了翻倍提升，但安全性也伴随着“互联性”出现了诸多隐患，正如360集团CEO周鸿祎在第八届互联网安全大会所说：“进入数字孪生时代，网络攻击影响力更甚核弹。”

未来，信息网络安全将成为确保各行业在数字时代高速发展的重要基础，布局大、目标大的交通网络更加亟须提升自身安全性，才能在交通强国战略中发挥重要作用，完成既定发展目标，助力我国经济增长。

一、数字时代的网络战争形式

自我国交通强国目标确定之后，我国进行了一系列的交通政策升级，伴随着新基建的快速建设，交通运输行业加速了数字化转型的步伐。不难看出，近年来我国交通运输行业发展的新基建均为数字化基建，其主要作用为交通运输系统的数字化转型与网络化覆盖，数字化转型是为了不断提升交通运输的建设水平、管理水平；网络化覆盖是为了加速交通运输行业的运行效率，确保我国交通的高质量发展。

面对当前的交通运输行业发展现状，传统安全防护体系也需要随之升级，以应对数字时代催生新型竞争模式。

（1）从基础上要考虑交通新基建的数字安全性，以综合立体交通网的整体运行为视角，构建更全面的安全方案，确保交通运输网络整体的安全性。

（2）提升信息网络安全在交通发展中的地位。以往交通发展的安全要素以交通设施的质量为主，数字时代来临之后信息网络安全成了影响大众安全出行、交通资源有效协调、应急情况合理处置的重要保障，信息网络安全也决定了交通运输网络的整体运行效率。

（3）将交通安全解决方案从静态方式升级为动态方式。我国交通运输网络完成数字化升级后，需要面临APT攻击、网络犯罪等各种危机，以往以合规性决定是否合宜的静态安全方案已无法确保交通网络的安全，及时针对交通网络的实际情况打造高级别、细致化、及时反映的动态安全方案是交通运输部门需要思考的重点。

（4）摒弃以往“打补丁”的交通网络防护措施，以安全顶层的视角升级交通网络协同防护、联合防护的防护措施。

二、战略先行，安全理念的七大新要素

360 集团 CEO 周鸿祎在第八届互联网安全大会上谈道：“没有安全顶层设计和方法论，数字化就是‘裸奔’，跑得越快，带来的灾难就越大。”数字时代，我国交通发展需要面对全新的危机，只有进行战略先行，制定符合数字时代特点的安全体系，才能够确保数字交通的建设与发展效果。

分析过交通发达国家数字交通安全体系特点后可以看出，数字时代交通网络安全主要包含七个新要素。

（1）新危机因素。相比以往交通设施的危机、交通个体的危机，数字时代交通网络需要面对漏洞与黑客的新危机。

（2）新方向。以往交通安全的重点是应对交通事故与交通设施的合理性，数字时代交通安全需要应对人为攻击，且攻击强度、频率将成为应对的重点。

（3）新要素。数字时代最大的特点是技术的高速发展，相应交通安全也需要进行同步思考，根据数字技术的发展速度匹配合理的升级，确保交通网络安全系统可以抵御新技术的攻击。

（4）新模式。数字时代的交通危机存在多样模式，某些安全隐患不会对交通系统自身带来危害，却可以影响相关行业的经济发展。

例如，2021 年美国纽约大都会运输署证实，美国马萨诸塞州轮船管理局的预订系统于 4 月份遭受了黑客攻击，导致马萨诸塞州轮船管理局的客户无法通过网络或电话来预订或更改他们的行程，随后马萨诸塞州轮船管理局又遭受了勒索软件的攻击。虽然这两次事件并未影响到纽约交通系统的正常运营，马萨诸塞州轮船管理局也及时修补了漏洞。但事实上这次事件却让马萨诸塞州轮船管理局的客户蒙受了经济损失，影响了马萨诸塞州轮船管理局的正常发展。

类似情况在数字时代并不少见，数字时代到来后医疗、交通、食品等公共需求行业开始遭受各种模式的网络攻击。2020 年美国联合健康服务公司就在网络攻击中损失了 6700 万美元。

（5）新基建。新基建不仅是我国交通发展的重点，同样是交通安全体系的建设重点。未来发展中，我国整体物流效率、运输水平将不断提升，新基建必须具备确保交通运输安全的重任，以此确保我国交通运输网络的整体安全性。

（6）新技术。数字时代，交通装备生产行业也需要不断升级自身技术，确保交通装备符合时代发展所需，同时确保装备的网络安全性。

（7）新系统。数字孪生技术诞生后，交通网络结构被一览无遗，这无疑增加了交通网络的安全挑战。交通运输部门需要构建全新的安全体系，以实际运行为安全标准，确保交通网络的公共安全性。

三、数字孪生技术的安全核心

截至 2021 年，我国交通运输部门已经打造了一套满足交通发展所需的智慧大脑，并以安全数据、数字孪生技术、专业团队为基础建立了完善的安全防护系统。目前，在这套安全系统的保障下我国交通网络可以有效防范 APT 攻击，并确保了交通运输网络的高效运行。

综合数字孪生技术在我国交通运输安全网络的作用，可以得出数字孪生技术的安全核心主要体现在四方面。

（一）以全要素模型确保交通运输的目标与结果

数字孪生技术可以为我国交通运输系统构建全要素的真实仿真模型，模型越精致、越强壮可以预测的安全隐患越多，对交通运输的保护越全面。

（二）以现实环境为基础实时监控、预防

数字孪生基于现实环境构建的安全防护系统可以有效减少基于环境或结合环境带来的安全隐患，例如我国交通运输检测设备在交通关键枢纽区域会进行大范围、密集性铺设，其目的恰是确保对环境的实时、全方位感知，预测环境变化可能带来的安全隐患。

（三）多技术融合提升安全高度

数字孪生技术具有多技术融合的特性，目前已经和 AI 技术、AR 技术、新一代信息技术进行了有效结合，其创新的新型安全技术也提升了我国交通网络安全系统的防护级别。未来发展中，数字孪生将会与更多新兴技术融合，提升自身技术价值，提高安全防护能力。

（四）实时数据交互，及时、准确预测安全隐患

数字孪生具有高交互性，可以对物理个体进行现实空间与虚拟空间的完整转化，并根据实际情况推演可能发生的情况。目前，这一特性已经被运用到交通网络安全防护领域，数字孪生根据网络数据的变化可以准确预测存在的管理漏洞，及时准确预测安全隐患，保护交通网络的安全运行。

总体而言，数字时代来临之后我国交通运输网络的安全性已经被重新定义，交通强国目标的尽快实现需要强大的交通网络防护系统来保障，以安全新理念、新框架确保我国交通在数字时代的安全发展、高质量发展。

第二节　数字孪生时代，交通基建进入数字化新阶段

预测未来 5 年到 10 年内，我国将全面进入数字化、智能化的发展时期，正如《交通强国建设纲要》中指出“5G、云计算、大数据、物联网、人工智能、区块链为数字技术核心驱动我国发展”，在社会的这种转变中，交通依然是主要发展力量，交通建设也将围绕数字化、智能化的趋势进行升级，相较以往海陆空的垂直领域发展，未来交通将围绕出行运输的协调发展，我国综合立体交通网将表现出强大的主导作用。

事实上，交通与数字的结合可以视为时代发展的必然规律。因为交通是现实世界的联通方式，而数字是虚拟空间的联通方式，随着世界的虚实结合，交通与数字的融合也成了必然。为促进我国数字交通、智慧交通的有序

发展，数字新基建成了我国交通运输部门统筹规划、产业布局、竞争力提升的首要目标，交通技术建设的数字化升级是交通创新发展、融合的发展的重要保障。

一、交通基础设施数字化转型

数字孪生技术在我国交通运输领域发挥着重要作用，以交通运输系统来说，通过 iTwin Services 数字孪生云服务结合其他模拟软件，便推演出了交通促进经济恢复的有效方案。而数字孪生在交通运输领域取得的一切成果离不开数字基建的有效建设。

数字基建的发展需要站在宏观层面分析，以国家重大交通运输项目为例，数字基建与传统交通基建不同，数字基建需要分析项目智能性的凸显表现，思考云端、网络、出行、物流等多方面的协同配合，通过无数次的仿真预演，优化数字基建的建设方案。总体而言，交通基础设施的数字化转型是一个构建交通安全基石，支撑交通智慧化发展的过程。

（1）数字基建需要具备传统交通设施的安全性，以基础设施安全、运输工具安全、运行环境安全为核心，进一步提升交通运行效率。比如通过数字基建在支撑运载工具安全运行的基础上，分析事故潜在风险，优化路段服务设施，提升安全性的同时缩短运输时间，这便是交通设施数字化升级的第一步。

（2）数字基建需注重公共安全建设。数字孪生技术可以分析出交通运输网络的重要阶段，并配合传感设备、检测设备及时了解车流、人流变化，这一过程中数字基建当增强检测、传感强度，以无感形式完成对人、物的扫描检测，排除公共安全风险，提升交通资源的有效运用。

（3）注重网络应用、数字应用的结合。数字基建应当考虑到新技术的有效融合，确保新型网络技术、数字技术可以顺利在交通运输体系中落地。只有建设长期、高效与新兴技术融合的交通基础设施，才能够确保交通运输网络整体的数字化升级。

(4) 数字技术的升级创新。数字基建的运行效果同样取决于数字技术的水平，根据我国交通基础建设的实际情况选择适合的数字应用，才能够最大化表现出交通基础设施数字化升级的最大价值。

二、数字孪生成为当下交通建设热点

智慧交通的建设与数字孪生密不可分，智慧交通的新基建需要具备数字感知、网络互联、智能处置的能力。近年来，我国智慧交通的基础建设不断与数字孪生技术融合，打造出了低成本、低功耗、高感知的交通运输体系，这一过程中，数字孪生也催生了诸多交通建设热点。

（一）交通感知能力的建设热点

为提升我国交通运输体系的感知能力，交通建设过程中的视觉、雷达、传感器运用越发频繁，通过这些设备的应用，我国交通网络可以实现对交通要素、交通流状态的精准信息采集，个体准确识别，以及整体实时监控，这些感知设备也支撑了数字孪生技术对交通运输网络的高精度建模。

（二）交通定位能力的建设热点

除感知设备之外，顶级定位设备也是交通建设过程中的结合重点。高精度定位设备可对交通要素的运行状态进行精准感知，并结合北斗卫星构建符合交通运输实际情况的定位系统，便于交通管理部门对交通运输网络进行控制、采取决策。

（三）交通网联能力的建设热点

数字孪生技术与5G技术的有效结合为我国交通运输打造了可靠、高效的交通通信系统，这对我国智能驾驶技术、无人驾驶技术起到了有效的促进作用，同时提升了交通运输网络的反应速度、处置速度。

（四）交通数字平台的建设热点

交通系统的智能大脑同样离不开数字基建的发展，信息采集、储存、分类、传输，以及数字孪生平台的构建需要庞大的硬件支撑。我国交通运输部发布的《数字交通发展规划纲要》中明确指出，未来交通运输部门将加大交通数字平台的建设，基于大数据、人工智能技术、数字孪生技术等，构建满足交通需求与运力所需的数据平台，实现交通精准预测，辅助交通管理进行科学决策。

综上所述，我国未来交通新基建将以数字技术为核心，催生出更多建设热点。同时以政策与资金为牵引，不断加强数字孪生技术的应用深度，强化5G、AI等新一代信息技术的融合，逐步实现交通运载工具、路网、枢纽等基础设施的全面数字化，实现人、车、路、环境的全面感知，泛在链接，进而实现交通安全、效率以及大众出行体验的全面提升，推进我国交通运输行业由高速增长转变为高质量增强，助力我国由交通大国向交通强国不断迈进。

三、数字孪生胜在全面满足交通所需

试想，在不久的未来，大众出行、运输前只需要通过手机进行简单操作便可以找到出行、运输在成本、效率、体验方面的最优解，我国交通发展将呈现出怎样的状况？

如今，这种假设已经不再是幻想，而在逐渐转变为现实。因为数字孪生技术完全可以帮助我国交通实现这一发展目标。数字孪生技术运用到交通领域后，补全了交通数字模型在环境维度以及时间维度的缺失，提升了我国交通根据大众需求发展的全面性。

目前，我国交通运输体系的数字模型还无法细致到精确满足每位交通个体需求，但却在这一方向中高速发展。比如大众出行已经具备了高效合理的特点，在这一基础上，交通运输部门正在努力提升大众出行的体验感与安全性，相信未来不久后大众出行便可以从高效升级为低成本、高体验。

总而言之，数字孪生在满足大众交通需求的过程中凸显了巨大价值，因为其对交通运输网络进行了全生命周期的预演，并分析出了单一交通设施的特点与价值，随着这些数据不断完善，我国交通运输体系的价值，交通设施建设的合理性，交通资源的利用率都将大幅增强，一个生命力强大的交通生态系统随之诞生。

第三节　数字孪生时代，仓储物流的数字化发展

随着数字孪生在交通运输行业的深入，我国仓储物流行业也开始因数字孪生获益，仓储物流行业的发展整体趋向数字化、智能化。比如，通过数字孪生技术创建的仓储机器人可以更准确地调整机械手臂的角度，与仓储环境的匹配度更高，且根据设备的状态精准预测可能发生的故障，仓储整体运维效率获得了较大提升。

事实上，仓储物流系统的数字化发展已经成为主流趋势，随着数字孪生的技术的融合，各大物流品牌纷纷建立了智慧化物流中心，并构建了可模拟、测试的数字模型。在数字模型的辅助下智慧物流中心可以检测各种场景下的运行情况，并根据实际物流情况进行柔性调整，完成自我优化。

例如，敦豪航空货运公司（DHL）2019 年便发布了一段关于“DHL 数字孪生智能仓库技术”的视频，在这段视频中 DHL 展示了自身供应链与数字孪生技术结合打造的仓储物流管控系统。在 DHL 的物流管控系统中，数字孪生技术可以根据 DHL 的内部情况进行实时协调，并及时处置各种突发问题，同时提升仓储安全性。

总体而言，数字孪生为 DHL 的智能仓库带来了六方面的优势。①优化仓库路线，提升运作效率；②打造区域预警系统，提前预测各类状况；③环境检测，确保仓储整体安全性；④仓库可视化管理，可视化检测；⑤实时数据分析，优化仓储方案；⑥增强机械搬运设备安全性。

从 DHL 的物流仓储管控系统中可以看出，数字孪生与仓储物流行业的结合主要体现在以下三个方面。

一、提升仓储物流行业的智能性

数字孪生打造了仓储物流系统的虚拟孪生体，通过物联手段得到了仓储物流运行和维护的最佳方法，同时更为仓储物流系统附加了诸多功能，全面提升了仓储物流行业的智能性。

二、带领仓储物流行业进入无人模式

新一代信息技术、AI 技术等与仓储物流行业的结合打造了多个无人终端，如智能货架、智能搬运机器人、智能分拣设备、无人装车系统、无人机配送、机器人配送等，但真正打造出无人化智能物流仓储体系的还是数字孪生技术。

数字孪生通过真实物流数据采集，构建智能物流仓储系统的数字模型，过程中将各种无人终端融入，并协调各无人终端的关系，进而建立起可控可检测的无人化智慧物流仓储系统。

另外，数字孪生除能够实时检测物流仓储真实状态外，还可以进行无人终端的升级分析，不断制定系统整体的升级方案，这对物流仓储行业的发展有着深远的影响。

三、解决智慧物流系统的建设难题

传统物流系统的智慧性提升有难度，且提升空间有限。因为物流系统的智慧性需要站在全局角度考虑，而不是提升某一环节、某个子系统的智慧能力。数字孪生技术融入后，物流仓储系统的设计人员可以将多个物流子系统进行有效结合，协调各环节、各子系统的配合性，准确把控物流仓储系统的升级关键，减少不必要的资源浪费，降低系统出错概率。

利用数字孪生技术对现有物流仓储系统进行系统规划，可对各子系统、各环节进行协同规划，基于系统整体构建升级框架，规划过程中数字孪生可以实时了解各环节升级后对系统整体带来的影响，并根据实际情况创建新工序，或将不同环节、子系统进行整合，确保升级方案的最优性。

数字孪生时代，仓储物流行业的数字化发展表现得十分迅速，其中不仅包括实体物流仓储行业的数字化转型，更包括物流仓储系统的智慧性升级，这一过程数字孪生让相关人士看到物流系统潜在的问题，弥补的方式，并激发了行业发展的新思维、新路径，让仓储物流行业提升了自身价值，加速了发展步伐。

第四节　数字孪生，打造智慧交通发展新格局

2020 年 10 月，全国交通运输通信信息中心主任工作交流会议暨智慧交通应用技术交流会在湖南长沙召开，这次会议以“适应新形势，应对新挑战，运用新技术，共谋智慧交通发展新格局”为主题，讨论了“十四五”期间我国智慧交通的发展方向，并对 5G 技术、新基建、大数据、网络安全等智慧交通热点话题展开深入探讨。

会上我国交通运输部科技司负责人表示，“十四五”期间，我国交通运输要依靠数字力量打造智慧交通发展的新格局。尤其在习总书记做出加快建设交通强国、加快构建新发展格局、推进“两新一重”建设等重要指示要求之后，交通运输部门需要遵循这一重要指示，加速落实《交通强国建设纲要》的具体行动，在新起点上推动交通运输行业的数字化、智能化发展，更好地结合 5G、人工智能、数字技术等新兴技术，更好地谋划智慧交通的发展意义。

目前，我国交通运输部门已经构建了综合交通的大数据平台，并打造了多个智慧交通的运行监督与服务平台，交通协调运行与应急处置效果得到

了明显提升。这些成就离不开数字力量支撑，尤其离不开数字孪生技术的促进。

事实上，在数字孪生的辅助下，不仅我国交通运输部门先后研发了交通数据管理分析平台、交通仿真推演平台、交通数据储存系统等一系列科技产品，全球交通行业的发展都因数字孪生发生了变化，数字孪生如今已成为时代前沿科技，与其深度融合的产业都发生了天翻地覆的变化。

★相关案例一★

数字孪生打造航空产业新机遇

新冠肺炎疫情发生之后，全球各地的航空行业进入了一段相对缓慢的发展时期，不过这也给了各大航空公司谋求新发展，打造新机型的冷静期。在这段时期内，全球各大航空公司都开始加大研发力度，例如，西门子公司与罗尔斯罗伊斯、空中客车公司开始联合开发电动民航飞机，成功打造了 E–Fan X 的实验机型，并计划于 2030 年推出的第一架可以搭乘 100 名乘客、飞行里程达到 1000 公里的电动民航飞机。

从航空行业节能环保的角度思考，西门子公司与罗尔斯罗伊斯、空中客车公司的这一战略非常长远，且符合时代发展所需，但飞机研发是一个庞大且周期漫长的工程，以我国研发的 C919 为例，自 2008 年开始研发，2022 年虽然已经成功完成取证试飞，但依然没有全面投入使用。所以，这需要航空企业进行长期、大量的投入，才能确保研发成果，确保新机型可以带来新突破。

面对技术性、战略性、周期性的研发挑战，如何全面解决这些系统难题成了航空产业需要思考的重点，而数字孪生技术得到深度应用后，世界各大航空公司似乎发现了新机遇。例如，西门子公司在研发电动民航飞机过程中，便将数字孪生技术运用到多个方面。

（1）西门子公司对燃料的使用情况进行了数字仿真，并根据数据变化确定了电动民航飞机里程设计方案。

（2）西门子公司还将数字孪生运用到了飞机动力系统当中。飞机研发过程中需要考虑到空气动力性能对机身、环境控制、起落架、航空电子设备的多种影响，在以往的飞机研发中这需要无数的实验与修正，以及大量的资金投入才能够完成。但运用数字孪生技术后，飞机的空气动力性能可以在虚拟空间进行仿真推演，不仅可以收集到全面数据，还可以对空气动力特性、空气动力噪声、机身腹部整流罩和翼体整流罩的设计进行综合分析，优化飞机的整体设计。

目前，全球各大航空公司都利用数字孪生技术获得了较大的研发成果。比如吉凯恩航宇福克起落架公司，这家专门制作飞机起落架的企业便利用数字孪生技术的系统化仿真特点升级了产品的安全可靠性，并节省了30%的研发生产时间，吉凯恩航宇福克的成功模式也在行业内得到了广泛应用。

从西门子航空、吉凯恩航宇福克起落架公司的成功经验中可以看出，数字孪生技术已经成为航空产业发展的关键要素，航空行业的未来发展离不开这一技术的推动。

正常情况下，一架飞机的使用寿命可达几十年，但在这一过程中飞机的各项数据都在发生着变化。数字孪生技术可以将飞机全生命周期的数据进行完整记录，深度分析，并构建飞机运行的数字模型，最大限度维护飞机的安全性能。

因此，当代航空行业与数字孪生技术的融合已经成为必然趋势，在大量数字模型的支撑下，飞机的研发才能够提升性能、降低研发周期与研发成本，飞机的运行才能够实时、双向、透明、系统地进行掌控，可以说数字孪生技术已经成为航空行业突破研发设计、攻克发展瓶颈的主要力量。

相比航空研发技术发达国家，我国航空研发水平依然存在一定的差距，但这种差距正在数字孪生的帮助下逐渐缩减。我国航空行业的发展正在复制高铁、5G 通信行业的创新之路，相信我国航空行业可以抓住数字孪生促进发展的这一机遇，发展成为国际航空业强有力的竞争者。

★相关案例二★

腾讯自动驾驶——以数字孪生技术推动自动驾驶及智慧交通发展

数字孪生技术对智慧交通发展的促进十分全面，它不仅为航空产业打造了新机遇，同时也对我国自动驾驶技术的发展带来的大幅促进。2020 年 9 月，移动互联网岳麓峰会在长沙举行，腾讯自动驾驶负责人苏奎峰在会上发表了一篇《数字孪生推动自动驾驶及智慧交通演进》的演讲，苏奎峰对数字孪生推动自动驾驶技术的发展，以及数字孪生对智慧交通发展的带动进行了缜密分析，同时以腾讯自动驾驶技术的研发为例，总结了数字孪生在交通领域的价值与作用。

苏奎峰在会上表示："数字孪生技术以真实数据为支撑，实现虚拟空间和物理世界的无缝互通，为自动驾驶、智慧交通解决方案提供自由的试验场地，让人们预见未来交通的无限可能。

"腾讯一直坚持夯实产业发展的基础——云、仿真和高精度地图，不仅能够支持自动驾驶系统的开发与运营，也可以通过数据管理、车辆管理等平台服务，助力智慧交通建设。"

2021 年 3 月，苏奎峰在第十届中国智慧交通市场年会上再次表示："交通行业正逐渐迎来以车、路、场景为中心的转变，但究其本质，都是为人提供服务。未来交通的发展方向，正是以人为中心的全面智慧化。腾讯将以动态感知、实时数据为基础，运用数字孪生技术将物理世界与信息世界连通，进行城市交通体系的预测、推演和验证，同时发挥腾讯C端的连接能力，为城市交通的规划和治理提供决策辅助。

“整体来说，未来交通将以精细化的运营和感知为基础，通过基础设施数字化、云端数据融合、数字孪生技术分析推演，结合交通指标体系和评价工具，实现工程优化、设施控制和C端触达，形成交通治理可持续进化的闭环体系。在此过程中，腾讯将发挥自身生态优势和技术积累，助力汽车、交通、能源各方联动，为建设交通强国，实现碳达峰、碳中和目标贡献更多力量。”

腾讯公司作为知名科技公司长期对各大行业发展起着积极的推动作用，从腾讯自动驾驶负责人的观点中可以看出，数字孪生技术已经成为腾讯自动驾驶技术研发的核心科技，这一技术不仅可以满足交通发展需求，更可以提质交通发展成果，其对打造智慧交通发展新格局拥有重要的意义。

本章小结

当代交通数字化发展的重要标志正是数字孪生的全方位运用。在数字孪生与交通运输融合过程中，我国交通网络的安全将全面升级，数字基建也将得到大力发展，仓储物流行业的智能化、数字化转变也将凸显。总体而言，我国交通发展随数字孪生技术的应用进入了新时代，逐渐形成了新业态、新形势，并在国际交通领域取得新地位。

第四章　数字孪生助力智慧交通仿真升级

早在数字孪生技术诞生之前，交通运输行业便进行着各类仿真技术的应用，通过对交通个体位置数据、交通网络客流数据的关联分析，进行交通发展的仿真模拟。所以在数字时代来临之后，交通运输行业与数字孪生的匹配度、融合度表现得更高，数字孪生实现了交通运输网络的虚实同步、实时跟踪、情景在线，让智慧交通的仿真效果得到了全面升级。

第一节　数字孪生在空中交通的仿真应用

北京大兴国际机场一直被誉为“新世界七大奇迹”之首，这座投资超过800亿元，占地面积140万平方米，预计年客流吞吐量1亿人次，飞机起降量80万架次的大型国际机场从规模到性能位于世界前列，更重要的是北京大兴国际机场的建成让我国交通运输实现了高铁与航空的无缝对接，让中国交通历史进入了全新的发展阶段。

自北京大兴国际机场建成之后，机场便开始从安全、智能、人性化运营等方面不断进行升级，而支撑北京大兴国际机场实现各种突破的关键力量正是科技。数字时代来临之后，北京大兴国际机场开始与各种数字技术融合，并经常进行数字化升级，为数字孪生技术在我国空中交通的仿真应用打造了“样板工程”。

数字孪生在北京大兴国际机场进行的仿真应用主要表现在以下几方面。

一、数字孪生技术实现了北京大兴国际机场的全方位仿真

北京大兴国际机场打造了世界首个“双进双出”的航站楼，并采用中央放射的五指廊构型，这一建筑特点让大兴国际机场的功能性更为突出。在数字孪生技术下，北京大兴国际机场的三维立体模型可以多角度、全方位展现，且视角可以随意切换，每一个建筑细节可以在虚拟空间中尽收眼底。

大兴国际机场的机坪也是数字孪生进行虚拟仿真的重点，在数字孪生建立的虚拟模型下，飞机上下乘客区域、货物装载区域、加油区域、停放区域以及特定区域都可以清楚显示，同时虚拟模型还可以预演飞机出港离港的行驶过程，这一过程可以细致到机场跑道助航灯的展示。

另外，北京大兴国际机场的数字孪生还将大型机场模型的仿真效果深入到了塔楼内部，通过塔楼内部扫描后的数据收集，数字孪生对塔楼内部进行了可视化处理，塔楼工作区域、塔台工作状态也可以被清楚展现。

二、数字孪生技术实现了北京大兴国际机场的航线仿真

在对北京大兴国际机场自身完成数字建模后，数字孪生技术还完成了机场航线的真实仿真。从数字模型中可以直观看到以北京大兴国际机场为起点的各条国际航线，这些航线清楚连接着全球各个国家，从这一连接网络中可以看出我国与世界密不可分的关系。

三、数字孪生技术实现了北京大兴国际机场的运行势态仿真

在完成了北京大兴国际机场的模型仿真、航线仿真后，数字孪生还带来了航班流动效果以及机场整体运行的势态仿真。这种仿真技术是在数字模型

之上附加了机场的航班信息、航班实时状态、飞机飞行状态、机场客流量及货流量之后的综合管理。其仿真效果有助于机场管理人员时刻把控机场的运行状态，并优化航班的安排，提升机场运行效率。

总体而言，数字孪生技术在北京大兴国际机场的应用提升了机场运行效率、旅客出行体验以及飞机运行的安全保障水平，对我国航空经济发展也起到了促进作用。北京大兴国际机场作为数字孪生对我国空中交通数字化升级的代表性交通枢纽，其升级效果具有指向性，对我国智慧交通整体仿真升级有着深远意义。

未来发展中，无论航空工具如何升级，数字孪生在三方面带来的升级效果都不可忽视。

（1）航空运维管理的可视化。数字孪生技术的精确、完整建模可以实时监控机场的各个细节，机场站坪监测、机场机位分析都可以进行可视化展示，这一建模效果有助于机场管理者了解经常的运行势态，保障机场的运行效率，提升航空资源的运用。

（2）航空运行的可视化展现。数字孪生技术对机场航线的可视化展现可以帮助机场管理者直观明确航班的运行状态，便于管理者针对航班状态进行运行要素的可视化分析。例如，新冠肺炎疫情发生后，航班临时停运频率不断增高，在数字孪生技术的帮助下，机场管理者可以直观明确机场的资源利用情况，针对停运航班进行后续分析管理。

（3）提升机场的应急处置能力。数字孪生构建的虚拟模型可以在预演中结合机场航班流量趋势以及飞机资源的使用情况，分析航班延误、客流高峰期、大面积航班停运等特殊情况，便于机场管理人员提前进行势态防御与意外情况处理。另外，数字孪生构建的虚拟模型还可以辅助管理人员对各种突发事件、意外状况进行原因分析，为机场管理者提供实时有效的应急决策依据。

北京大兴国际机场的建成不仅代表我国拥有了世界规模最大的单体机场航站楼，也代表我国具备了攻克高端航空基建难题的能力；北京大兴国际机场的良好运行不仅体现了我国航空交通的技术水平，也体现了我国交通发展的整体实力。在大兴国际机场的建设、运行过程中，数字孪生技术起到了关键作用，这一技术力量还将不断提升我国航空智慧性、高效性，不断推动我国航空的高质量发展。

四、空中交通数字化、信息化的建设基础

自 2017 年我国民航部门正式提出“智慧机场”概念以来，我国航空发展便开始以加强数字化、信息化应用促进智慧升级为重点，这种发展模式为我国空中交通近年来的良好发展奠定了重要基础。

截至 2021 年，我国航空业基于“一核两翼”的建设思路，已经全面建成了网络安全、云服务、大数据等多种智能平台，并有效提升了航空交通的资源管理、智慧服务、智慧运营等能力。

例如，广州白云机场全面提升自身智慧性，以智慧生态、智慧服务、智慧安全、智慧商业、智慧生产为特点打造了一体化智能平台，提升了运行效率与服务水平。深圳宝安机场以“未来机场”为目标，进行信息化、数字化全面升级，为我国航道交通的智慧转型树立了新标杆，打造了新样板。

总体而言，我国空中交通进行信息化、数字化升级的基础有五个。①升级航空旅客的个性化、便捷化服务水平；②升级空地交通的连接效率；③升级物流仓储行业的运维管理；④升级航空行业的数字化增值服务；⑤升级空中交通基础建设的智能性。

通过这五方面的数字化、信息化升级，充分发挥我国航空市场、航空资源的优势，打造一套兼合大数据、云计算、人工智能等先进技术的数字孪生系统，在高端数字模型的指引下，全面提升我国航空交通发展速度与发展水平。

五、空中交通智数融合

为了加速我国空中交通智数融合的进程，保障数字孪生技术在空中交通领域的应用效果，我国航空行业近年来采取了一系列数字化升级转型的措

施。总体看来，我国航空行业站在顶层角度分析了数字孪生在航空领域的可持续发展，这一点从国内各大机场对数字孪生技术的应用范围、应用效果中可以得到印证。之后，我国航空行业又针对数字孪生的应用问题采取一系列措施，保障数字孪生的空中交通领域的完整落地，促进了空中交通的智数融合。

（1）我国航空行业结合空中交通的整体需求，积极融合云计算、物联网、大数据等先进技术，建立了智数融合的空中交通基础设施。在数字化交通基础设施之上，航空行业得以构建全面感知、全要素集合的数字孪生体，并以此为行业的神经网络，配合多种新兴科技不断升级航空行业的智慧性，将人、物、交通精准关联，分析出行业发展的最优方式。

综合分析我国航空行业近年来取得的发展成就，可以发现各大机场已具备内部感知能力，构建数据分析平台，并深化数字孪生的应用，从而在航空运维与安全保障两方面得到了显著提升。从各大机场全生命周期角度分析，我国航空行业的业务流程越发高效，服务品质也在不断提升，行业整体的安全稳定性更为显著，这同样得力于数字孪生进行的仿真推演。

如今，在完善航空交通数字基建的基础上，我国航空行业已经开始构建高精度、多耦合的数字信息模型，通过这一模型实现对机场规划、建设、管理的不断升级。从模型构建效果来看，数字孪生技术为机场管理者提供了一体化、可视化、智慧化的机场运营模型，提供了综合管理与智慧决策的依据，可以说现代航空行业的各种发展策略，都诞生于数字模型的仿真推演过程中。

（2）随着数字孪生在航空行业应用范围、应用深度的提升，这一技术对机场运行的分析更加准确，各类发展情况的预测也越发深远。比如随着旅客数据、货物数据、运行数据、安全数据、飞机设备数据的不断积累，机场运行规律越发明显，配合 AI 技术的数字孪生可以预测出各类发展情况，并深度满足旅客、市场、行业的发展所需。

（3）数字孪生技术为航空行业建立了统一的平台，并实现了全生命周期、全业务周期的预演管理。通过数字孪生的可视化仿真技术，我国航空行业融合机场智能模型，构建了空天地一体的信息管理平台，这一平台的构建克服了航空行业传统管理模式中的业务分割管理、独立管理的各种问题。在这一平台上，机上单体数据、业务数据可以实现集成融合，空天地业务可以一体化联动，不仅机场管理者可以对各类业务进行一键智能决策，旅客也可以享受一屏浏览全程，双方均可以对出行、货物运输过程实现实时全方位感知。

(4) 我国航空行业根据数字孪生应用特点建立了完备的信息安全保障体系。虽然数字孪生技术极大促进了航空行业的发展，带动了我国空中交通的进步，但其伴有的开放性也带来了信息安全问题。近年来，我国交通的各个领域都出现过信息安全攻击事件，且攻击技术、频率都在不断提高。所以，运用数字孪生促进航空行业发展过程中，机场信息安全体系必须完备，即从现实世界到数字空间的各个环节必须安全无漏洞、交互无弱点。对于这一情况，我国航空行业结合自身业务灵活性的特点，根据业务重要程度在安全防护系统中划分不同的安全区域，各区域之间采取不同的防护隔离技术，实现了不同区域不同级别的隔离、访问控制。同时，在数字孪生技术应用过程中，以及数字孪生与其他技术融合过程中，航空行业首先保障自身数字系统安全性，践行了统一的安全管理平台与运维平台，在这一基础上再进行数字孪生的附加，这样便可以实现数字孪生技术运用过程中对用户身份、访问进行有效控制，并灵活提升安全审计的要求。总体而言，在数字孪生促进我国空中交通智数融合之前，航空行业便进行了全方位的安全防护；现在又根据数字孪生的应用特点进行安全系统的全方位升级，确保了数字孪生技术安全性与稳定性。

第二节　数字孪生在地面交通的仿真应用

地面交通是我国交通运行的主要方式，其高质量发展也是我国实现交通强国战略目标的重要基础。在数字化、信息化的发展模式下，我国地面交通也开始深度进行仿真应用，且结合自身复杂的环境特点开创了多种仿真应用模式。

目前，数字孪生在地面交通的应用中，最大作用在于立体展现各类复杂环境下的交通建设情况、交通设施运营情况，以及预测各类意外状况与特殊状况，可以说数字孪生的应用带领地面交通数据实现了从二维到三维突破，并全面结合了外部数据，对地面交通发展进行了真实全方位仿真。

一、数字孪生为地面交通带来更多可能

数字孪生在地面交通的应用主要表现为将地面交通设施、车辆、人流进行虚拟空间的复制，然后通过数据分析找到三者协同发展的最佳方式。如今，数字孪生已经在地面交通建设发展中打造了众多优化方案，促进了我国地面交通的高速、高质量发展。

例如，高速公路或城市交通发展过程中，数字孪生可以实现交通流量与交通整体运营的仿真模拟，从而提供一种安全、高效、经济的发展方案，并不断优化各种数据参数，优化实施策略。

总结梳理数字孪生在地面交通发展中取得的效果后可以看出，数字孪生为地面交通带来了更多可能，大幅拓展了地面交通的发展空间。

（一）新交通管制策略的可能性

数字孪生为地面交通创造了多种管制可能性，且在数字空间仿真模拟后可以直观检测新管制策略的实质效果。例如，我国地面交通的管制重点可以从监控流量升级为实时动态干预，优化交通资源使用，提升交通运营效果。

这些新的交通管制策略优点众多，不仅可以减少地面交通的拥堵，更可以提升交通路网的安全性。但目前很多地面交通的新管制策略还处于实验阶段，还需要深度结合交通设施、地面交通流量的实际情况，落地方法与使用效果也有待升级，不过在数字孪生的促进下，这些管制可能正在逐渐提高以往的管制方法，加速我国地面交通的发展。

目前，数字孪生为交通管制带来的无限可能已经带动了全球交通运输行业的发展。以西门子移动集团新成立的软件公司 Aimsun 为例，Aimsun 是一家为全球交通行业建模的服务公司，其利用数字孪生构建交通网络的数字模型，这一模型不仅可以模拟交通路网的正常运营，还会模拟人流、货流的移动，识别路网系统中的薄弱环节、优化交通流量的运行方式。Aimsun 为各国的地面交通提供了资源利用的最佳方式，并实施模拟地面交通的运行情况，提供多种合理出行模式，所以 Aimsun 公司在全球的得以迅速发展。

在了解 Aimsun 公司的数字建模产品过程中，笔者发现 Aimsun 对交通数字模型的观察分析细致，从宏观、中观、微观不同的角度观察各个交通区域，对交通枢纽的每个部分进行细致模拟，之后将各种模拟数据进行关联分析，从而为客户提供了更准确、更实用的交通问题解决方案。

基于 Aimsun 公司业务的这一特点，目前许多交通发达国家的交通部门已经和 Aimsun 达成了深度合作，Aimsun 对这些国家的重要一线城市交通进行实时模拟，提前预测即将发生的交通中断情况，并找到了最短时间减少拥堵、解决终端问题的方法，使这些重要城市的智慧性更加凸显。

（二）交通运营改进的可能性

目前，多个世界交通发达国家已经制定了符合数字化、智慧化转型的交通发展策略。例如，奥地利将首都维也纳周围的城市视为单独的交通区域，这便于运用数字孪生技术对这些交通个体进行单独建模，之后再从宏观层面模拟周围区域的关联运营。

数字孪生对交通运营的改进针对多个方面，同时形成了多种模式。数字孪生可以根据不同区域的实际情况制定改进运营的策略，使得城市通勤变得更顺畅，使城市空间被不断放大，使交通资源的利用率、合理性不断提高。

例如，通过数字孪生建模后城市公交运营可以更加顺畅，交通信号灯的变化时间、关键区域的公交车辆分配都可以得到优化。同时可以根据城市的发展及环境的转变进行协调管理，确保公交系统的智慧性伴随城市智慧性同步增长。

另外，数字孪生带来的模拟不仅涉及城市公交车辆，还会结合城市步行人流和自行车流。这些关键交通流量对城市交通整体的影响至关重要，随着这些数据的变化、更新，数字孪生可以在最短时间内校准虚拟模型的精度。

（三）地面交通发展的广阔前景

随着数字孪生技术的发展，虚拟模型可以结合的地理因素、社会因素越发丰富，这意味数字孪生构建的虚拟模型也在不断升级，各种交通规划的落地更加细致，交通发展的可控性更加全面。

相比空中交通与水上交通，地面交通的复杂化与动态化更加突出，对数字孪生建模的要求也更高，未来发展数字孪生可以从中观与微观水平给予地面交通更多促进，这一技术将成为地面交通发展的重大优势，为地面交通开辟更广阔的发展空间。

二、强客流量地铁站如何实现数字孪生运营

2021 年五一假期，湖南长沙旅游人数暴增，长沙地铁线客流量连续五天位居全国第一，长沙也成了我国中部地区首个登顶地铁客流强度第一的城市。据我国交通部门统计，2021 年五一假期，长沙地铁累计运送乘客 1521.13 万人次，日均客运量 253.52 万人次。这一庞大的数字对世界交通发达国家的城市轨道交通运营都是一种挑战，但长沙却完美承载了这一客流量的运营。

长沙地铁之所以可以在如此庞大的客流基数下保持正常运营，数字孪生成了安全保障的关键。根据长沙地铁网络显示，长沙五一广场地铁枢纽站是整个地铁网络的关键核心，它连接国金街地下商城、新世界百货、平和堂、IFS 国金中心、黄兴南路步行街等长沙著名景点与商圈，所以这一地铁枢纽也是客流量最大的换乘站，2021 年五一假期，五一广场地铁枢纽站进出站总人数超过了 140 万人。

五一广场地铁枢纽站分为三层，总共 8 个出口，从建设规模来说它并不

是世界顶级的地铁枢纽站，但为何五一广场地铁枢纽站可以满足长沙强客流的出行所需呢？正是因为在这之前长沙轨道交通管理部门提前预测了五一期间的轨道交通压力，并制定的相应的运营策略。

长沙轨道交通管理部门与我国著名的数字孪生公司北京五一视界达成了深度合作，北京五一视界与湖南信达通联合为长沙轨道交通管理部门打造了五一广场站的仿真运营平台。

该数字平台作为长沙智慧轨道交通先行的试验管理平台表现出了强大的智慧性，实现了长沙轨道交通的“站点日常运营管理＋客流仿真推演”的双模驱动，更在全国轨道交通发展领域树立良好的标杆。

在数字孪生技术的支撑下，五一广场地铁枢纽站可以进行精确的客流仿真，基于这一现实运营状态，长沙轨道交通管理部门提前制定了良好的运营策略。总体而言，长沙五一广场站仿真运营平台主要有两大功能，一是根据实际运营状态进行的数字化运维管理；二是基于客流仿真、运营仿真进行的仿真推演。

轨道交通相比其他地面交通在运营管理上更为直观，因为轨道运营管理的核心是客流，基于客流变化进行资源分配。在数字孪生的帮助下，长沙五一广场地铁枢纽站可以实现客流量的真实把控，之后匹配进出站、上下车的管控策略，长沙五一广场地铁枢纽站的运载能力、中转能力便会有效提升。

另外，为了确保长沙地铁管理部门可以有效应对高客流量带来的运载压力，北京五一视界公司基于 AES 全要素场景构建能力，对长沙五一广场站进行了 1∶1 的完整复原，让长沙五一广场站与地面的衔接、不同时段的状态、运营状态的变化可以实时感知，这为站点运营管理和预案推演提供了决策依据。

基于五一广场站的业务特点，北京五一视界公司有打造了一套“5 + 1”的业务模型，所谓“1”是指长沙五一广场站进行全要素的 1∶1 场景孪生仿真，这使五一广场站对客流、货流、车辆的调动实现了全方位监控。“5”是指对长沙地铁整体的态势感知、安全防护、实时响应、协调管理以及决策辅助，通过这 5 个方面的能力增强，长沙地铁系统便不会因客流量的大幅变化出现运营堵点，整体保持可控、可视、可调节的运营状态。

长沙地铁与数字孪生的结合是我国轨道交通的发展方向的指引，与数字孪生技术的紧密结合让客流、设备、管理之间的联系更加紧密，让轨道交通的智慧性得到了明显提升，同时也为大众轨道出行提供了安全保障，可见，数字孪生是助力我国智慧交通仿真升级的主要力量。

第三节　数字孪生在水上交通的仿真应用

交通数字化发展同样是水上交通的未来趋势，在实现水上交通高质量发展的进程中，数字化、信息化成了关键力量。根据《数字交通发展规划纲要》的精神，水上交通发展需要探索与数字孪生融合的新路径，利用数字孪生力量提升核心发展力，推进水上交通建设、运维的智慧水平。

2021 年是我国“十四五”规划的开局之年，在这一新的发展阶段中，交通基础设施的坚实化将成为发展重点，数字技术不再是一种选择手段，而是一种发展模式，一种升级路径。数字孪生水路、数字孪生水网开始逐步在我国水上交通领域落地，智慧水利的建设也离不开数字孪生的推动。

中国工程院院士、长江勘测规划设计研究院院长钮新强曾表示，“数字中国”如今已上升为国家战略，“数字经济”前所未有地重构着经济发展“新图景”。我国水上交通的发展当利用数字孪生技术构建虚实结合的发展模型，打造水上交通发展的新形态。在《2019 上海市大数据典型案例集》中，泰瑞集团打造的“数字孪生水深实景大数据平台”便成了水上交通与数字融合的代表，这一三维 AR 融合的数字平台可以收集河流海洋工程全周期全过程的各种动态数据，并对数据进行详细分析，梳理出水上交通发展水上通航智能处理的决策。

泰瑞集团打造的“数字孪生水深实景大数据平台”是我国水上交通与数字孪生技术融合取得的重大突破，它基于实景的三维模型，模拟水上水下的真实地形地貌，并结合码头、船舶等海事活动进行了全方位分析，这与我国地面交通运用数字孪生分析环境因素的模式十分相似，但水上交通的分析更为立体，更为全面。在“数字孪生水深实景大数据平台”中，海航安全数据、船舶 AIS 实时信息以及远程实时监控视频可以清楚体现，并且在 Web 端各种信息数据可以实时浏览查询，航道交通的运行状态也可以实时监控，这一平台为水上交通管理部门提供了多维度的决策支撑，确保了上海水上交通的优质发展。

从“数字孪生水深实景大数据平台”的作用中可以看出，数字孪生为水上交通带来的助力主要有以下几点。

（1）环境仿真检测。数字孪生技术可以对水上及水下环境进行模型仿真，并通过图层树、隐藏地形、阴影效果等功能增强水上及水下环境的可视真实度，提高视觉监测效果。

（2）船只运行状态查询。“数字孪生水深实景大数据平台”可以对 AIS 实时信息中的船只进行准确定位，并查询到船只航行规轨迹，了解船只的航行状态。

（3）远程实时监控。“数字孪生水深实景大数据平台”配合船只关键航段的鹰眼监控，可以结合 AIS 和视频识别功能，实时获取这一航段船只的动态信息，确保关键航段的安全性与畅通性。

目前，数字孪生技术已经在我国多个海事、港航单位得到了深度应用，并建立了专业的数据仿真平台。在数字孪生的帮助下，我国水上交通的安全保障系统得到真实动态数据的支撑，水上水下的监管效果也得到了细化与精确。

相比大多数国家而言，我国拥有庞大的水上交通网络，水上交通发展也处于健康的状态。但笔者认真分析了我国水上交通的发展现状后发现，我国水上交通依然存在航运业船员短缺、智慧航行水平不足、水上交通经济发展受限等问题。结合数字孪生与交通发展的匹配性，笔者认为构建水上数字孪生系统可以改善我国水上交通的运营状态，提升水网的服务效能与发展实力。

我国水上交通的水网条件与航运纵深在全球范围内都属于优质行列，这为我国交通经济的发展提供了有力支撑。据我国交通运输部门统计，我国水路交通规模占比约为全部交通的 10%，但水路运输力量比重却超过了 15%，这代表我国水路资源拥有更大的优势。不过对比交通发达国家的水路交通建设后发现，我国水路交通基础建设有待提升，尤其基础设施的智慧性，与交通发达国家存在明显差距。

例如，我国运输船舶虽然按相关要求全部配备了 AIS 设备，AIS 系统也可以清楚了解船舶的实际航行情况，但 AIS 安装与使用效果并没有得到有效控制，AIS 的作用也没有完全展现，反而导致了航运信息隔离的加深，部分关键航道的拥堵、排队、准点率低等问题并没有得到有效解决。

结合数字孪生技术的应用特点，笔者认为水上交通发展的优化思路可以从以下三方面入手。

（1）水上交通需要从基础设施的建设上进行数字化、信息化的改善，交通载具、装卸工具、转运设施需要形成全面的数字系统。

（2）船舶、港口、航道等要素要打破信息壁垒，进行协同运营。

（3）提升航道运维管控的精细程度，增强水上交通管理的可控性。

不难看出，从这三方面出发，我国水上交通的发展可以得到显著的提升，且数字孪生技术的仿真效果可以完美解决这些问题。

总体而言，数字孪生在我国水上交通的仿真应用主要针对解决水上交通发展的现有堵点，弥补我国水网的现有不足，在数字孪生的仿真模拟下更直观地明确发展方向，借鉴交通发达国家水上交通数字化转型的经验，加速我国水上交通的突破。

★相关案例★

数字孪生护佑“嫦娥五号”回家

2020 年 12 月，我国嫦娥五号月球探测器揽月回归，并在内蒙古四子王旗预定区域成功着陆。这标志着我国航天领域圆满完成了迄今复杂度最高、技术跨度最大的系统工程，这也是我国航天领域里程碑式的突破。

在这项航天领域的重大工程中，数字孪生技术同样发挥了重要作用。首先，数字孪生技术为“嫦娥五号”的采样任务进行了“采样封装可视化模拟”，在“嫦娥五号”工作的数字模型中，数字孪生对“嫦娥五号”探测器的机械臂、钻取机构、密封封装装置等复杂机械结构进行了全要素真实复现，并根据“嫦娥五号”的集成航天器回传的各项数据在虚拟空间完美展现了机械臂各关节转角的实时变化，以及机械臂、钻取机构、密封封装装置的工作流程。同时，数字孪生技术还根据“嫦娥五号”机械臂末端位置数据、钻取机构电机转速、驱动电机电流、力传感器和温度等各项数据对封装情况进行了实时可视化分析，根据数据变化提供着月壤采样各环节的操作决策依据。虽然“嫦娥五号”远在万里之外的月球，但每一个动作、每一个细节都展示在我国航天技术团队的眼前。

另外，数字孪生技术还让我国航天团队对月球的地形地貌有了清楚感知。“嫦娥五号”配备的“采样封装可视化监测系统”可以实时抓取航天器相机成像数据，还可以采集各种遥测数据，通过数字孪生提供的可视化手段，并且对各类数据进行多维度分析，帮助航天团队精准掌握“嫦娥五号”工作区域的地表信息，并进行科学的研判决策。

可以说在数字孪生的支持下，“揽月”任务的难度大幅降低，“嫦娥五号”的工作细节得到了精确把控，所以采集月壤过程中我国的航天专家团队才可以对各种情况处置有序，我国航天技术高度才得以达到世界一流水平。

本章小结

现代交通的智能化升级离不开数字途径，我国智慧交通系统的打造也离不开数字孪生的支持。在数字孪生的仿真应用下，我国空中交通得以屡创新高，我国地面交通越发通畅高效，我国水上交通完成突破转型，我国智慧交通获得了全面升级。可以预见，未来发展中数字孪生的仿真特性还将发挥更大效能，使我国交通强国的战略更进一步。

第五章　数字孪生引领智慧交通实现新突破

我国交通实现“人悦其行，物优其流”的智慧性转型离不开数字力量的支撑，在《数字交通发展规划纲要》的指引下，我国交通在数字化升级的进程中已经取得了众多突破。数字孪生作为推动交通智慧化升级带来了“智慧交通，数字出行”的指引，推动了自动驾驶技术的高速发展，智绘交通强国的广阔蓝图。

第一节　数字孪生是推动智慧交通建设的关键技术

科技发展开创了智慧时代，数字技术可谓智慧时代中不可或缺的关键力量。数字孪生技术为交通领域创造了与虚实同步切换的连接通道，实现了安全、效率、出行体验全面提升的交通转型。从一辆车、一条路、一个人的仿真，到交通枢纽、交通网络的完全复制，这一智慧交通发展的重要历程，也是全球交通发展的必然趋势。

在数字孪生推动下，我国交通的基础建设近年来发生了巨大转变，大众出行、生活因这些基础设施的发展悄然发生了变化。

一、安全升级

随着交通强国战略的深入实施，我国交通运输行业进入高速发展阶段，交通对我国经济发展也带来更多推动。交通运输行业的发展势必带动交通安全体系的升级，在我国交通运输安全体系升级过程中，数字孪生依然是重中之重。

通过数字孪生的仿真模式，交通设施的承载能力、交通运输网络的运营状态都可以得到准确预测，配合交通发展的实际需求进行安全措施的合理建设，则可以最大化提升交通运输网络的安全性。

例如，贵州数字孪生交通系统建设过程中，交通枢纽感知设备的布设便是通过数字孪生建模，并进行仿真模拟后得到的建设优化，在全要素的仿真模拟下，感知设备的布设可以实现全面无死角，交通管理部门对关键交通枢纽的监测、运维管理更加有效。

二、识别能力升级

交通运输网络的识别能力同样取决于基础设施的智慧性。近年来，为提升我国综合立体交通网络的识别能力，我国加大了卡口、视频和执法取证设备的铺设，并建立了数十种违法分析模型和特征车辆模型。通过车流、人流的轨迹数据筛选，交通管理部门可以及时发现各类违法行为，并对违法对象进行标签化“画像”，便于公安部门及时处置。

我国交通运输网络识别能力的提升也是数字孪生技术的成果，违法状况、车辆特征的数字建模增强了交通运输网络的识别效果，也确保了交通运输网络的健康运营。

三、大众出行智能性升级

在数字孪生技术的支撑下，我国交通设施的合理利用率不断提升，大众出行的智能性也在不断提升。在数字孪生开拓的虚拟空间中，交通运输部门可以找到交通工具无缝切换、无缝连接的建设方案，大幅减少大众出行的时间，提升交通服务效率，让大众在出行前、中、后都可以轻松找到最佳交通方案，交通便利性、生活便利性不断提升。

四、交通数据采集能力提升

2019 年，国家交通运输部颁布的《数字交通发展规划纲要》对“构建数字化的采集体系”作出了明确安排。

构建数字化的采集体系

（一）推动交通基础设施全要素、全周期数字化

推动交通基础设施规划、设计、建造、养护、运行管理等全要素、全周期数字化。构建覆盖全国的高精度交通地理信息平台，完善交通工程等要素信息，实现对物理设施的三维数字化呈现，支撑全天候复杂交通场景下自动驾驶、大件运输等专业导航应用。针对重大交通基础设施工程，实现基础设施全生命周期健康性能监测，推广应用基于物联网的工程质量控制技术。

（二）布局重要节点的全方位交通感知网络

推动铁路、公路、水路领域的重点路段、航段，以及隧道、桥梁、互通枢纽、船闸等重要节点的交通感知网络覆盖。推动交通感知网络与交通基础设施同步规划建设，深化高速公路 ETC 门架等路侧智能终端应用，建立云端互联的感知网络，让“哑设施”具备多维监测、智能网联、精准管控、协同服务能力。注重众包、手机信令等社会数据融合应用。构建载运工具、基础设施、通行环境互联的交通控制网基础云平台。加快北斗导航在自由流收费、自动驾驶、车路协同、海上搜救、港

口自动化作业和集疏运调度等领域应用。

（三）推动载运工具、作业装备智能化

鼓励具备多维感知、高精度定位、智能网联功能的终端设备应用，提升载运工具远程监测、故障诊断、风险预警、优化控制等能力。推动自动驾驶与车路协同技术研发，开展专用测试场地建设。鼓励物流园区、港口、铁路和机场货运站广泛应用物联网、自动驾驶等技术，推广自动化立体仓库、引导运输车（AGV）、智能输送分拣和装卸设备的规模应用。推动自动驾驶船舶、自动化码头和堆场发展，加强港航物流与上下游企业信息共享和业务协同。

截至 2021 年，在近三年的建设中，我国交通运输网络基础设施的数据采集能力得到了大幅提升。这也支撑了数字孪生技术在我国交通运输领域的全面落地。如今，我国三线以上城市的大部分交通基础设施都具备了动态数据的采集能力，这种能力加速了智慧城市的建设，增强了交通运输管理的效果，提升了交通运输网络的协同管理能力，让城内、城际交通的运维管理更加顺畅。

五、环境守护能力

2018 年我国交通运输部便提出了“全面推进绿色交通基础设施建设”的发展目标，并明确了绿色交通基础设施的建设重点。

一是深入贯彻落实生态文明思想。按照 2020 年和 2035 年两阶段的发展目标，推动交通运输转型升级，提质增效，更好地服务交通强国和美丽中国建设的总体要求。其中 2020 年要实现“交通运输污染防治攻坚战任务圆满完成”的既定目标。

二是做好污染防治攻坚战任务的落实。贯彻落实“绿色生产和生活方式”“解决突出环境问题”“加强党对生态文明建设的领导”等指示要

求，着力开展多项重点任务。

（一）统筹交通基础设施空间布局、全面推进绿色交通基础设施建设。

（二）推广港口的岸电、LNG 等新能源和清洁能源的应用。

（三）推进交通科技创新，推进交通智能化、物流集约化发展，推进快递业绿色包装。

（四）打好调整运输结构攻坚战，开展柴油货车污染治理专项行动、船舶污染防治专项行动、港口设施污染防治专项行动、交通的路域环境污染治理等专项行动，完成交通行业污染防治任务。

（五）强化安全监管和应急能力建设。

（六）推动绿色交通国际合作、积极参与交通运输全球环境治理。

（七）开展绿色出行、改善农村出行条件、加强绿色交通宣传与引导、推行绿色机关文化等绿色交通全民行动。

（八）深化综合交通运输体制机制改革、加强法规标准建设、强化经济政策引导、强化评价引导，健全生态文明治理体系。

三是全面加强党对绿色交通的领导。要严格落实生态环境保护责任清单的任务，明确时间表、路线图和责任人。各单位各部门主要领导对本单位本部门生态环境质量负总责，各专项行动责任单位要制定具体的行动计划。

三年多的发展中，我国交通基础设施的绿色发展成果十分显著，这同样有赖于数字孪生技术的促进。相比以往我国交通建设与环境的结合程度不足、交通设施建设破坏环境的情况，数字孪生技术通过环境与交通设施结合模拟找到了环境破坏最少、利用率最高的建设路径，不仅提升了我国绿色交通的发展效果，而且节约了交通建设成本。

例如，贵州省桐梓县近年来便实施了交通基础设施建设“避让—保护—修复”的发展模式，让交通基础设施与自然资源、生态环境积极对接，切实保护耕地和生态环境资源，提升了城市经济与交通的可持续发展效果。

未来发展中，数字孪生技术将继续提升交通基础设施的建设效果，从自动化、网联化、绿色化、共享化等多个层面突出交通建设的智慧性。同时，结合交通强国战略的发展所需，让交通基础设施的建设有效带动经济发展，加速交通强国目标的实现。

第二节　交通科技从虚拟仿真到数字孪生

事实上，在数字孪生技术应用到交通运输领域之前，我国交通运输部门便进行着各种虚拟仿真技术的尝试，这也是最初的交通仿真雏形。不过当时更多结合的是互联网技术，针对交通运动的时间和空间进行跟踪描述。这种仿真并非全要素的数字建模，所以仿真效果存在随机性，运用领域主要存在于交通区域仿真，并不能对交通整体发展带来决策依据。

随着交通科技的发展，数字孪生技术的开始全面应用到交通运输领域。数字孪生应用之后，交通系统不仅可以实现以往运营状况的重现，还可以对未来运营预先把握，从而加深了对复杂交通状况的了解、分析，并找到了交通系统的优化方式。相比交通领域的传统仿真，数字孪生自身的技术优点主要表现在以下四个方面。

一、仿真模型构建更灵活，且包含全要素

数字孪生带来的仿真模型对交通系统内全要素的变化规律及要素间的相互作用进行了完整复制，所以模型构建更为灵活，可以根据实际情况进行区域模型构建或全部模型构建。

二、仿真模型准确性、交互性更高

因为数字孪生带来的仿真模型是全要素的，所以能够更加准确地反映交

通状态的变化，或单个交通元素的运行状态。同时，仿真模型还可以反映出交通个体的实时状态，虚实个体可以完成同步交互。

三、仿真模型更具开放性

在数字孪生构建的仿真模型中，可以根据多方面的数据进行多方向、多状态的仿真推演，其开放性远比传统仿真技术更突出，对交通运营的预测也更加准确。

四、强大的交通状态描述能力

数字孪生构建的仿真模型可以准确描述交通运输网络的实时状态，并根据交通管理部门的要求进行各种重现、推演，从而降低了交通建设的实验成本，增强了交通运输系统的智慧性。

虽然数字孪生技术是传统虚拟仿真的全面升级，但从应用逻辑上并没有发生变化。数字孪生对交通运输领域的仿真模拟同样遵循着仿真对象数据收集、数字建模、预演编程、仿真预演和结果分析五个步骤。

(1) 仿真对象数据收集。交通对象的数据收集主要通过交通建设中的传感设备，随着传感技术的升级，如今数字孪生已经可以实时收集人、车、路、环境的动态信息、实时信息以及复杂的信息组。收集信息越全面，后续建模则越完整。

(2) 数字建模。数字建模是以收集信息为基础在新空间完成的数据合成，数字建模可以清楚描述各数据间的相互关系、相互作用。

(3) 预演编程。预演编程是数字孪生的核心技术，根据实际情况所需，技术人员可以采用专业的编程语言实现仿真模型的真实预演。正常情况下，数字孪生技术常用两种编程语言，一种是通用高级编程语言，这种编程语言是数字孪生建模编程的基础，也是最常用的数字孪生编程语言。另外一种是专用的仿真编程语言，这种编程语言通常由常用编程语言演化而来，它将一些仿真常见工作以函数方式简化，虽然可以提升编程效率，但存在诸多限制。

(4) 仿真预演。数字孪生在交通运输领域发挥作用的主要方式便是仿真预演。通过仿真预演可以了解到交通设施建设、升级的方法，也可以了解到交通运输网络的真实状态，或预测未来一段时间内城市交通即将面对的交通压力。因为数字孪生是全要素模型，所以仿真预演的结果准确性、真实性更高，可以作为交通管理部门进行决策的主要依据。

(5) 结果分析。对仿真预演得到的各种数据进行分析，是数字孪生促进交通发展的作用体现。例如，长沙五一广场地铁站应对五一强流量的措施便是仿真预演的结果，从真实案例中可以看出数字孪生仿真预演结果分析的有效性。

数字孪生相比传统虚拟仿真的升级主要体现为多角度的仿真应用。即数字孪生可以对交通系统进行微观、中观、宏观的规划仿真，所以数字孪生对我国交通发展的促进更为全面。

(1) 微观仿真。数字孪生建立的仿真模型更为细致，所以其对交通运输的细节描述更准确。例如，数字孪生对区域交通的建模可以细致到每个行人的轨迹，每辆车的身份识别，区域交通个体的变化，以及变化对整体带来的影响都可以得到清楚展示。

(2) 中观仿真。中观仿真是指数字孪生对某个交通单元的仿真。例如，在城市交通的仿真模型中，交通管理部门可以了解到某一道路的运营状态，或某一时段的交通情况。通过这些交通信息的展示，交通管理部门可以合理分配交通资源，或明确交通建设重点。

(3) 宏观仿真。宏观仿真针对交通运输网络整体的仿真预演，它可以是多个区域仿真的结合，在数字孪生技术的运算下，这些区域模型可以紧密相连，且相互关系可以直观体现。

例如，对某一省份交通运营状况的仿真可以了解到这一省份的交通堵点、关键节点，以及交通运输网络的运营效果。

目前，我国交通领域对数字孪生技术的运用十分全面，通过微观、中观、宏观多层面的仿真预演，评价交通发展现状、交通网络总体性能，并规划交通网络的未来发展。

数字孪生对交通运输的建模仿真看似只有简单的五步，但真正发挥作用却需要一个复杂的过程，或者说数字孪生需要基于交通发展问题或交通发展需要进行建模才能够发挥最大作用，这需要交通管理部门在运用数字孪生技术过程中关注以下重点。

（1）定位核心。运用数字孪生的关键是定位交通运输系统的核心问题，并针对问题运用仿真模型进行分析与描述。只有定位了核心问题，数字孪生的建模才能够进行针对性推演、分析，并提出改善、处置的方案。

（2）确定推演方法。虽然数字孪生技术可以进行全要素仿真预演，但解决交通发展问题需要各种实验与改进，所以运用数字孪生过程中还需要确定推演方法。例如，提前准备好不同方案的数字编程，便于运用数字孪生技术对比实验差别。

（3）数据系统化收集。仿真模型的仿真预演是一个复杂的过程，通过交通设施的感知能力，全面收集交通设施规模、运行规律、环境条件等数据，然后按建模要求进行输入，进而推演出真实结果。所以，数字孪生的数据收集需要具备系统化特点，根据实际情况进行全要素收集，只有数据全面，数字孪生的建模推演才正确、准确。比如在特定环境下，交通信息不仅要收集路面信息、交通需求信息、环境条件信息，甚至还需要收集噪音信息、汽车燃油消耗信息、车辆速度变化信息等。

（4）参数预估。虽然当代交通基础设施的感知能力已经得到全面提升，但交通运行中除固定数据外，还存在随机数据。这些随机数据随环境、时间、气候变化随时发生变化。在数字建模过程中，这些随机数据要进行参数预估。所谓参数预估是指根据以往经验获得的数据为参考，进行这一数值的估计，数据估计越准确，仿真模型的推演效果越好。

（5）结果评价体系。数字孪生仿真预演的结果相比传统虚拟仿真更为准确，但同样需要修正补偿。仿真模型推演出结果之后，交通管理人员需要根据结果思考是否进行一些变量的调整，或修正一些随机参数，这种方式可以有效提升数字孪生的仿真准确度。

第三节　以数字孪生技术全面支持智慧交通建设

简单来说，数字孪生可以视为交通运输发展的分析工具，并且已经渗透到交通发展的方方面面，全面支持我国交通的智慧建设。目前，数字孪生在我国交通运输发展中，已经在几方面取得的显著成就。

一、智慧交通的建设研究

进入数字时代后，我国交通的智慧发展、数字交通设施的工程建设在研究阶段便开始了可视化分析，这恰恰需要数字孪生技术的支撑。比如我国多个一线城市的智慧交通建设中，都提前进行了仿真模型的构建，并根据模型仿真推演优化了检测策略。

数字孪生可以实现各种交通元素的综合分析，其中包括交通流量、地形条件、道路等级、环境干扰、运行状态等。在多数据的综合分析下，交通设施的通行能力、流量承载、后续运维管理都可以得到明示，所以数字孪生在我国智慧交通的建设研究中取得了巨大的成效。

二、交通设施实际建设

因为数字孪生构建的全要素模型是可视化、可操控的真实模型，所以在交通设施实际建设中建筑团队可以直观地观看、检查实际建设效果，及时发现建设存在的缺陷和环境干扰，并进行及时的调整与升级。数字孪生的这一作用大幅避免了施工问题，并提升了交通设施的建设效率。

三、智慧交通升级方案的设计分析

数字孪生构建的仿真模型可以充分展现交通设计的灵活性，并通过各种仿真推演直观展现各种交通设计的实施效果，通过推演效果的对比不仅可以选择最佳设计方案，还可以对设计方案进行升级与完善。比如 2021 年 5 月，德国铁路公司和德国铁路货运企业 Metrans 公司展开客、货列车的数字孪生技术开发项目，双方通过数字孪生建模完成了德国铁路公司车队的全面数字化改造，虽然改造工程还未完全实施，但改造后的技术优势已经在虚拟空间完全凸显，德国铁路的车速、乘客流量、乘客密度以及准点率将得到全面提升。

四、交通安全分析

数字孪生可以对交通设施的运营状态进行三维展示，交通设计者可以直观了解到交通枢纽、关键路段的交通隐患，之后根据安全问题进行信号灯、警示灯等设计，从而减少交通流量的交互冲突，降低交通事故、交通拥堵的发生率。

另外，数字孪生还可以进行交通事故分析，通过仿真模型再现事故发生的全过程，并针对导致事故出现的成因细节进行针对性分析，进而制定更全面的安全保障策略。

五、交通新技术的研发测试

目前，我国交通运输领域的多项新技术研发都与数字孪生有关系。这些新技术主要分为两类：一是数字孪生与其他新兴技术的结合；二是在数字孪生推演下与交通运输发展深度结合的新兴技术。例如，北京大兴国际机场的智能管控系统便是数字孪生与其他新兴技术的结合，贵州智慧交通建设过程中的数据采集系统便是基于数字孪生推演下的信息系统升级。

六、智慧交通系统（ITS）的应用

数字孪生是我国交通智能化发展的重要科技，其仿真特性在我国智慧交通系统的升级中起到了促进作用。

（1）通过数字建模展现我国交通运输网络的整体图形，并清楚显示交通运输网络的关键枢纽。

（2）通过数字建模展现交通个体的行动轨迹、细节行为。

（3）通过数字建模展现交通个体间的相互关系、相互作用。

（4）通过数字建模展现交通运输网络的运维策略。

（5）通过数字建模升级交通运输网络的管理策略。

（6）模拟其他技术在交通运输领域的应用效果。

（7）通过数字建模优化城市交通建设。

（8）通过数字建模展现城市公交状态。

（9）为交通运输发展提供决策数据支撑。

总体而言，数字孪生在交通领域的价值体现为从过去、现在、未来三大维度细致感知发展的每一个细节。对于交通发展的过去，数字孪生可以进行数据沉淀，便于纠正当下的发展方式；对于交通发展的当下，数字孪生可以实现全要素的实时感知，智能调度调整发展模式；对于交通发展的未来，数字孪生可以仿真推演，精准预测未来可能出现的状况，所以数字孪生在交通领域才会如此受欢迎。

在云计算、大数据、AI技术高速发展的时代，数字孪生在交通领域的运用更加得心应手。比如在交通宏观管理方面，数字孪生的计算推演、预测预判能力便可以提升交通整体的智慧性，并将这种智慧性从细节扩大到全局，发挥出实际效应。

第四节　数字孪生全面支持智慧交通建设的具体方式

紧跟交通发达国家的发展节奏，我国目前已经吸收了来自海外的交通智慧性升级经验，打下了坚实的智慧交通建设基础。通过对我国交通网络数字化发展成果的分析，笔者总结了数字孪生全面支持智慧交通建设的具体方式。

一、提升我国智慧交通决策性

数字孪生在提升我国交通设施数据采集、融合能力的基础上，为交通管理者提供了交通发展的解决方案，随着数字孪生技术的深度应用，我国综合立体交通网已经建成了功能齐全的“智慧大脑”，各种发展情况可以及时应对。同时这种“智慧大脑”已经遍布全国各地，各地智慧交通决策能力得到大幅提升。

虽然各地“智慧大脑”的级别、功能存在差异，但整体构建没有太大差别。通常都是由数据库、数字模型、推演编程、决策平台组成。各种决策诞生之前，数字孪生技术都会进行发现问题、数据搜集、模型推演分析的过程，之后为管理者提供决策依据。

例如，我国城市轨道交通运输系统的建设需要面对运营里程长、覆盖范围大、运营时间久等问题，如何建设稳定、高效、安全的城市轨道交通网络，仅依靠建设团队的建设经验、知识积累并不能得到全面的保障。在“智慧大脑”的运作下，轨道交通网络的主要框架可以基于城市交通所需、环境特点自主构建，而建设团队的经验与知识可以成为轨道交通网络健全、升级的主要支撑，建设效果与建设速度都可以得到大幅提升。

又例如，我国铁路运输网络的调度难度一直居高不下，主要因为我国铁路承担着巨大的运输压力。春运、黄金周期间铁路资源运用、列车准点率、行车安全都是铁路管理部门需要解决的问题。在“智慧大脑”的辅助下，列车、轨道、人流、物流的实时状态都可以得到采集分析，铁路高效安全运行的智慧决策随之诞生。

二、增强大数据技术的运用

伴随我国交通的高速发展，我国交通运输行业需要面临的问题也在不断增加，比如城市交通拥堵、交通污染、环境破坏等。解决这些发展伴生问题的最佳方式是及时了解问题产生的原因，并优化交通发展措施。

数字孪生与交通运输的融合提升了我国交通运输网络的感知能力，传感器、摄像头等监测、感应设备的大范围铺设，相关数据的搜集越发丰富，其中包括气候数据、人流数据、物流数据、交通状态数据等，这也加速了我国交通运输领域对大数据技术的应用。随着这些数据的增长，全国各地交通管理部门都建成了完整的智慧交通数据库，其中包括数据管理系统、一键储存系统、文档分类系统、图形识别系统等，这也增强了我国智慧交通的基础实力。

三、加速交通的智数融合

数字孪生可以对我国综合立体交通网络收集的数据信息进行综合分析，并构建统一标准和规则的集合体，将各类数据进行自动化结合融合，进而构建复杂的数字模型。

数字孪生构建的仿真模型看似是单纯的数字技术，但同时融合了交通运营的智慧性，这一特点主要表现在两个方面。

（1）数字仿真提升动态数据利用价值。我国交通运输网络的智慧性主要体现在动态数据的分析与推演中，数字孪生可以对数据之间的相互关系、相互作用进行一定的逻辑推演，从而进行态势推演与预估，令数据自身产生智慧性。

（2）数字融合提升智慧交通的精度。数字孪生在数字建模过程中会对数据进行三级分类，分别是基础数据、关键参数以及决策数据。基础数据支撑了仿真模型的框架，关键参数决定着模型的仿真推演，决策数据则是前两项数据的分析结果，所以数字孪生技术推演出的交通发展决策是基于交通基础、发展规律的真实数据，其精准度、细致度更高。

我国交通运输行业的发展从虚拟仿真到数字孪生运用经历了多次升级，每次数字技术的完善都为我国交通建设、管理、运营和服务带来的优化效果，数字孪生技术将成为智慧交通产生的工具箱，为我国交通智慧性发展带来更多帮助，并打造更便捷、更畅通的途径。

第五节　数字孪生推动自动驾驶技术高速发展

2021 年 9 月，我国交通运输部颁发了《交通运输领域新型基础设施建设行动方案 2021—2025》，方案中明确指出：以加快建设交通强国为总目标，坚持创新驱动、智慧发展，以数字化、网络化、智能化为主线，组织推动一批交通新基建重点工程，打造有影响力的交通新基建样板，营造创新发展环境，以点带面推动新基建发展，促进交通运输提效能、扩功能、增动能，不断增强人民群众获得感、幸福感、安全感。其他政策文件中还提到我国交通建设以公路、航道、港口、枢纽的智慧性为重点，深度结合数字孪生、AI、大数据、云计算等技术。

从行动方案的内容中可以看出，运用现代科技打造车路协同的交通网络，助力交通产业实现数字化转型将获得广阔的发展空间，且获得多项政策的支持。在与《交通运输领域新型基础设施建设行动方案 2021—2025》建设内容相关的行业中，代表未来科技的自动驾驶领域当属代表，而近年来自动驾驶行业的发展也离不开数字孪生的促进。

2021 年 9 月，腾讯自动驾驶仿真技术总监孙驰天在“东方风起领航、智能驾驶跃迁——中国车谷 2021 智能汽车产业创新发展论坛”中发表了一段“数字孪生仿真加速自动驾驶落地”的演讲，在这段演讲中，孙驰天详细讲述了数字孪生技术对智能驾驶的促进，在数字孪生支撑下腾讯公司如何将智能驾驶技术落地。孙驰天说：

腾讯自动驾驶部门这五年来一直比较集中在做一件事情，我们给自己定位是做自动驾驶研发落地的工具箱和加速器，所以我们部门聚焦在四个方向：第一个是基于数字孪生技术，用了腾讯游戏技术的虚拟仿真系统 TAD Sim；第二个是车端全栈算法（TAD Pilot）；第三个是 TAD Cloud；第四个是高精度地图服务。

最开始腾讯自动驾驶部门来源于腾讯地图，我们从腾讯地图开始做腾讯高精度地图，然后开始做自动驾驶，2017年正式成立了自动驾驶业务中心，真正开始做自动驾驶业务相关的工作。这几年来我们也是打造了三位一体技术平台、高精度地图平台、云开发平台和虚拟仿真平台。

不管是我们自己内部进行自动驾驶开发，还是跟腾讯合作伙伴进行交流联合项目，这几年我们明显感觉到有两个落地的难题。第一个是感知算法所需要的训练数据集，全球各个科技公司每年投入大量的钱做数据采集和标注，每年10亿美元量级，这个成本对于所有科技公司都是比较大的消耗。第二个测试验证，测试验证的安全性和时间、金钱，这个大家都比较熟悉。那这里我重点提一下OTA，工信部前段时间发了要求，以后网联车是不允许自动OTA，而是由监管机构进行OTA所有算法的验证，这样一个要求就相当于对自动行业算法验证测试平台提出了更高的要求。我们可以想象到以后自动驾驶算法，如果通过OTA进行升级，一定需要第三方测试机构进行验证的。

当然使用仿真来解决刚才说的这些问题肯定要基于一个仿真平台，腾讯花了四年半时间打造了这样一套虚拟仿真平台，我们的目的是想构建一个类似于电影《头号玩家》里的绿洲系统。前段时间有一个新的电影《失控玩家》，也是这样一个概念。那我们做什么样的工作呢？我们总结了四个仿真核心能力：①对于场景的几何还原，重点是对场景三维还原，一般是基于三维重建技术，当然每家技术路径不太一样，还原完三维场景之后，我们的目的是为了运行传感器仿真，基于各种物理模型进行精确传感器仿真，这个传感器仿真准确结果也是基于现实世界精准还原上的，这样才可能拿到比较精准的传感器结果。②对于场景的逻辑还原，这里涉及动态场景的元素生成，如何将真实世界的运动逻辑非常精确地还原出来。③对于场景的物理还原，主要面向控制算法和动力学仿真，这里涉及车辆动力学模型计算，摩擦力、轮胎模型计算，这跟物理性相关。④在云端高并发运行，原因也比较清楚，我们现在要面向测试场景库的量级已经远远大于之前ADAS的量级，在本地是无法实现这个目的的。

我们花了四年半时间打造了这么一套面向自动驾驶系统 TAD Sim，我们基于高精度地图构建三维环境，从实到虚把世界映射进来，同时里面基于真值系统还原场景要素和属性，并且用到算法和训练测试中间去，同时我们还会生成很多动态要素帮助我们生成各种各样测试的场景。

说到细节点，第一个跟大家分享一下我们如何还原一个测试区域静态场景的测试工作。首先是基于真实场景做标注，为了减少标注成本，并且极大地丰富数据集场景，我们构建了一套工具链，一个是场景生成的算法，一个是场景识别的算法，这两个算法是闭环互相提高的迭代方式。我们通过纯虚拟的数据转换成了带有100%正确的标注数据（图像、点云），基于这些我们转换出来的，带有完全正确标注结果的数据集拿来训练感知算法。感知算法提升又会进一步提升基于采集数据生成虚拟空间三维场景的工具链的效率，所以目前这个工具链我们跑了三年半时间，不管是转换效率，还是生成效率都是比较高的，目前我们也是通过这套系统，不仅在自动驾驶仿真方向建立静态的场景，也是在更广阔的智慧交通的应用方向上建立城市级别的交通场景。

场景云端进行三维重建的时候，数据储存的成本和计算成本都是非常高的。那有没有什么办法解决这个问题呢？就是使用神经网络结合多源地理数据大规模自动生成场景。

在我们生成城市场景时，云端支撑也是非常重要的降本增效的工具。如果生成一个500平方公里左右的城区，我们大概要花22小时；如果放在腾讯云的话，1小时内就可以生成完毕。关键是基本成本为零，唯一花的成本就是电费，仅此而已，所以这种方式可以极大满足城市建模的需求。

下面跟大家分享一下我们在测试体系建立的时候面临动态场景如何还原，也就是场景库如何积累的问题。我们开发了 TAD Sim 单机版和云端版，这两个系统用了这么长时间，其实也面临一些挑战，最核心的就是真实性的问题。我们的交通流模型做了很多探索，包括跟高校合作的，也有自研的交通流模型，有基于规则的、也有基于神经网络的，我们也在着力探索如何将真实世界的交通场景映射到虚拟测试的环境内部。目前，我们认为的路径，是通过真实交通的实时数据，和雷摄一体的交通流提取，这两者结合起来就能比较有效地补充真实交通仿真场景库以及提升自动驾驶仿真测试场景库的真实性。

从孙驰天对腾讯自动驾驶技术研发推进的介绍中可以看出，数字孪生的仿真能力帮助腾讯公司完成了自动驾驶核心技术的研发。数字孪生复现了车辆行驶的真实场景，为腾讯公司在虚拟空间构建了开放的仿真测试平台，让实验车辆在停滞状态也可以实现真实环境的测试。

这一成功案例为自动驾驶行业带来了一个具体示例。与数字孪生结合，汽车自动驾驶技术可以进行特定测试，对车辆自动驾驶功能进行准确分析。简而言之，在腾讯公司构建的测试平台中，车辆的数字模型可以在全要素仿真的虚拟环境中行驶，行驶数据可以发回到现实世界的联网车辆中，所有数据计算通过数字平台完成，驾驶员也可以从这种模式中感受到真实的驾驶体验，准确感知自动驾驶、辅助驾驶的行车体验。

从孙驰天的介绍中可以看出目前腾讯公司还未彻底解决“真实世界的交通场景映射到虚拟测试的环境内部”的问题，这代表自动驾驶技术的仿真模拟还需要真实交通场景的补充，自动驾驶的扩展性与灵活性有待提升。不过数字孪生已经大幅提升了自动驾驶技术的发展速度，这对我国交通的智慧性发展有着深远的影响。

总体而言，数字孪生技术为自动驾驶发展提供了以下几点便利。

（1）数字孪生为自动驾驶提供了安全、无风险的测试空间，且空间可以随数据丰富不断扩展，也可以反映车辆的参数变量。

（2）数字孪生为自动驾驶研发创造了一个发展平台，相关企业可以深度探索自动驾驶与联网汽车技术的极限，确保各项技术的安全落地。

（3）数字孪生提高了自动驾驶技术的研发、测试效率。

（4）数字孪生技术降低了自动驾驶技术的研发成本。

★相关案例★

数字孪生：打造一汽红旗的数字化工厂

2021年5月28日，在2021阿里云峰会上，阿里云与机械工业九院联合发布“汽车数字工厂1.0”行业解决方案，这一方案中数字孪生成了最大亮点。

阿里云汽车行业架构师黄铮介绍，一辆汽车一般由3000多类、3万～5万种零部件组成，生产过程机器复杂，其中包含了冲压、焊装、涂装、总装等多道工序，仅加工工艺就高达200多种。

利用数字孪生技术构建起汽车数字工厂后，汽车工厂的管理、生产效果都将大幅提升。比如正常情况下一家新能源汽车工厂全工序生产车间总占地面积一般在70万～80万平方米，如此大面积的工厂管理很难做到细致入微，但在数字工厂当中，新能源汽车工厂的一举一动都可以在办公室的屏幕中真实反映，且车间运行、生产情况同样可以展现得清清楚楚。

阿里云工业大脑数字孪生产品经理伍剑还表示，数字孪生降低了工人的技术要求。比如汽车生产工人不再需要硬性的CAD基础，更不需要专业的作图知识，因为数字孪生构建的仿真模型足以直观展现各类问题。

伍剑还补充到，一家数字孪生工厂至少要包含三个关键领域的技术。一是数字孪生工程必须构建起数字孪生的载体平台，即数字孪生的运行系统；二是数字孪生工厂必须具备三维技术团队，将物理世界通过数据转换在虚拟空间进行立体呈现；三是通过数字孪生技术构建起全面的数字模型，并将数字模型与工厂真实生产数据对接，确保数字模型可以精准、高效地采集各类数据。具备了这些技术，数字孪生工厂便可以在虚拟空间清楚展示现实情况，并提供可以实时交互的决策依据。

阿里云与机械工业九院联合发布“汽车数字工厂 1.0”首先运用到一汽红旗新能源工厂当中。通过对一汽红旗新能源工厂的冲压、焊装、涂装、总装、电池五大车间进行数百万个数据采集设备、传感器的布设，一汽红旗新能源工厂构建了完整的数字工厂模型。这不仅是汽车行业的一项技术突破，更是数字孪生在我国新能源汽车领域运用的开端。在数字工厂的赋能下，一汽红旗新能源工厂的产品研发效率、生产效率，以及技术创新都得到了巨大提升，一汽红旗的品牌力、市场竞争力越发强大。

本章小结

从新基建到交通科技，再到我国交通系统的智慧性升级，数字孪生技术在我国交通运输领域的应用程度正在不断加深，也促使我国智慧交通发展取得了诸多成就。可以说，数字孪生既是我国数字交通建设的重要基础，又是智慧系统构建发展的主要力量，更是全球交通发展的主流趋势。及时把握住这一风口，可以令我国交通获得新突破，攀升至新高度。

第六章　西方交通中数字孪生技术的应用现状

我国交通的蓬勃发展正推动我国由交通大国转变为交通强国，在这一过程中，交通发达国家的智慧转型之路成了我们学习的主要对象。虽然我国交通发达水平接近了国际发达水平，但很多欧美国家的智慧交通起步更早，其转型经验、升级方式仍然值得我们借鉴分析。

第一节　欧美交通中数字孪生技术的应用现状

自数字孪生被美国运用到航天航空领域开始，这一技术便在交通运输领域落地生根，茁壮成长。在十余年的发展中，数字孪生先后带领多个欧美国家率先实现了智慧交通升级，并全面带动了国内经济发展。比如欧洲 27 国于 2015 年共同提出了“第五代交通”的发展概念，这一理念针对欧洲超 3 万公里的路网进行网络化管理，并根据统一规则进行整体网络关键路段的判别。在数字孪生技术的支撑下，欧洲“第五代交通”发展得十分顺畅，随着公路路网管理的有效性提升，欧洲 27 国的拥堵、交通伤亡，以及碳排放量显著降低。

目前，德国、法国、英国、意大利等国家的交通都已通过数字孪生技术取得了突出的发展成果，且这些成果为我国智慧交通升级提供了参考。

一、德国交通中数字孪生技术的应用现状

德国运用数字孪生技术的主要领域是铁路，其他交通领域对数字孪生的运用深度并不突出。比如我们前面提到的德国铁路公司和铁路货运企业Metrans公司的数字孪生合作项目，致力于改造德国列车的运营方式，提升运营效率，且过程中获得德国政府350万欧元的支持。可见德国铁路对数字孪生技术有多么重视。

目前，德国铁路研发的数字孪生系统在全球范围内依然首屈一指，其数字孪生模拟精度极其细致，甚至可以细化到对车内空调、车轮磨损情况的实时感知，并且德国铁路部门打造的全新数字孪生列车组已经进入落地阶段，预计很快可以全部投入使用。

值得中国铁路行业相关人员重视的是，在德国铁路公司和Metrans的合作中，数字孪生的仿真模拟并不是两者合作的核心，德国铁路公司和Metrans更希望通过数字孪生技术开发一个全新的测量系统，在这一系统当中，德国铁路货运情况可以得到全面改善，并创造出智慧性超群的“未来铁路系统”。

二、法国交通中数字孪生技术的应用现状

法国对数字孪生技术的运用更为广泛，且已经取得了显著的成果。主要表现在以下三个方面。

(1）法国将数字孪生技术运用到了高速公路信息查询系统的构建当中，在这一系统当中，管理部门可以清楚了解每一条高速公路的实时运营情况。例如，巴黎高速公路网随季节发生的流量变化，便可以从这一系统中明确体现。

(2）通过数字孪生技术，法国完成了公路路网关键枢纽位置的感知能力升级。通过数字建模，法国公路管理部门及时了解到公路路网的薄弱环节，进行针对性感知设备铺设后，法国公路部门对公路的监测运维更加有效。

(3) 法国利用数字孪生技术和新一代信息技术的结合实现了城市车队的管理。法国通过对专属车队安装定位感知设备，建立了城市车队的管理系统，车辆在城市行驶中定位精度可以确保在1米左右，目前这一系统已经运用到法国城市交通管理、法国警务系统当中。

三、英国交通中数字孪生技术的应用现状

英国对数字孪生的运用更为实际，英国利用这一技术解决了很多交通发展问题。具体体现在以下三个方面。

(1) 利用数字孪生技术，英国有效缓解了道路拥堵情况，并减少交通污染，优化了人、车、环境的协同发展。达到这种效果的方法并不复杂，英国通过对公共车辆安装一个小型远程信息处理设备，从而精确感知公共车辆的运行情况，不仅掌控了城市路网的资源使用状态，更提高了交通事故、特殊状况的反应处理速度。

(2) 英国将数字孪生技术运用到伦敦M25号高速公路的项目管理当中。M25号高速公路是英国于1995年建设的早期高速，随着时代发展，M25号高速的运营压力不断提高。为确保M25号高速公路的正常运用，英国利用数字孪生技术感知M25号高速公路的实时运营状态，并根据实时状态调节M25号高速公路的限速限制，如此有效减少了M25号高速公路的拥堵，确保了M25号高速公路的安全性。

(3) 英国利用数字孪生技术完善实时交通和旅行信息感知系统，对英国交通网络的中心地带、车流量较高的高速公路，以及旅游热点城市进行细致化感知升级，确保了这些地区的交通处于可控状态。

四、意大利交通中数字孪生技术的应用现状

意大利对数字孪生技术的运用主要体现在公交领域。首先，意大利在打造自动化公交车系统时运用了数字孪生的仿真推演。通过真实模拟，公交管

理部门可以分析出公交车辆行驶、停车位置的最优解，并根据城市区域的实际情况优化公交车的出入口区域、停车区域、加油区域，进而升级了公交系统与城市的匹配性。

另外，意大利利用数字孪生技术有效舒缓了城市交通压力。目前，意大利地面交通正面临着汽车、电车、火车、私家车占比不合理的问题，各城市交通运输稳定性、安全性都受到了不同程度影响。为解决这一问题，意大利利用数字孪生技术研发了一个 5T 交通管理系统，这一系统包含 10 个子系统，其中 9 个子系统为 ITS 系统，另外一个系统是其他子系统的协调管理系统。意大利都灵市利用 5T 系统有效解决了交通拥堵问题，主要方式为根据交通车辆分配情况以及道路使用情况提升公交车辆、救护救援车辆的优先权，进而改变大众出行选择，加速了城市交通运行。

五、奥地利交通中数字孪生技术的应用现状

奥地利的交通发展水平与我国交通发展存在明显差距，但奥地利利用新一代信息技术以及数字孪生技术改善交通恶劣状况的方法值得相关行业人士学习借鉴。

随着经济发展，奥地利从 1995 年开始出现城市交通、城际交通各种堵塞状况，导致奥地利经济社会发展受到了不良影响。针对这一情况，奥地利为交通关键枢纽城市——萨尔茨堡市的高速公路设计一个智慧交通管理系统。因为萨尔茨堡市高速公路交通受到邻国德国的影响，旅游旺季时交通压力巨大，这一路段的拥堵直接影响了奥地利多条高速公路的正常运营。

所以，奥地利开始大幅提升萨尔茨堡市高速公路的感知能力，这一项目自 1996 年开始建设，并在后续的发展中不断完善。在萨尔茨堡市高速公路的感知能力提升到位后，奥地利交通管理部门便可以准确感知道路上的车辆数量、时速，以及关键路段的密度情况，进而针对性进行优化，并维护关键路段的交通秩序。在数字孪生技术运用之后，萨尔茨堡市高速公路运维管理更加合理，且高速公路的实时信息可以通过信息技术及时传达到行驶车辆当

中，便于交通管理部门和行驶车辆根据高速公路的实际情况进行后续决策。在这种智能模式的复制下，奥地利高速路网得到了整体提升，经济发展也得到了全面促进。

第二节　西方智慧交通的发展现状

相较我国智慧交通的发展，多个西方国家在智慧交通系统的打造上都具有明显优势，这主要是这些国家在交通领域运用先进技术较早。它们对新一代信息技术、数字通信技术、传感器技术、网络控制技术、人工智能技术的运用都早于中国，所以能够更早、更全面地建立起保障安全、改善环境、提升效率的智慧交通系统。

截至 2021 年，我国智慧交通的建设与发展已与西方交通强国缩短了差距，甚至在城市交通智能调度、高速公路智能运维等方面有所超越，但人、车、路、环境的整体结合还存在明显不足，这也主要体现在智慧交通系统（ITS）的成熟性上。所以，通过对欧美国家 ITS 的发展分析，我国交通运输领域也能够从中找到提升发展效果的方法与途径。

一、美国 ITS 发展状况

美国自 20 世纪 60 年代后期便开始建立自己的 ITS，但真正将 ITS 落地应用却直到 20 世纪 80 年代。1987 年，美国成立了 obility2000 组织，该组织便是美国智能交通系统的雏形。

1990 年，美国成立了智能车辆道路协会（IVHS America），该组织的主要任务便是向美国交通运输部提供有关 IVHS① 计划的需求、目标、目的、计划及进展情况，IVHS 计划最早将仿真技术运用到交通领域，通过计算机

① IVHS 是 Intelligent Vehicle and Highway System 的缩写，即智能车辆公路系统。

仿真模拟，IVHS 技术不断提升美国路网的通行能力。

1995 年，美国交通运输部首次公布了“国家智慧交通系统项目规划”，规划中明确提到美国交通智能系统将进行七大领域和 29 个用户服务功能的发展。自此之后，美国政府开始加大 ITS 的建立，并为这一项目连续拨款数亿美元。

如今，美国 ITS 已经达到了国际一流水平，其智能性十分突出，整体而言美国 ITS 包含了七大系统，从多个角度促进着美国智慧交通的发展。

（1）交通管理系统。美国交通管理系统主要包括城市交通信号灯控制、高速公路交通监控、交通事故处理、交通拥堵处置等，这一系统除确保美国交通每日的正常运营外，还负责为交通发展研究、交通状况评价提供决策依据，并以三维立体的方式展现交通发展成果。

（2）交通需求管理系统。美国 ITS 还收集大众出行需求、出行习惯的相关信息，以此改善交通发展模式。这一系统确保了美国智慧交通的发展方向与大众出行需求深度契合，并不断提升大众出行的效率与满意度。

（3）公交运营管理系统。美国 ITS 对公交运营的管理十分细致，它不仅提升着公交系统的稳定性、安全性，并配合城市发展提升着公交运营效率。

（4）州际运输管理系统。美国的州际运输车辆也受 ITS 系统管理，ITS 系统可以实时监测州际运输车辆的运营信息、交通信息，进而对州际运输车辆进行合理调配。

（5）电子收费系统。美国的电子收费系统发展较早，目前是全球范围内技术更为成熟的国家。美国电子收费系统属于 ITS 系统的子系统，可以自动完成地面交通的各类收费，且收费合理性、准确率、便捷性更为突出，这不仅提升了美国交通的通行能力与效率，更保障了美国交通的经济收入。

（6）应急管理系统。美国 ITS 对突发交通事件、交通事故有较高的反应、报告能力，且准备了齐全的应急资源。例如，美国是交通医疗直升机使用率最高的国家。

（7）车辆控制与安全系统。美国交通基础设施具有良好的感知能力与数据传输能力，可以根据交通状况与车辆行驶情况提供安全指引，确保车辆的安全行驶。

二、日本 ITS 发展状况

日本是除美国之外 ITS 建设最为突出的国家，这不是因为日本善于在智能领域发展，而是因为日本需要 ITS 解决自身交通发展问题。截至 2021 年，日本人口数量为 1.26 亿人，而日本车辆保有量高达 7400 万辆，据日本交通运输部门统计，日本每年交通事故会导致约 100 万人死伤，每年交通拥堵导致日本经济损失高达数十万亿日元。而解决这些问题主要途径正是 ITS 建设与发展。

目前，日本的 ITS 已经和五个国民经济部门进行了融合，这五个部门分别为建设省、警视厅、国际贸易和工业省、运输省以及邮电省，在这种联合发展模式下，日本的 ITS 已经位居世界前列。对比美国 ITS 的建设，日本 ITS 的建设发展主要有以下两个方面的特点。

（一）ITS 实现日本的车路协同

日本在 ITS 研发和建设过程中采取联合发展模式，将 ITS 重点布局到了物流运输和弱势群体服务领域。2014—2018 年日本政府以公私合作的方式跨部门设计推动了“车路协同系统”的发展，并在“车路协同系统和服务拓展”的宗旨下进行了各种研发与实验。

(1) 日本政府开展了基础技术研发与合作运营，通过公私合作的方式开发车路协同系统，通过各种技术研发有效减少了交通事故与交通拥堵情况的发生。

(2) 日本政府开展了车路协同应用的测试与推广。一方面日本政府推动车路协同方式的物流运输示范；另一方面日本政府推动了弱势群体车路协同服务示范，在两种措施下日本物流运输效率、弱势群体出行体验都得到了交替提升，交通运行效果大幅好转。

（二）ITS 实现了日本 ETC 系统的升级

在 ITS 系统开发过程中，日本完成了 ETC（电子不停车收费）系统的升级，打造了世界首个通过 DSRC[①] 实现高容量双向通信的车路协同系统，在这一方面日本的 ITS 功能性超越了美国。

日本的 ETC 2.0 系统具有推动实时信息交互和规划最佳行车路线的功能，这主要是因为日本的 ETC 2.0 系统与车辆导航系统、VICS 进行了整合，实现了车辆与道路的协同管理。截至 2019 年，日本 ETC 利用率已达 92%，且这一数据保持着持续增长。

从日本的 ETC 2.0 系统中，可以感受到日本交通的智慧性发展，与大多数国家的 ETC 相比，日本 ETC 2.0 具有自动收费、道路信息实时交互、规划最佳出行路线等功能，这不仅有效解决了日本高速的拥堵问题，更提升了交通安全，优化了交通收费。

总体而言，日本 ETC 2.0 系统有两方面值得我国交通运输行业人士学习借鉴。

（1）具有道路规划能力。日本 ETC 2.0 系统通过到高速缴费信息调查车辆行驶路径，这为行驶中的驾驶员提供了道路当前的状态信息，通过信息实时交互有效减少了交通拥堵、交通事故，并提升了运输效率。截至 2021 年，日本 ETC 2.0 系统已经可以为城市驾驶员提供方圆 1000 公里内的道路拥堵信息，优化了大众的出行决策。

（2）具有安全提升能力。日本 ETC 2.0 系统可以为驾驶员规划出行时间最短、费用最低，或对环境影响最小的出行方案，且每一种方案都以减少拥堵为基础。这种智能规划能力不仅提升了交通安全保障，更促进了交通的绿色发展。

就 ITS 建设与发展而言，日本 ITS 建设思路与发展成果更值得我国交通运输行业人士学习借鉴，这种发展模式体现出的智慧性更符合我国交通发展所需。

---

① DSRC 是一种新型的技术，即指专用短程通信技术。专门用于机动车辆在高速公路等收费点实现不停车自动收费 ETC 技术。

三、欧洲 ITS 发展状况

整体而言，欧洲交通发达国家的 ITS 发展主要针对几个方面，通过这些交通领域的智能性提升，大部分欧洲国家的交通发展得以大幅提速。

（一）交通管理

意大利、法国、英国、德国等欧洲交通发达国家都已经建立了成熟的 ITS，并在交通管理中取得了良好效果。这些交通发达国家的 ITS 可以有效分配关键城市、路段的交通资源，从而大幅减少了交通拥堵、交通事故的发生。目前，其他欧洲国家也在加强 ITS 方面的建设，可以说交通管理是很多国家建立 ITS 的主要目的。

（二）出行规划

能够达到出行规划效果的 ITS 具有较高的智慧性，这需要 ITS 自身基础建设比较健全。欧洲达到这一水平的国家并不多，但整体都在向这一方向发展。尤其数字孪生技术运用到交通运输领域后，利用数字孪生的建模仿真，大多数国家的 ITS 可以迅速具备出行规划能力。

（三）行程监控

受德国、法国等国家交通发展的影响，欧洲各国建立 ITS 过程中都遵循着提升交通感知能力为主的发展模式。在这种模式下，ITS 具备良好的行程监控能力，不过除德国、法国等强国外，大部分欧洲国家的 ITS 只具备良好的行程监测能力，控制力目前还存在不足。

（四）车辆控制

交通资源的合理调度是 ITS 建立的初衷，欧洲多国的 ITS 建立都是为了提升自身交通资源利用率。除合理规划道路资源外，公交、运输等车辆的调配也是一大建设重点。

（五）自动收费

虽然欧洲等国 ITS 的自动收费能力未能达到日本的高智能化，但自动性已经充分凸显。以英国为例，英国高速公路设施了多种自动收费渠道，电子付费通道、信用卡收费通道以及不设找零的现金收费通道，驾驶员可以根据自己的习惯选择不同的通道，这种方式有效缓解了高速路口的拥堵，且各种收费统一受 ITS 控制。

第三节　美国数字交通的发展现状

数字交通是美国构建数字城市、数字国家的重要基础，所以美国政府在打造数字交通过程中给予大量支持，并通过各种政策进行了方向指引。总体而言，美国建立数字交通的主要策略为先实现城市交通管理的数字化、信息化，之后对数字城市进行关联，进行一体化融合。例如，美国加强了城市智慧交通系统的建设，充分利用新一代信息技术和感知技术增强了交通系统的感知能力，之后结合数字孪生技术减少交通拥堵、提高交通运行能力，改善安全状况，当城市交通智慧性凸显后，美国会将这种效应扩散到城际之间，最终连点成面。

在交通运输方面，美国增强了车、路、人的协同性，不断提升交通运输的智能化、高效化，为运输车辆提供更优的运输方式和出行路线，交通运输管理部门还会根据路网运输情况进行合理疏导、减少事故发生、节约运输时间，这对美国经济发展带来了一定促进作用。

总体而言，美国数字交通的建设方向是确保交通运营处于最佳状态，利用数字技术、新一代信息技术等补足现有交通缺点，节约交通资源、交通能源的同时最大化提升交通网络的灵活性、安全性与效率。这一发展方向充分体现了数字交通的价值，也凸显了交通的智慧性与经济性。所以这一方向值得我国交通运输行业借鉴思考。

一、美国数字交通的系统构成

如今，美国数字交通系统已经相对成熟，且表现出了巨大优势。通过分析美国数字交通的运营方式和主要功能可以得出，美国数字交通可以分为交通服务系统和运输服务系统两大板块。

（一）出行服务系统

“出行服务系统”是指美国交通数字化、智能化发展的服务系统，该系统集合了美国数字铁路、数字公路、数字水路、数字航空等信息平台，通过信息融合协调构成了对外开放的公共信息平台。这一平台可以提供交通出行的一体化服务，其中包括交通政策信息查询、出行信息查询、电子票务销售、自动收费等，并可以实现客运信息采集、货运信息跟踪，为交通管理部门提供准确、有效的数据支撑，便于交通管理部门采取最优发展决策。另外，美国数字交通的“出行服务系统”还是交通与经济连接的最佳方式，促进了美国经济的发展。

（二）运输服务系统

“运输服务系统”是美国交通运输的核心系统，它虽然是美国数字交通中单独存在的板块，但与“出行服务系统”拥有紧密的连接关系。“运输服务系统”密切跟踪着“出行服务系统”中与交通运输有关的各种信息，通过这些数据分析对客流量、货流量、客货分布、流量变化，以及货物市场需求进行着准确把控。在搜集到准确的运输信息后，“运输服务系统”会利用数字孪生技术建构虚拟模型，对运输资源、运输网络进行仿真推演，制定出最佳运输方案与管理决策，美国运输管理部门通过这一方式提升了管理效率与反应能力。

另外，美国“运输服务系统”还可以协调运输网络的运输资源，对客运、货运进行最优调配、联合运营，实现了交通运输资源的资源整合，这也凸显了美国数字交通系统的智慧性。

二、美国公交管理技术

美国城市交通发展以实时监控、智能化管理为主，这一特点主要体现在美国公交管理技术中。美国不仅为公交车辆配备了定位感知设备，更在城市路网中铺设了监测、传输设备。通过这种方式，美国公交管理部门可以根据道路实际情况实现对公交车辆的实时控制，调整公交车辆运营频率，确保关键公交路段的畅通，提升关键时段的公交优先权，实现公交系统的智能化管理。

另外，美国还在增强公交系统感知、控制能力基础上，利用数字技术、新一代通信技术建立了全新的城市公交数字模型，增强了信息服务、电子收费、客运和货运实时调度、智能化管理等功能，为乘客提供了更安全、舒适、便捷的公交服务，创造了更大的经济效益和社会效益。

三、美国智能停车诱导系统

智能停车诱导系统是优化城市交通资源，减少交通拥堵的重要交通管理系统，这一系统看似是交通服务，但可以优化城市交通设施的建设方案，令交通资源的合理性、利用率得到提升，同时可以提升智慧城市的运营效率，促进经济发展。

相比我国交通发展现状，美国智能停车诱导系统的效果更为突出。美国交通管理部门利用数字孪生的仿真建模对城市人流、交通状况、停车状况、换乘状况进行了充分感知，根据城市大众出行特点以信息发送、指示牌提示等方式优化了大众出行方式，并在关键交通路段实时提醒附近的停车资源状况，为驾驶者提供停车方案参考。

美国智能停车诱导系统的构建并不复杂，主要通过停车场数据采集，路侧停车位数据采集，关键路段、拥堵路段数据采集，之后进行系统计算提出的解决方案。这一系统的构建主要在于停车资源的信息采集，之后将停车信息嵌入到交通管理系统当中，再通过数据传输实时发送给驾驶者，或进行展示牌提示。虽然这一系统的构建不复杂，必要性却非常突出，这也是提升交通运输系统智慧性的主要基础。

四、美国出行信息管理

美国数字交通发展到今天，可以看出其最大的特点是全面性与实用性，它不是对传统交通管理系统的简单升级，而是根据智能化虚拟模型对交通运输系统的改造，这种改造不仅提升了美国交通运输系统的技术能力，更解决了交通规划、调度、监控、服务等多方面的问题，让交通发展得到了有效促进。

在美国数字交通系统中，除功能性指挥、调度、引导外，还有一个重要的信息管理系统。美国建立出行信息管理系统的初衷是确保交通发展满足大众需求，并对大众出行、运输状态保持清晰感知。但随着数字技术的加深应用，美国从出行信息管理系统中获得了更多交通发展优化决策，比如美国根据大众出行信息分析改善了社区交通运营，升级了交通安全与事故预防系统，并加速了货运速度。这些交通运输领域的发展也提升了大众出行满意度。

另外，自新冠肺炎疫情发生后大众出行信息管理系统还可以被运用到防疫工作当中，但美国对交通出行信息管理在这方面的运用远不及我国，这一点是美国数字交通发展的短板。

第四节　英国铁路的数字孪生运用

英国虽然是铁路发展最早的国家，但由于公私运营问题一直未彻底解决，所以英国铁路的发展水平早已被我国赶超。近年来，英国交通运输部门对数字孪生技术的应用不断提升，在解决了众多公路交通发展问题后，英国又开始将数字孪生技术运用到铁路领域，并全面有效提升英国铁路运输效率，加速了铁路行业的发展。

例如，在数字孪生技术的支撑下，英国铁路运营效率得到有效提升。截至 2020 年，英国铁路主要干线泰晤士联线每小时运营列车已经达到 24 辆，这一数字比前几年提升了一倍。

英国铁路运营管理部门不断整合铁路网络，建立数据分析中心，使得铁路运营信息更加全面，更加准确，这也支撑了英国铁路网络的改善与升级。

一、英国数字交通面对的挑战

新冠肺炎疫情发生后，英国铁路行业发展受到了较大冲击，尤其在铁路建设方面，英国甚至进入了一段发展停滞阶段。虽然 2020 年 9 月英国政府宣布终止持续了 24 年的铁路特许经营模式，将创建一个更简单、更有效的新发展模式，但英国铁路依然进入了一段艰难的过渡时期。

2021 年之后，英国铁路行业进入新的建设发展阶段，这一阶段也为英国铁路带来了诸多新挑战，主要表现在以下几个方面：

（1）新冠肺炎疫情导致英国人口流动受限，英国铁路部门无法感知大众出行的铁路需求量，铁路部门的正常工作也受到影响。

（2）英国铁路建设团队不够完善，终止铁路特许经营模式后英国还需要整合、升级铁路建设、管理团队，以确保铁路发展紧跟社会发展脚步。

（3）英国铁路发展技术有待提升，铁路建设、运维、管理难题未得到全面解决。比如 2020 年，英国在伦敦帕丁顿站的建设改造中就遇到了诸多问题，最终在数字孪生技术的帮助下英国铁路部门才解决了帕丁顿站的通勤导航问题。

总体而言，英国铁路在关键转折阶段表现出基础实力不足的问题，而加深数字技术应用的方法帮助英国铁路部门改善了这一状况。

二、英国数字交通做出的突破

2020 年，英国铁路网公司 BIM 项目经理约翰·诺兰在建设埃克塞特车站时曾说过这样一段话："英国铁路网公司的目标是站在数字模型开发的最前沿。英国铁路网公司借助碰撞检查技术能够采集项目的真实状态并将其反映到虚拟环境中，最终创建了埃克塞特站和帕丁顿站的数字模型，这两个项目除了满足最初设想的项目要求之外，还提供了可以在将来用于许多其他项目的宝贵数字资产记录，可减少进一步的实地考察，避免延误和不必要的成本。"

从约翰·诺兰的谈论中可以看出，数字孪生技术已经成为英国解决铁路发展问题的主要工具。通过数字孪生的建模仿真，英国铁路发展已经解决了环境考察、基础框架构建、成本节约等多种问题。

另外，自 2020 年 9 月之后英国铁路管理部门又提出了清洁环保、安全稳定的发展策略，而这些发展目标的实现同样需要运用数字孪生技术，在数字孪生的建模仿真下，英国铁路与环境的契合度才能够不断提高，铁路网的建设、升级才能够更加安全。

★相关案例★

数字孪生升级劳斯莱斯喷气发动机

2020 年，作为国防厂商的劳斯莱斯公司与英国航空航天部门共同部署了通过数字孪生监控其喷气发动机生产、使用情况的具体方案。自此，劳斯莱斯公司每一台喷气发动机的飞行方式、飞行条件以及使用方法都可以在英国航空航天部门清楚展现。

事实上，这并不是劳斯莱斯公司第一次使用数字孪生技术，在这之前劳斯莱斯公司便通过数字孪生技术升级过喷气发动机的研发和生产技术，劳斯莱斯首席信息和数字官斯图尔特·休斯也曾对外表示，通过数字孪生技术的应用，公司对发动机的使用寿命、使用方法进行了升级优化，并且公司生产的喷气发动机可以为飞机提供更灵活的服务。

喷气发动机的研发制造是一项成本极高的产业，数字孪生技术的应用让这一行业整体的研发成本得到了大幅缩减。在劳斯莱斯的喷气发动机生产过程中，数字孪生主要通过数字建模仿真获得系统配置、技术升级、生产制造的优化数据，从而加速喷气发动的设计进程。

如今，数字孪生已经贯穿了劳斯莱斯生产喷气发动机的全部过程，劳斯莱斯公司也通过数字孪生建模的风扇叶片优化了喷气发动机的制造方案，使喷气发动机的燃油消耗效率提高了25%。同时还帮助劳斯莱斯公司其他发动机的维护间隔时间延长了50%，这为劳斯莱斯公司带来了丰厚的利润。

截至2021年，劳斯莱斯已经将数字孪生技术运用到了研发、生产、销售等各个领域，数字孪生的价值也在不断升高。相信在劳斯莱斯的未来发展中，数字孪生将成为公司的核心科技，并发挥更大作用。

本章小结

作为数字孪生的诞生地区，欧美国家对数字孪生的应用更早更深，所以数字孪生在欧美地区的应用效果更为显著。在我国交通运输领域借力数字孪生获得超前发展的过程中，欧美国家运用数字孪生的方法、途径、技巧值得我国交通运输行业人士借鉴，深度分析这些经验可以加速、提升数字孪生的应用效果。

第七章　交通发达国家的数字化交通管理

世界交通发达国家表现出的优势不在于它们起步早，也不在于交通科技应用更全面，更多在于这些国家在交通科技领域探索出了适合本国国情的交通发展策略，有效提升了交通建设、交通发展、交通运维管理的价值，这也是这些国家发展成交通强国的主要原因。

第一节　交通发达国家的数字交通发展与经验

近年来，在交通强国战略的促进下，我国总体立体交通网络的建设取得了明显成效，据交通运输部门统计，我国近年在交通路线建设里程数、交通科技升级水平领域均在世界上名列前茅。可见，我国“交通优先”的发展战略正促进着交通强国的目标实现。

虽然我国交通发展整体形势向好，但相比交通发达国家依然存在一定的差距。这种差距不仅存在于交通建设发展当中，更存在于交通对服务民生、拉动国家经济领域。尤其数字时代到来后，交通发达国家借助数字力量带动国家整体发展的态势越发明显，这些发展经验与成果值得我国交通运输行业人士在探索适合国情的发展道路中思考、借鉴。

一、交通发达国家智慧交通概念

目前，交通质变的主要方式依然是增强交通智慧性，这需要交通运输行业与新一代信息技术、数据通信传输技术、电子传感技术、数字技术、人工智能技术深度结合，构建高效反应、智能自主的交通管理系统。

交通发达国家对智慧交通的定义一般都非常全面。这些国家认为智慧交通并不仅仅是交通自身具备了智能型，而是充分运用新兴交通科技对交通管理、交通运输、公众出行，以及交通建设发展进行管控支撑，使交通网络成为国家感知、联系、分析、掌控、带动国家发展的重要力量。同时新型交通科技还需要保障交通安全发展，充分发挥交通基础设施效能，提升交通运输运维管理水平，为国家可持续发展提供源源不断的动力。

二、交通发达国家智慧交通发展趋势

在分析欧美交通发达国家的智慧交通发展过程，结合我国智慧交通发展感悟后可以得出，未来智慧交通发展主要遵循以下几种趋势。

（一）交通的综合协同发展

交通发达国家的智慧交通发展中，各种运输方式的协同联动发展是主要特点。打通多种交通方式有效链接的堵点也是提升智慧交通发展效果的主要方式。这一过程中，交通发达国家的交通运输部门实现了多种运输方式间的信息交互，建立一体化、联动型数字模型，对交通网络进行整体调度，提高了彼此间的联动性。

（二）智慧交通子系统的集成与共享

交通发达国家智慧交通的建设流程主要为先进行城市智慧交通系统的建设，之后连接城际智慧交通系统，最终形成整体的智慧交通基础网络。在智慧交通网络基础成型后，交通管理部门会进行统一数字模型的构建，并与公安管理部门、城市建设部门、公共卫生部门等多个部门进行联合共享，打破交通资源孤岛的僵局，实现跨区域、跨行业的资源链接，以此确保智慧交通带动国家整体发展，这也是智慧交通发展的一大趋势。

（三）交通运输系统安全运行智慧化保障

无论哪一时代，交通发展的重点都离不开安全保障。智慧交通发展过程中，安全发展更成了重点内容。通过数字技术、新一代信息技术、人工智能技术等新兴科技的应用，各国都开始重点解决交通安全存在的潜在问题，这种交通运输系统安全运行的智慧化表现也是智慧交通发展的一大趋势。

（四）建立完善的技术体系和管理体系

智慧交通想要长期稳定促进国家发展必须建立起完善的技术体系和管理体系，这也是交通发达国家智慧交通发展普遍采取的措施。例如，德国铁路在数字化发展阶段不仅依靠数字孪生技术建立了铁路建设模型，更根据每条铁路的实际运营情况建立了管理模型，这两大模型的建立提升了德国铁路的发展速度与发展成果。

我国智慧交通发展过程中也需要借鉴这一经验，同时根据我国交通运输的实际情况，建立更为健全的管理模型，在满足大众出行、运输所需的前提下，最大化提升智慧交通发展的价值。

第二节　交通发达国家的智慧交通成果展示

科技发展带来了社会进步，也加速大众的流动速度与流动频率。这种发展趋势提升了大众生活体验，但也带来了各种交通压力，面对种种交通发展问题，智能化、信息化发展成为解决这一问题的主要方式。目前，世界各个交通发达国家都在通过各种方式解决人、车、路、环境间的不协调关系，并展现出了诸多代表性的发展成果。

一、交通发达国家智慧交通的监测与协调管理

交通发达国家智慧交通的发展成果，首先体现在交通监测与协调管理上，这也是它们运用数字孪生技术取得的重大突破。

（一）交通流量监测

随着交通感知设备的全方位铺设，交通发达国家实现了车流、人流的实时监控。交通管理系统可以清楚展现拥堵点、道路畅通情况，并将这些信息实时传达给驾驶员和交通管理人员。例如，美国已经将交通智能监测管理和道路系统进行了全面结合，交通高峰期使用谷歌地图等导航软件时，各路线会显示实时平均车速，驾驶者可以根据道路的实时情况选定最佳行驶路线。

（二）智能信号灯

智能信号灯是智慧交通系统中最常见的基础设施，智能信号灯对国家交通发展带来了较大促进。通过各种传感设备的感知，智慧交通系统可以清楚感知每个方向和每条路线的交通情况，根据这些实时数据，智慧交通系统可以调节信号灯的时间间隔，从而达到道路运行的最高效率。

例如，美国很多城市红绿灯的左转灯，在夜间会长时间处于红灯状态，但只要有车辆进入左转道，红绿灯下一次切换时会自动把左转灯切换为绿灯。通过这种方式，美国夜间交通减少了大量不必要的左转灯等待时间，确保了直行车的顺畅通行。

又例如，我国大多数城市夜间也会取消左转灯的等待时间，不过采取的方式不同。我国大多数城市夜间 11 点之后，会把左转灯和直行灯合并为同步开启，这是结合我国交通实际情况采取的最有效的优化措施。

（三）高速限速调整

交通发达国家的智慧高速系统与我国高速最大的差别在于，大多数交通发达国家的高速限速是不固定的。比如欧美很多国家的高速限速会根据实际

情况进行实时调整。智慧交通管理系统通过感知高速车流情况调整不同方向、不同路段的限速，确保高速通畅的最佳状态，也减少了交通资源的不必要浪费。这种交通管理措施看似简单，但对交通发展有着深远的意义。比如美国通过这种高速限速调节有效减少了汽车行驶中的刹车次数，从而减少了油耗、道路磨损、尾气污染。

（四）交通智能管理设备

很多交通发达国家在重要交通枢纽位置都采用了智能管理设备。例如，美国为增强道路行人安全，在多所城市建立了人行道智能指示灯，这些智能装备会根据行人数量、等待时间自动调节附近信号灯的切换，不仅优化了道路管理，更确保了行人夜间的出行安全。

（五）交通网络优化

如今，交通发达国家的交通网络建设方案都是虚拟模型多次预演、优化过后的最终方案。在数字技术、新一代信息技术的辅助下，交通基础设施建设的合理性、高效性、智慧性都得到了全方位的提升。例如，日本东京机动车保有量约为 800 万辆，东京人口超 1600 万人，这代表东京平均每人拥有 0.5 辆汽车，这一数据处于全球领先水平。但东京家用汽车的出行率非常低，东京家用汽车全年约有三分之二的时间处于停驶状态。这是因为日本智慧交通建设有效解决了大众出行问题，加之科学管理和政策引导，家用汽车已经不再是东京大众出行的第一选择。

另外，日本道路交通人均年延误率仅为 5 小时 / 年，这一数据远低于全球平均水平，日本交通事故年死亡人数 8000 人，也是全球最低水平，这些都是智慧交通网络建设的效果体现。

二、交通发达国家智慧交通的收费与停车管理

除了监测协调交通资源外，交通发达国家智慧交通建设的成果还体现在

交通收费与停车管理方面。

（1）交通发达国家的交通收费方式多样化。这是因为这些国家的智慧交通系统从收费方式、浮动范围等方面设计得更细致，便捷性也更加突出。例如，很多交通发达国家的道路收费标准每天都在发生变化，交通高峰时间的收费标准明显高于空闲时段。通过这种收费方式，这些国家的交通拥堵情况也得到了缓解。

在收费方式之外，很多交通发达国家还建立了人性化的自动收费系统。这些自动收费系统的设计非常值得我国交通运输领域学习。比如美国的高速自动收费装置可以采取租用方式安装。不需要支付任何安装费，但每月需要缴纳 1 美元的月租，安装这种自动缴费设备后，车辆可以享受 10%～20%的高速过路费优惠。这种设备的租赁可以随时终止，所以其实用性非常高。另外，有些国家交通收费还根据大众习惯设定了多种模式，甚至很多州还保留了投币缴费的方式，这也增强了交通收费的人性化特点。

（2）交通发达国家对停车资源的管理更加细致，从而大幅缓解了道路交通压力。同样以美国为例，美国在重点城市的停车场、关键交通枢纽附近的停车场都铺设了感知设备，实时了解这些区域的停车资源。之后智慧交通管理系统会将这些信息同步到导航信息、交通提示信息当中，帮助驾驶者最短时间内找到停车资源。

在这基础上，美国还在各个大型停车场设置了车辆定位服务。驾驶者可以在陌生环境下通过信息提示最短时间内找到停放的车辆。

另外，美国还将自动收费系统与停车管理系统相互结合，驾驶者可以将各种费用合并支付，从而提升了缴费效率，也减少了收费成本。这也是大多数交通发达国家智慧交通的发展成果。

三、交通发达国家的交通辅助驾驶功能

随着交通科技的发展，智能驾驶、自动驾驶行业开始蓬勃发展。在这一科技领域中美国拥有更多的经验优势。但综合对比交通发达国家的智慧交通

发展水平后，笔者认为日本、新加坡或许能够更早成为自动驾驶全面普及的国家。这主要因为日本、新加坡不仅在智能驾驶、自动驾驶等领域获得了更多突破与创新，更因为这些国家从交通基础设施、相关法规政策、大众接受程度上有更多优势。

以日本为例，日本近年来在自动驾驶领域获得了众多突破。日本通过新一代感知设备实现了车辆与障碍物之间距离的准确感知，并通过数字孪生模拟设定了更安全的避让程序，在面对紧急情况下，日本自动驾驶车辆的刹车、避让措施的安全性更高。

不仅如此，日本还根据交通拥堵情况设计了细致的导航系统，不仅可以应对复杂的路况，还可以进行道路的自动切换，提升车辆自身安全性与智能性。

目前，日本新的道路交通法已经为自动驾驶 L3 汽车的上路提供了法律保障，自动驾驶的全面落地正在逐步实现。

四、交通发达国家的物流运输管理

交通运输的智慧发展还提升了物流运输的管理效果，尤其在物流追踪定位上、实时状态反馈上，智慧交通系统取得了重大突破。在卫星定位技术、新一代信息技术、数字技术的联动下，交通发达国家物流运输状况感知能力可以精确到每分钟、每公里。运输车辆的行驶路线、运输种类、出发时间、到达时间都可以清晰展示，这大幅提升了交通运输的管理效果，也加速了物流运输行业的发展。

对比智慧交通发展对物流运输行业的促进，交通发达国家相比我国在以下方面更具优势。

（一）政策宽松、促进发展

大多数交通发达国家为促进物流运输行业的发展，在智慧交通建设过程中从公路、铁路、航空、航海等各个角度给予了支持。例如，美国为促进运输行业发展曾颁布并多次升级联合运输法，这部法律也贯彻到了智慧交通的发展过程中，加深了智慧交通与运输行业的融合。

（二）全面促进物流运输行业的智慧发展模式

很多交通发达国家在智慧交通建设中大幅推动了物流运输行业的智慧发展模式，我国也遵循了这种发展方式。发展过程中通过将交通运输网络数据与物流运输结合，构建了更符合本国交通实际情况的智慧物流体系，另外很多交通发达国家还利用数字孪生技术提升了物流运输网络的智慧性，结合各种交通网络的虚拟模型、智慧城市的虚拟模型升级了物流运输的服务，提升了这一行业的经济效益。

第三节　交通发达国家的数字化交通建设

近年来，我国智慧交通建设取得了举世瞩目的成就，但相比交通发达国家依然存在滞后领域，从技术角度分析这种差距主要体现在交通科技的前沿性、整体性之上。因此，我国智慧交通发展过程中需要深度研究海外交通发达国家的建设模式与发展战略，从技术上弥补自身不足，带动经济整体发展。

一、日本的智慧交通前沿技术

2019 年 6 月，日本政府正式发布了《创造世界最先进的数字国家宣言》，随后成立了 IT 综合战略本部，开始大力推动国土交通的数字化、智慧化升级。

2020 年 6 月，日本交通运输部门发布了《国土交通白皮书 2020》，其中重点介绍了日本在智慧交通领域的研究进展和社会试点情况，从《国土交通白皮书 2020》中我们可以看到交通发达国家在智慧交通战略中运用的前沿科技，以及这些科技的应用效果。

（一）打造全国一卡通模式

日本早在2001年就开始使用IC卡进行交通结算，当时这种结算模式主要为了提升轨道交通的收费、运营效率。随着时代发展，日本逐步将IC卡作为联通全国轨道交通收费的主要工具。

截至2019年，日本全国主流的交通IC卡有9种，这9种IC卡的月使用总数高达2.5亿次，可见轨道交通在日本交通网络中的重要作用。2020年，日本在《国土交通白皮书2020》中正式公布，未来将推动IC卡的全国通行，以此再次提升国民出行效率。

（二）全新交通政策的试点运营

日本不仅是智慧交通发展速度保持世界前列的国家，日本交通政策的更新速度同样位居世界前列。2019年，日本就在多个城市开展过一项“智能出行挑战”的智慧化出行试点活动，通过这种新型出行服务模式测试新发展模式、新政策下民众出行体验的改变。

《国土交通白皮书2020》中，日本再次对交通政策进行了升级，并随之开始了各种政策试点，这种政策与建设同步推进的方式确保了日本智慧交通的发展速度。

（三）打造智慧交通发展新模式

为加速智慧交通发展，日本先后推出了多种新型交通模式，在不断测试与升级中推动了智慧交通的整体发展。

例如,2019年，日本对出行即服务（MaaS）模式进行了19处试点测试，其中包括主要城市、人口密集的郊区、人口稀疏的郊区，以及旅游观光景点，在测试过程中日本交通部门还将MaaS模式与AI技术、数组技术结合，以强化MaaS模式中各种交通方式的切换。

在一年多的测试升级中，日本交通部门收集了详细的测试数据，过程中还针对 MaaS 模式召开了交通运营企业专题研讨会，最终于 2020 年 3 月制定了《关于 MaaS 数据协同的联合指南》，将 MaaS 模式进行全国范围推广。

MaaS 模式对日本交通智慧性发展并没有产生明显促进作用，但其灵活的出行费用浮动机制，以及与旅游、零售、教育、医疗等行业的紧密连接带动了日本经济的整体发展。

在 MaaS 模式获得成功后，日本政府还先后出台了《关于促进地区公共交通的活性化及再生根据法律》修正案和《新型出行服务事业认定计划》，为日本新型出行服务行业带来了政策扶持。

从日本智慧交通与政策同步发展的模式中，我国交通行业人士可以思考本土新型出行方式的推广与落地，并分析新型出行方式对我国智慧交通发展带来的助益。

（四）全面推广 ETC 2.0 系统

前面我们曾提到过，日本智慧交通打造的 ETC 2.0 加速了日本智慧交通的整体发展。据日本交通部门统计，截至 2020 年 3 月日本已有超 7000 万辆汽车安装了 ETC，高速公路 ETC 使用率约为 92.9%。

最初，日本升级、推广 ETC 2.0 的主要原因是解决高速拥堵。据日本交通部门统计，日本 30%的高速拥堵是因为收费站节点排队，而 ETC 2.0 有效提升了民众使用 ETC 的体验感，收费站节点排队的情况也随之得到了缓解。

日本 ETC 2.0 实现了高速路行驶车辆的全程信息双向交互，驾驶者可以了解到高速公路的实时运营状态，管理部门可以了解到车辆行驶过程中的速度、路径，以及车辆行驶状态，在双向数据传输过程中，日本高速公路管理部门的交通管理更加及时有效。

（五）提升智慧交通安全管理效果

为提升交通安全管理效果，日本交通部门早在 1991 年便制定了先进安全车辆（ASV）的研究计划，并将这项计划与国内多个汽车生产商进行合作推进。通过多次升级迭代，如今日本汽车已经全面普及了ASV系统，在ASV系统的辅助下，日本车辆可以实现自主缓冲刹车、车道维持等多种功能，日本交通系统的整体安全性随之不断提升。

（六）发展自动驾驶技术

2020年，日本交通部门正式提出了自动驾驶技术的三个发展目标：

（1）在全国高速公路上普及3级自动驾驶；

（2）在限定地区普及无人驾驶出行服务；

（3）完成高速公路场景下无人驾驶车队在卡车后方的跟随驾驶测试。

同时，日本交通部门针对这三个发展目标发布了一系列扶持措施。

日本发展自动驾驶技术的初衷并不是为了升级交通科技，而是为了减少交通事故，解决老龄化社会带来的驾驶员不足等问题。日本在积极推动自动驾驶技术发展过程中，也在全国范围进行了高速公路数据一体化的协同应用，并进行了多次自动驾驶车辆的实地实验，并结合数字孪生对自动驾驶技术进行了升级更新，所以，日本自动驾驶技术的落地速度，与全国交通情况的匹配度远超其他国家。

二、日本智慧交通对我国交通发展带来的启示与建议

从日本智慧交通发展中，我国交通行业人士可以感受到新兴科技加速交通运输行业与民生行业的融合，并改变交通基础设施的建设方式，催生新的出行模式、新的管理方式，推动了社会整体飞速发展。

未来发展中，我国智慧交通建设可以从以下几方面借鉴交通发达国家的经验，以提速我国智慧交通的发展进程。

（一）提升新型出行模式的交通服务品质

从美国、日本交通智慧性发展的过程中可以看出，交通发展的重点方式之一便是提升大众出行体验，为大众带来便捷、经济的交通服务。结合我国

智慧交通的发展现状，笔者认为可以从两个方面提升这一效果。

一方面，创新大众出行模式，以试点推广的方式升级大众出行习惯。日本 MaaS 模式的推广便采用了试点运用，升级完善后全国推广的方式。这一模式值得我国借鉴，创新符合我国国情的出行模式，根据试点的实际效果进行改善，之后在政府的引领下全国范围推广。这种方式可以加速智慧交通的新技术、新模式在我国的全面落地。

另一方面，升级交通服务技术性。从美国自动收费系统、日本 ETC 2.0 系统中可以看出，新兴交通科技可以在提升交通服务、加速交通运营的同时，促进国民经济发展。目前，我国智慧交通在交通服务领域还有待提升，这一点从收费模式、交通引导中可以看出。

（二）构建车路协同发展的新型模式

近年来，在数字孪生技术的支撑下，我国车路协同已经取得了突出的发展成就，但从日本、美国等国家智慧交通发展的成果中可以看出，车路协同发展可以更细致、更高效。比如日本 ETC 2.0 提升了车与路、车与车、车与管理部门之间的信息交互能力，从而完成了车路的统一管理，这一管理效果令日本高速运营效率位列世界前沿。

未来，我国交通发展中也可以借鉴这一方式，以车路协同为主导，提升交通运维管理的智慧性。

（三）打造智慧交通产业生态圈

日本等交通发达国家在智慧交通发展过程中不仅促进了交通运输的自身发展，更带动了多个产业的进步。例如日本与国内车企合作打造的 ASV 系统，既提升了日本交通的安全性，更提升了日本车企的市场竞争力，带动了日本汽车经济的发展。

目前，我国智慧交通建设也在结合多个产业，但结合程度、结合方式存在差距。未来发展中，我国交通运输部门可以主导这种模式的开展，加强与相关行业的合作，或推动交通运输行业进行跨界融合，打造健康、庞大的智慧交通产业生态圈，加速我国经济发展。

第四节　交通发达国家的智慧交通建设经验

近年来，我国交通运输行业的智慧性发展已经借鉴了很多海外经验，并结合自身实际情况进行了调整融合，这些先进经验不仅转化成了智慧交通的实际发展效果，更融入了我国交通发展的各项政策中。

例如，我国城市轨道交通协会发布了《中国城市轨道交通智慧城轨发展纲要》（以下简称《纲要》），《纲要》的“内涵标志”中对智慧轨道交通内涵进行了六项明确分析。

（1）智慧城轨内涵。应用云计算、大数据、物联网、人工智能、5G、卫星通信、区块链等新兴信息技术，全面感知、深度互联和智能融合乘客、设施、设备、环境等实体信息，经自主进化，创新服务、运营、建设管理模式，构建安全、便捷、高效、绿色、经济的新一代中国式智慧型城市轨道交通。

（2）智能与智慧。智能：利用先进技术给物质（设备）赋能，以期实现自动化、无人化。智能具有自然科学特征，如智能装备、智能系统。智慧：利用先进技术同时赋能于人和物质（设备），以期实现自主采信、学习、决策达到更高效能。智慧具有社会科学和自然科学的双重特征，如智慧城市、智慧城轨。

（3）智能系统与智慧城轨。发展智能系统，建设智慧城轨，这是两者之间的内在关系，意指建设多个成体系的智能系统，最终构成智慧城轨。《纲要》由十大智能系统构成，其显著标志为：实现“智慧乘客服务便捷化”“智能运输效率效益最大化”“智能资源环境绿色化”“智能列车运行全自动化”“智能技术装备自主化”“智能基础设施数字化”“智能运维安全感知化”“智慧网络管理高效化”“城轨云与大数据平台集约化”和“智慧城轨技术标准系列化”。

（4）智慧城轨与城轨信息化。“推进城轨信息化，发展智能系统，建设智慧城轨”是《纲要》的主题词。新一轮科技革命汹涌澎湃，飞速发展，催生了云计算、大数据、物联网、人工智能、5G、卫星通信、区块链等新兴信息技术，从而将数字化、网络化、智能化提高到全新的高度。因此，从本质上讲，智慧城轨是利用新兴信息技术集成城轨交通各系统和集成各类服务的结晶，是城轨交通领域信息化建设进入新阶段的集中体现，因而信息化建设是智慧城轨建设的核心和基础。可见，城轨信息化和智慧城轨，是相互融合的统一体。《纲要》是建设智慧城轨的顶层设计，也是城市轨道交通信息化建设的顶层设计。要在《纲要》指导下，推进城轨信息化，发展智能系统，建设智慧城轨。

（5）智慧城轨与交通强国。智慧城轨建设是交通强国建设的重要路径和战略突破口。协会以“交通强国，城轨担当”的使命感，经过两年来的深入研究，总结提出了“城轨担当”的主要工作路径，就是智能化和自主化两手抓：一方面是技术层面抓智能化，新科技革命成果的应用，新兴信息技术与城轨交通深度融合建设智慧城轨；另一方面是体制机制层面抓自主化，突破关键和核心技术，确保技术和产业的安全可控以及市场的主导地位。为此，在自主化前提下，智慧城轨建成之日就是强大的中国城轨崛起之时。

（6）智慧城轨标准与城轨信息化规范。信息化建设是智慧城轨建设的基础，因而中国城轨信息化规范体系也是中国智慧城轨技术标准体系的基础和重要组成部分。协会按照“规范研究先行，标准指导建设”的理念和原则，在《纲要》编制阶段，同步进行城轨信息化规范体系的顶层设计，建立并逐步发布“1352”四个层级组成的中国城轨信息化规范体系。城轨交通信息化规范体系的先行研究和实施，将为智慧城轨技术标准体系研究和制定打下坚实的基础。围绕智慧城轨建设体系，建立具有中国自主知识产权的技术规范。一是以需求为导向，加强政策研究，实行顶层规划，构建技术规范体系，形成系统全面、协调一致、经济合理、开放融合的标准体系，全面支撑和引领智慧城轨建设；二是着力研究制定一批关键核心技术规范，针对共享关键领域，形成从顶层管理、监督评估、运行应用、平台建设、数据融合到底层感知的系列化标准，指导智慧城轨建设项目的有序高质量开展；三是指导智慧城轨各个专业信息化应用系统的研究、完善和迭代发展；四是主动对接国家主管部门和国际化标准组织，参与国际性标准研编，逐步实现智慧城轨技术标准的国际化。

从《纲要》的六项“内涵标志”中可以看出，我国轨道交通的智慧性发展已经充分借鉴了交通发达国家的发展经验，各种发展目标完全对标国际一流水平，对大众出行体验、产业经济带动，以及社会整体发展起到了全面的带动作用。

另外，从《纲要》中可以看出，海外智慧交通发展的先进经验在我国落地过程中为我国交通发展带来了启示。

（1）智慧交通发展需要获得政府部门的认可。在相关政策的扶持下，智慧交通的各项发展措施才能够顺利进行。这一点可以从《纲要》的“智慧城轨标准与城轨信息化规范”中看出。我国城市轨道交通的信息化规划必然需要借鉴交通发达国家的先进经验，但同样需要政府部门的带动，在政府部门的指引下，各种规范措施才能够有效普及。

（2）需要保障资金的持续投入。要全面实现《纲要》中的建设内容，单纯依靠政府投入压力较大，且发展速度必然受限，所以这一目标的实现应当借鉴交通发达国家的经验，以交通运输行业与其他行业合作的模式提升发展速度，确保各项发展目标的按时实现。

（3）紧抓以人为本的发展理念。从交通发达国家智慧交通的发展中可以看出，以人为本是交通发展的核心，因为交通本就是民生行业，只有以人为本才能够把确保发展效果。

在《纲要》的建设重点与布局蓝图中也明确提到，我国城市轨道交通的智慧发展不会偏离提升大众化出行便捷性、促进我国经济发展的方向。可见，我国智慧交通的发展理念正遵循着正确方向，发展效果自然更有保障。

总而言之，交通发达国家在多年的发展中为我国带来了众多宝贵经验，这些先进经验值得我国交通行业人士深度思考，从中汲取精髓运用到交通规划当中，我国交通发展便可以取得“借他山之石攻玉，取他山之石造峰”的效果。

★相关案例★

数字孪生助力妈湾港打造世界级强港口

2020年8月26日，深圳市西部港区举办了妈湾智慧港成果展示发布会，现场的第一箱集装箱顺利起吊，并在智能驾驶拖车上平稳落位，代表着我国第一个智慧型港口的改造顺利完成。

妈湾智慧港是我国首个全面完成智能改造的自动化码头，这一改造工程在反映我国港口智慧化、数字化发展的同时，实现了社会效益和经济效益的同步提升。

事实上，在妈湾港完成智慧升级之前，这一港口就在虚拟空间完成了升级改造。负责妈湾港升级的工程部门运用数字孪生技术对升级工程进行了全程仿真，并在数字空间获得了三个突破。

首先，此项工程实现了我国港口行业在数字孪生全要素场景下的动态数据实时驱动。

其次，我国港口行业首次使用数字孪生技术完成了货物到港、装卸、转堆、仓储及出港的全周期仿真覆盖。

最后，在数字孪生技术与5G技术的结合下，我国港口首次实现了全量工业设备的态势感知。

这三项技术突破提升了妈湾港的智慧性，更提升了妈湾港物流和经营效率。

事实上，数字孪生对妈湾港的智慧性升级并不复杂，只采取了静态场景还原、动态环境仿真、全要素衔接落地三个步骤。

（1）静态场景还原。数字孪生通过静态场景的数据搜集，将100万平方米的妈湾港区域在虚拟空间进行了1∶1的还原，其中不仅包括地形地貌、环境特征，更包含了超过10万个集装箱。

（2）动态环境仿真。数字孪生还分析了静态环境数据之间的关系与作用，遵循物理实体的物理属性与运行规律，实现了虚拟模型的实时动态仿真，让虚拟模型保持了较强的活性。

(3) 全要素衔接落地。通过妈湾港铺设的监控、感知设备，数字孪生得以搜集全面的港口信息，在虚拟模型进行仿真预演后进行数据分析与处理，之后将各种决策依据同步返回到港口的现实升级与管理当中，这种方式既确保了妈湾港的全要素模拟，更发挥了虚拟模型的最大作用。

虽然妈湾港的智慧升级措施简单，但智慧成果却非常突出。妈湾港的数字孪生平台可以做到港口的实时动态感知，并结合5G技术、北斗系统完成货物的全程精准跟踪，进而实现了港口无人车队的智能化管理有合理性调配。如今，妈湾港的运输、周转、调配效率已在我国港口行业名列前茅，这一港口的升级改造模式也将被更多港口借鉴，我国的智慧港口、世界级强港会随之不断增加。

本章小结

交通发达国家的数字升级之路带给了我们众多启示，其中最明确的观点为数字孪生的有效应用决定成了升级的成败。因为交通发达国家的智慧性理念、建设策略、现有成果中都拥有数字孪生的身影，数字孪生的价值也已在这些国家的发展中充分凸显。

第八章　数字孪生时代国内外智慧交通对比

交通运输是国家经济发展的基础，交通运输行业的智能化发展是当代各国发展速度的主要决定因素。我国《交通强国建设纲要》中明确指出，智能化发展是我国交通重要的发展方向。在这一方向指引下，缩短交通智能化水平差距，将助力我国实现交通强国的宏伟目标。

第一节　数字孪生背景下的国内外智慧交通对比

从交通发达国家交通智能化发展过程中可以看出，数字技术已经成为海外交通智能化发展的关键科技，且数字科技一直贯穿着国外交通行业的发展。通过数字技术的应用，不仅建立了智能化、自动化的交通管理中心，更改善了交通环境，提供了各种出行模型的可行性，令交通资源利用率、经济性稳步提升，这些发展效果从欧美国家的智能交通系统（ITS）中可以看出。

近年来，随着数字孪生技术的应用，国外交通发达国家 ITS 已经具备了交通相关信息的实时采集、传输和处理能力，并通过与其他新兴科技的结合，实现了交通运输资源的统一协调与处理，建立了实时、高效的综合运输管理系统，交通运输服务与管理的智能化不断凸显，这对国家发展产生了深远的影响。

例如，德国作为全球排名前列的汽车大国拥有5000多万辆汽车，但德国人口仅有8000多万，这代表德国的人均汽车拥有量排名世界第一。虽然德国的公路上车流不息，但德国公路上却没有交通警察，德国的超低交通事故发生率以及超高的交通运输效率完全依赖于智慧交通管理系统。

在数字孪生的支撑下，德国对国家交通网络建立了全面的数字模型，并通过仿真预演找出了各种交通信号灯的控制方案。所以德国在交通运行效率超高的同时，又保障了交通事故发生率极低。另外，德国的交通法规已经融入教育系统当中，所以全面守法意识、安全意识远高于其他国家，这也是德国交通有序发展的主要原因。

对比之后，可以看出我国智慧交通建设在以下几个方面还有待于完善。

一、城市交通系统的智能性有待提升

随着我国经济快速增长，我国城市人口流动频率、汽车保有量开始大幅增加，城市交通拥堵、交通安全、环境污染等问题开始凸显。为实现我国城市交通的有效管理，近年来交通运输管理部门开始运用数字孪生技术对我国城市交通进行分析优化，并针对一些突出的交通问题提出了改善建议。不过整体而言，我国城市交通系统的智慧性与交通发达国家还存在着明显差距，城市交通系统无法应对车流、人流的瞬时高速变化，也无法实现充分的动态管理，城市路网的管理速度有待提升，解决这些问题将成为我国智慧交通发展的主要任务。

二、我国综合立体交通网络的整体智能性有待提升

受我国交通网络面积过于庞大的影响，我国综合立体交通网络的整体智慧性也与交通发达国家存在差距。不过这一差距主要体现为交通数字化、信息化发展时间较短，随着后续发展这一差距会逐渐补足。

笔者认为我国综合立体交通网的智慧性发展当借鉴欧美国家的发展经

验，先提升城市交通网络的智慧性，再进行连点成面的扩展。过程中可以充分利用数字孪生技术找到智慧交通网络的连接方式，还需要解决交通发展对环境造成影响的问题，在可持续、绿色发展原则下努力提升交通运输网络的智慧性，进而全面带动我国经济发展。

三、我国交通资源调节引导能力的智慧性有待提升

虽然我国交通在车路协同发展模式下取得的了一定成就，但交通资源整体调节引导的智慧性与交通发达国家还存在差距。比如我国大多数城市的公路、铁路、航空等交通方式的紧密性不足，交通方式切换效率也有待提升。而众多交通发达国家的重要城市都已实现交通方式的无缝切换，交通资源利用率也远超过我国。

另外，交通发达国家对停车位资源的管理也更加到位，尤其美国的城市交通管理系统中，已经全面嵌入了停车位资源的管理，这大幅节省了驾驶者在陌生环境中寻找停车位的时间。同时，美国还根据城市交通的实际情况进行停车场的合理建设，从而提升城市交通资源的合理配置，提升了大众出行体验。

交通发达国家的这一理念非常值得我国交通行业人士思考，因为随着我国汽车保有量的不断提升，停车位分配不合理、定位效率低等问题已经开始影响我国交通的日常运营，很多城市关键路段的拥堵也与停车位问题有关。所以，全面解决停车位资源问题可以有效改善我国城市交通的运营情况。

四、城市交通基础设施建设的智慧性有待提升

目前，我国城市交通基础设施的建设大多为了满足城市发展需求，而并非系统性、智慧性规划。比如部分城市道路的扩建、改造仅为缓解这一道路的拥堵问题，而不是城市交通网络的整体提升。这种头疼医头脚疼医脚的建设模式导致城市交通工具网络无法产生质变，交通资源无法合理分配，甚至

会影响智慧城市的建设。

从交通发达国家智慧交通建设经验中可以看出，城市交通设施建设一定是全局性、智慧性的统筹规划，通过数字孪生技术的仿真推演，找到城市交通发展的最佳方式，之后进行系统性建设规划。

虽然中外国情存在差别，但这一建设理念是解决城市交通需求高速增长，城市交通运输、运营不畅的主要方式，且可以从本质上促进城市交通的综合化、多元化发展，解决城市交通发展滞后制约经济发展的各种问题。

五、交通管理的智慧性有待提升

近年来，我国智慧交通建设不断加速，建设成果十分显著，但智慧交通并没有充分发挥应用价值，这主要是因为交通管理的智慧性有待提升。例如，2019 年昆明轨道交通集团对外公布了昆明地铁的运营情况，2019 年昆明地铁大部分路线处于亏损运营状态。导致这一情况的原因有建设成本较高的因素，但运营状况也是不可忽视的原因。总体而言昆明交通综合运营的智慧性和合理性有待提升，提升交通管理的智慧性也是解决这一问题的主要方式。

另外，我国交通管理政策的制定与实施缺乏及时性，这一方面也与交通发达国家存在明显差距。比如日本在进行新型出行模式的试点过程中便会配合出台各种政策，试点成功后马上进行交通政策的升级与完善，这不仅确保了交通发展的高效性，也提升交通管理质量，所以这一方面也是我国交通运输领域需要改善的重点。

第二节　交通发达国家智慧交通发展重点

截至 2021 年全球多个交通发达国家已经取得了显著的智慧交通发展成

果，并对其他国家智慧交通发展产生指引作用。总结这些交通发达国家的交通建设现状后得出，目前交通发达国家智慧交通的发展重点主要体现在以下几个方面。

一、新基建

任何国家想要实现交通运输网络的全面数字化、智慧化都离不开新基建的支撑，交通发达国家对新基建的建设力度更为突出。目前，美国、日本、德国、意大利等交通发达国家都在加强新基建，且新基建的建设重点不是现有交通网络的升级改造，而是智慧交通的基础建设。这是因为这些交通发达国家已经感受到了智慧交通发展对国家发展起到的带动作用，并看到了智慧交通发展的实质成果。

二、加强交通资源调配

交通资源配置是提升交通智慧性、城市智慧性的重要基础。交通发达国家通过智慧交通系统的建设不断增强交通资源的调配效果，并修正着交通发展策略。例如美国为减少国内燃油消耗与汽车污染，近年来大力推广公共交通智慧出行模式，同时上调汽车销售价格，减少汽车销售量，美国通过这类方式确保了燃油领域的可持续发展。

除美国之外，大多数交通发达国家都在用智慧交通系统增强各种交通方式的连接紧密度，例如德国铁路建设过程中会同步规划城市高速的建设方案，以此把控建设公路与铁路的切换时间。

三、加强智慧交通管理

目前，大多数交通发达国家制定了交通运维管理智能化、无人化、数字化的发展策略。通过数字孪生的建模仿真得到交通自主管理的实施方案，之后通过信号灯的智能管控，减少道路管理人员数量，逐渐实现交通无人化管理。

截至 2021 年，无人交通管理成果最突出的国家依然是德国。德国智慧交通系统不仅全面感知着交通网络的运营状况，并结合大众出行需求、国家运输发展等多方面数据，从而打造了满足大众出行所需，同时提升交通运输效率的智慧交通管理系统。

四、加强交通运输发展政策的制定

随着各国交通的智慧性发展，传统交通运输管理政策需要随之升级完善。交通发达国家的政策制订、修正、升级速度十分突出。各项交通发展战略发布前、中、后都会匹配政策的发布或变更。这种政策与战略同步进行的方式提升交通发达国家的发展效率，同时也提升了大众对新型出行方式、新型交通发展模式的接受速度。

五、增强城市交通管理与国家交通管理的协调性

城市交通发展比较独立。为消除城市交通发展的差异，很多城市通过政府协调等方式增强了城市交通管理与国家交通管理的协调性，并以此带动了其他城市的交通发展。

例如，美国交通部便出台过多项政策，鼓励州际交通的协同发展。通过这种方式美国交通部可以更加迅速地联通州际交通管理网络，并实现全国交通的统一管理。

不过笔者认为西方国家的这类发展理念并不适合中国国情，因为中国城市交通的建设与管理普遍以全局为出发点，并注重城际交通互联，所以中国城市交通管理网络之间可以更顺畅地连接，我国综合立体交通网络的建设也更加顺畅。

第三节　国内现阶段智慧交通发展重点

近年来，我国交通运输管理部门依据交通发展的实际情况发布了多项文件，其中都提到了我国交通智慧性发展的重点任务。其中，2019 年国务院发布的《交通强国建设纲要》率先为智慧交通发展提供了方向指引，《交通强国建设纲要》中也明确了我国智慧交通发展的建设重点。

科技创新富有活力、智慧引领

（1）强化前沿关键科技研发。瞄准新一代信息技术、人工智能、智能制造、新材料、新能源等世界科技前沿，加强对可能引发交通产业变革的前瞻性、颠覆性技术研究。强化汽车、民用飞行器、船舶等装备动力传动系统研发，突破高效率、大推力/大功率发动机装备设备关键技术。加强区域综合交通网络协调运营与服务技术、城市综合交通协同管控技术、基于船岸协同的内河航运安全管控与应急搜救技术等研发。合理统筹安排时速600公里级高速磁悬浮系统、时速400公里级高速轮轨(含可变轨距）客运列车系统、低真空管（隧）道高速列车等技术储备研发。

（2）大力发展智慧交通。推动大数据、互联网、人工智能、区块链、超级计算等新技术与交通行业深度融合。推进数据资源赋能交通发展，加速交通基础设施网、运输服务网、能源网与信息网络融合发展，构建泛在先进的交通信息基础设施。构建综合交通大数据中心体系，深化交通公共服务和电子政务发展。推进北斗卫星导航系统应用。

（3）完善科技创新机制。建立以企业为主体、产学研用深度融合的技术创新机制，鼓励交通行业各类创新主体建立创新联盟，建立关键核心技术攻关机制。建设一批具有国际影响力的实验室、试验基地、技术创新中心等创新平台，加大资源开放共享力度，优化科研资金投入机制。构建适应交通高质量发展的标准体系，加强重点领域标准有效供给。

《交通强国建设纲要》发布之后，我国工程院32位院士，多家知名科研院所、高校、企业在内的12家单位，共计100多位研究人员组成了“交通强国战略”项目课题组，其中清华大学交通研究所所长陆化普担任了项目课题组中智慧交通分课题的组长。该课题研究项目组就我国“智慧交通”发展战略也提出了六项战略发展重点。

战略一：大数据共享平台及交通云技术应用

建立国家级、省级、市级三级大数据共享云平台，数据由下至上逐级汇聚，实现跨层级、跨地域、跨系统、跨部门、跨业务的数据共享、协同管理和一体化服务；建立大数据共享标准及安全管理机制；建立大数据政企开放共享模式和机制；建设模式：政府主导，企业建设运维；分析交通需求，优化基础设施和运营管理，挖掘交通大数据的潜在价值，建立健全大数据辅助科学决策机制；实现交通安全管理、拥堵管理、共享管理等智慧化的组织管理。

战略二：提高城市智慧交通管理水平

以智慧交通为手段，创新数据驱动的城市交通智慧化精细管理；建立基于大数据支撑的交通控制、管理、决策、服务一体化的部门联动、协同管控的智慧交通管理系统；利用大数据、“互联网+”、人工智能等技术，创新交通管理服务新模式；推动基于大数据精准执法、互联网便民服务等智慧交通部分领域领跑世界智慧交通。

战略三：实现高效便捷一站式智能客运服务，实现门到门一单制智能货运服务

利用互联网、大数据、电子支付等先进技术，通过行车、停车、枢纽换

乘、末端出行以及应答式定制服务等各个环节的智能化，实现门到门的一站式高效便捷服务；实施个性化服务、多样化服务、全程服务、预约式服务等多种智能服务方式；建设信息共享、全程可视、智能可控的货运云平台，实现货运物流的全链条一体化信息服务与运输服务；推动使用货运电子运单，建立货物多式联运及共同配送；加强先进货运技术研发与应用，推动无人驾驶技术在货运车辆的研究和应用。

战略四：智能提升交通主动安全水平

通过交通安全智能分析研判体系建设；交通安全设施智能化提升；智能安全大通道建设；全社会智慧交通安全防控体系；提高车辆安全水平、智能水平、改善车辆技术状况；智能化手段规范交通行为，促使交通安全文化的形成。

战略五：车路协同一体化发展

提高通行效率、提升交通安全、促进节能环保；优先在长途货运和公交车方面推进无人驾驶。

战略六：实现综合运输智慧化关键技术突破

基于交通大数据共享平台，建立涵盖全交通方式的全国综合运输智能监测和智能决策平台，并实现与城市智能平台对接。

建设基于北斗导航系统的新一代智慧交通系统。围绕连续导航、位置服务、紧急救援等领域展开北斗导航系统在交通领域规模化应用，实施北斗导航系统基础设施一体化、应用示范一体化和运营服务一体化。

推进北斗导航系统在智慧交通中的应用，建设基于北斗导航系统的交通监控、管理、公路收费、城市公交、停车以及交通事故应急救援系统。

我国《数字交通发展规划纲要》中又明确指出了发展目标，并构建数字化的采集体系、网络化的运输体系和智能化的应用体系。

（一）发展目标

到 2025 年，交通运输基础设施和运载装备全要素、全周期的数字化升级迈出新步伐，数字化采集体系和网络化传输体系基本形成。交通运输成为北斗导航的民用主行业，第五代移动通信（5G）等公网和新一代卫星通信系统初步实现行业应用。交通运输大数据应用水平大幅提升，出行信息服务全程覆盖，物流服务平台化和一体化进入新阶段，行业治理和公共服务能力显著提升。交通与汽车、电子、软件、通信、互联网服务等产业深度融合，新业态和新技术应用水平保持世界先进。

到 2035 年，交通基础设施完成全要素、全周期数字化，天地一体的交通控制网基本形成，按需获取的即时出行服务广泛应用。我国成为数字交通领域国际标准的主要制订者或参与者，数字交通产业整体竞争能力全球领先。

（二）构建数字化的采集体系

（1）推动交通基础设施全要素、全周期数字化。推动交通基础设施规划、设计、建造、养护、运行管理等全要素、全周期数字化。构建覆盖全国的高精度交通地理信息平台，完善交通工程等要素信息，实现对物理设施的三维数字化呈现，支撑全天候复杂交通场景下自动驾驶、大件运输等专业导航应用。针对重大交通基础设施工程，实现基础设施全生命周期健康性能监测，推广应用基于物联网的工程质量控制技术。

（2）布局重要节点的全方位交通感知网络。推动铁路、公路、水路领域的重点路段、航段，以及隧道、桥梁、互通枢纽、船闸等重要节点的交通感知网络覆盖。推动交通感知网络与交通基础设施同步规划建设，深化高速公路 ETC 门架等路侧智能终端应用，建立云端互联的感知网络，让“哑设施”具备多维监测、智能网联、精准管控、协同服务能力。注重众包、手机信令等社会数据融合应用。构建载运工具、基础设施、通行环境互联的交通控制网基础云平台。加快北斗导航在自由流收费、自动驾驶、车路协同、海上搜救、港口自动化作业和集疏运调度等领域应用。

（3）推动载运工具、作业装备智能化。鼓励具备多维感知、高精度定位、智能网联功能的终端设备应用，提升载运工具远程监测、故障诊断、风险预警、优化控制等能力。推动自动驾驶与车路协同技术研发，开展专用测试场地建设。鼓励物流园区、港口、铁路和机场货运站广泛应用物联网、自动驾驶等技术，推广自动化立体仓库、引导运输车（AGV）、智能输送分拣和装卸设备的规模应用。推动自动驾驶船舶、自动化码头和堆场发展，加强港航物流与上下游企业信息共享和业务协同。

（三）构建网络化的传输体系

推动交通运输基础设施与信息基础设施一体化建设，促进交通专网与“天网”“公网”深度融合，推进车联网、5G、卫星通信信息网络等部署应用，完善全国高速公路通信信息网络，形成多网融合的交通信息通信网络，提供广覆盖、低时延、高可靠、大带宽的网络通信服务。

（四）构建智能化的应用体系

（1）打造数字化出行助手。促进交通、旅游等各类信息充分开放共享，融合发展。鼓励平台型企业深化多源数据融合，整合线上和线下资源，鼓励各类交通运输客票系统充分开放接入，打造数字化出行助手，为旅客提供“门到门”的全程出行定制服务。倡导“出行即服务”理念，以数据衔接出行需求与服务资源，使出行成为一种按需获取的即时服务，让出行更简单。打造旅客出行与公务商务、购物消费、休闲娱乐相互渗透的“智能移动空间”，带来全新出行体验。推动“互联网 +”便捷交通发展，鼓励和规范发展定制公交、智能停车、智能公交、汽车维修、网络预约出租车、互联网租赁自行车、小微型客车分时租赁等城市出行服务新业态。

（2）推动物流全程数字化。大力发展“互联网 +”高效物流新模式、新业态，加快实现物流活动全过程的数字化，推进铁路、公路、水路等货运单证电子化和共享互认，提供全程可监测、可追溯的“一站式”物流服务。鼓励各类企业加快物流信息平台差异化发展，推进城市物流配送全链条信息共享，完善农村物流末端信息网络。依托各类信息平台，加强各部门物流相关管理信息互认，构建综合交通运输物流数据资源开放共享机制。

(3) 推动行业治理现代化。完善国家综合交通运输信息平台，提高决策支持、安全应急、指挥调度、监管执法、政务服务、节能环保等领域的大数据运用水平，实现精确分析、精准管控、精细管理和精心服务。完善资源目录与信息资源管理体系，实现行业信息资源的汇聚融合，提升信息资源共享交换和开放服务能力。建立大数据支撑的决策与规划体系，推动部门间、政企间多源数据融合，提升交通运输决策分析水平。采用数据化、全景式展现方式，提升综合交通运输运行监测预警、舆情监测、安全风险分析研判、调度指挥、节能环保在线监测等支撑能力。进一步推进交通运输领域“互联网+政务服务”，实现政务服务同一事项、同一标准、同一编码。延长网上办事链条，推动政务服务向“两微一端”等延伸拓展。加快完善运政、路政、海事等政务信息系统，推进交通运输综合执法、治超联网等系统建设，提高执法装备智能化水平，推进在线识别和非现场执法。

2020 年，国务院新闻办公室发布的《中国交通的可持续发展》白皮书中再次提到我国智慧交通的发展重点，并展现了近年来我国智慧交通取得的各项成就。

交通科技从“跟跑为主”到“跟跑并跑领跑”并行

经过不懈努力，交通运输科技创新能力大幅跃升，核心技术逐步自主可控，基础设施、运输装备取得标志性重大科技创新成果，可持续发展能力显著提升。中国的交通科技从跟跑世界一流水平为主，进入到跟跑、并跑、领跑并行的新阶段。

（1）交通超级工程举世瞩目。高速铁路、高寒铁路、高原铁路、重载铁路技术达到世界领先水平，高原冻土、膨胀土、沙漠等特殊地质公路建设技术攻克世界级难题。离岸深水港建设关键技术、巨型河口航道整治技术、长河段航道系统治理技术以及大型机场工程建设技术世界领先。世界单条运营里程最长的京广高铁全线贯通，一次性建成里程最长的兰新高铁，世界首条高寒地区高铁哈大高铁开通运营，大秦重载铁路年运量世界第一，世界上海拔最高的青海果洛藏族自治州雪山一号隧道通车。川藏铁路雅安至林芝段开工建设。港珠澳大桥、西成高铁秦岭隧道群、洋山港集装箱码头、青岛港全自动化集装箱码头、长江口深水航道治理等系列重大工程举世瞩目。中国在建和在役公路桥梁、隧道总规模世界第一，世界主跨径前十位的斜拉桥、悬索桥、跨海大桥，中国分别有 7 座、6 座、6 座，世界最高的 10 座大桥中有 8 座在中国。

（2）交通装备技术取得重大突破。瞄准世界科技前沿发展“国之重器”，交通运输关键装备技术自主研发水平大幅提升。具有完全自主知识产权的“复兴号”中国标准动车组实现世界上首次时速 420 公里交会和重联运行，在京沪高铁、京津城际铁路、京张高铁实现世界最高时速 350 公里持续商业运营，智能型动车组首次实现时速 350 公里自动驾驶功能；时速 600 公里高速磁浮试验样车、具备跨国互联互通能力的时速 400 公里可变轨距高速动车组下线。盾构机等特种工程机械研发实现巨大突破，最大直径土压平衡盾构机、最大直径硬岩盾构机、最大直径泥水平衡盾构机等相继研制成功。节能与新能源汽车产业蓬勃发展，与国际先进水平基本保持同步。海工机械特种船舶、大型自动化专业化集装箱成套设备制造技术领先世界，300 米饱和潜水取得创新性突破。C919 大型客机成功首飞。支线客机 ARJ21 开始商业运营。快递分拣技术快速发展。远洋船舶、高速动车组、铁路大功率机车、海工机械等领跑全球，大型飞机、新一代智联网汽车等装备技术方兴未艾，成为中国制造业走向世界的“金名片”。

（3）智慧交通发展步伐加快。推进“互联网+”交通发展，推动现代信息技术与交通运输管理和服务全面融合，提升交通运输服务水平。充分运用5G通信、大数据、人工智能等新兴技术，交通运输基础设施和装备领域智能化不断取得突破。铁路、公路、水运、民航客运电子客票、联网售票日益普及，运输生产调度指挥信息化水平显著提升，截至2019年底，229个机场和主要航空公司实现“无纸化”出行。全面取消全国高速公路省界收费站，高速公路电子不停车收费系统（ETC）等新技术应用成效显著，截至2019年底，全国ETC客户累计超过2亿，全路网、全时段、全天候监测以及信息发布能力不断增强。北斗导航系统在交通运输全领域广泛应用，全国已有760万道路营运车辆、3.33万邮政快递干线车辆、1369艘部系统公务船舶、10863座水上助导航设施、109座沿海地基增强站、352架通用航空器应用北斗导航系统，并在3架运输航空器上应用北斗导航系统，京张高铁成为世界首条采用北斗卫星导航系统并实现自动驾驶等功能的智能高铁。智慧公路应用逐步深入，智慧港口、智能航运等技术广泛应用。智能投递设施遍布全国主要城市，自动化分拣覆盖主要快递企业骨干分拨中心。出台自动驾驶道路测试管理规范和封闭测试场地建设指南，颁布智能船舶规范，建立无人船海上测试场，推动无人机在快递等领域示范应用。

从我国各项交通发展政策，以及“交通强国战略研究”课题项目组的研究成果中可以看出，我国现阶段智慧交通发展的重点主要体现在交通科技的升级、应用与创新之上。数字孪生作为全球范围内交通发展的主要力量可以有效促进我国交通的发展，并支撑我国尽快实现交通强国的战略目标。

本章小结

就我国交通运输领域数字化、智能化升级的现状而言，整体智慧水平依然与交通发达国家存在差距。但对比过发展方式、发展速度与发展成果后，我国数字化、智能化升级的路径也越发清晰，数字孪生的应用方式、应用领域也越发明显。相信在《交通强国建设纲要》《数字交通发展规划纲要》《中国交通的可持续发展》白皮书等多项政策的指引下，我国智慧交通与国际一流水平差距将不断缩小，最终实现突破与超越。

第九章　数字孪生对全球交通发展的影响

随着数字孪生在全球范围的应用，各国交通运输行业都获得了质变性发展，全球交通智慧性升级已成为大趋势。如今，我国通过数字孪生与交通运输的深度结合，逐渐建成了泛在先进的交通新基建，实现了交通运输的实时感知，这种发展模式的智慧性升级，已经对我国交通运输行业产生积极深远影响，缩减了我国与交通发达国家的实质差距。

第一节　我国交通基础设施全面数字化如何实现

2021 年，在我国“十四五”规划全面启动之后，国务院随之印发了《国家综合立体交通网规划纲要》，这一交通运输行业发展指引是继《交通强国建设纲要》之后的又一份重要文件，文件中强调交通数字化、智能化发展的重要性，并设置具体的发展目标，指明了我国在预定时间建成交通强国的重要参考对象。

《国家综合立体交通网规划纲要》明确指出：

提升智慧发展水平。加快提升交通运输科技创新能力，推进交通基础设施数字化、网联化。推动卫星通信技术、新一代通信技术、高分遥感卫星、人工智能等行业应用，打造全覆盖、可替代、保安全的行业北斗高精度基础服务网，推动行业北斗终端规模化应用。构建高精度交通地理信息平台，加快各领域建筑信息模型技术自主创新应用。全方位布局交通感知系统，与交通基础设施同步规划建设，部署关键部位主动预警设施，提升多维监测、精准管控、协同服务能力。加强智能化载运工具和关键专用装备研发，推进智能网联汽车（智能汽车、自动驾驶、车路协同）、智能化通用航空器应用。鼓励物流园区、港口、机场、货运场站广泛应用物联网、自动化等技术，推广应用自动化立体仓库、引导运输车、智能输送分拣和装卸设备。构建综合交通大数据中心体系，完善综合交通运输信息平台。完善科技资源开放共享机制，建设一批具有国际影响力的创新平台。

加快既有设施智能化。利用新技术赋能交通基础设施发展，加强既有交通基础设施提质升级，提高设施利用效率和服务水平。运用现代控制技术提升铁路全路网列车调度指挥和运输管理智能化水平。推动公路路网管理和出行信息服务智能化，完善道路交通监控设备及配套网络。加强内河高等级航道运行状态在线监测，推动船岸协同、自动化码头和堆场发展。发展新一代空管系统，推进空中交通服务、流量管理和空域管理智能化，推进各方信息共享。推动智能网联汽车与智慧城市协同发展，建设城市道路、建筑、公共设施融合感知体系，打造基于城市信息模型平台、集城市动态静态数据于一体的智慧出行平台。

如果说《交通强国建设纲要》指明了我国未来十几年内智慧交通发展的重要任务，那么《国家综合立体交通网规划纲要》就指出了未来十几年内智慧交通发展的具体内容。从《国家综合立体交通网规划纲要》的“推进智慧发展水平”的内容中可以看出，我国交通智慧发展的重点在于交通技术设施的数字化建设程度，全面的数字基建是支撑我国交通数字化升级的重要基础。《国家综合立体交通网规划纲要》中还明确指出，到 2035 年，我国要完成泛在先进的交通信息基础设施，要实现交通运输网络的全面感知，要构建起智能、高效、实时的交通运维管理系统。这不仅是交通运输行业的发展目标，更是我国加速交通运输发展的主要方式。

事实上，在我国 2020 年发布的《数字交通发展规划纲要》中已经提出，未来我国交通发展要“构建数字化的采集体系”，其中包括三个重点：一是推动交通基础设施全要素、全周期数字化；二是布局重要节点的全方位交通感知网络；三是推动载运工具、作业装备智能化。

在这一方向下，我国交通领域采取融合新一代通信技术、人工智能技术、数字技术的方式，打造高精度的交通运输服务网，构建多个信息交互平台，并利用数字孪生技术建立交通运维管理的虚拟模型。这些举措不仅提升了我国交通基础设施的数字属性，也带来了实质的发展效果。

综合《交通强国建设纲要》《数字交通发展规划纲要》《国家综合立体交通网规划纲要》等几个文件的方向指引与建设内容，可以得出未来我国交通基础设施的全面数字化主要通过以下几种途径。

一、交通基础设施的全生命周期数字化

这要求我国加强交通运输领域的数字基建，以及完成现有交通基础设施的数字化升级，进而构建起全面的交通数字网络，增强交通基础设施的全生命周期数字化管理。

另外，交通基础设施的建设、改造、升级过程中要以支撑 BIM、GIS 等动态数据实时传输为建设目标，以此确保交通基础设施的数字化建设成果。

二、增强交通运输网络的感知能力

对我国码头、机场、关键枢纽、轨道等交通资源的监测感知能力进行数字化升级，以感知能力、数据实时传输能力为基础，增强我国交通运输网络的监测、运维能力。

三、增强交通科技的智能性、先进性

与数字孪生技术、新一代信息技术等前沿科技深度结合，推进我国无人驾驶技术、无人交管模式的发展，同时增强我国交通运输产业与其他产业的融合性，加强交通运输行业对我国经济的整体带动。

截至 2021 年，我国交通基础建设的全面数字化发展已经取得一定成效，但这些发展成果主要体现在与新一代信息技术结合之上。随着我国交通运输网络感知能力的增强，交通运维管理、智慧性发展都得到有效促进，但交通基础设施的数字化升级，以及交通科技的智能化升级还有待提升。相信在未来的一段时间内，我国交通运输部门会加大这些方面的投入，确保我国交通运输的数字水平可以与交通发达国家保持同步。

第二节　数字时代赋予交通发展的新动能

如今，数字孪生技术已经渗透到我国的各行各业，也引发商业市场的数据浪潮，带动传感器、大数据行业的发展。总体而言，数字孪生技术赋予了这个时代全新的发展动能，让我国传统交通运输行业进入一体化、数字化、智慧化的发展时代，让多元、异构、海量的数据变成交通发展的重要支撑。

在《交通强国建设纲要》的指引下，我国交通运输在公路建设里程、交通装备水平、交通科技升级等领域取得了重大突破，并形成了交通运输行业的发展新趋势。

2020 年，在深圳市举办的智慧交通科技发展论坛上，深圳市智慧交通产业促进会会长罗瑞发发表了一篇名为“新基建背景下的数字交通新动能”的演讲，在这篇演讲中罗瑞发对数字力量促进的时代发展进行了四方面的清晰分析，阐明数字力量对我国市场带来的整体改变。

罗瑞发认为，这四个方面主要表现在：

(一) 新基建

新基建是大变革下新格局和发展方向，目前形成以国内大循环为主体、国际国内双循环相互促进的发展新格局。中国在经济全球化阶段，实际上需要做到三点：①依托新基建构筑新基点；②凭借国产化连接断点；③利用新消费打通堵点。

把握大变局的战略机遇，以新基建引领第四次工业革命。回溯整个工业革命，第一次工业革命以蒸汽机为核心，第二次以电气化为核心，第三次是电子信息。而新一轮的科技革命，实际上过渡到人工智能和大数据。

新基建正当时，构筑新格局。国家发改委将新基建分为 3 个大类：①信息基础设施；②融合基础设施；③创新基础设施。

新基建的本质是数字化，不确定的变局，确定的数字化的转型升级趋势。进入到数字化的转型升级阶段，围绕数字化来重构整个社会，构建更加开放、共享、科学、精准治理、集约高效发展的新时代特征。

新基建以数字化重构智能社会生产、生活模式。从传统的物理社会，到新的以数字化、数据化为中心的信息和数据时代，云—管—端边覆盖了数字化、虚拟化并最终走向数字孪生的新时代。

(二) 新交通

交通进入新的发展阶段，数字交通是未来交通发展的趋势和关键。为什么说越是在经济下行的周期里，越需要基础设施先行，越需要从战略性和先导性来启动投资？《交通强国建设纲要》中提到，新交通关乎整个社会的生产、流通、消费、人民生活，也关乎整个国家综合国力的提升、产业转型升级等。

新交通、新基建应运而生，用新基建来赋能新交通。新基建为数字交通提供了一个底层的数字基座，新基建为新交通提供了新动能基础，成为智慧社会的重要承载和依托。

“因数而驱”，数字交通将开启交通数字化转型的新时代。传统交通是物理世界，数字化以后的一个虚拟空间，物理空间通过数据的映射虚拟空间，虚拟空间赋能物理空间。如此一来，未来的数字交通由一条以数据为的主线，以及三个体系组成。三个体系分别是数字化采集体系；网络化传输体系；智能化应用体系。

（三）新愿景

宏观层，新交通助力实现产业和消费双升级。新基建是国家层面，包括国家发改委明确定义的主要核心产业组成，包括5G、人工智能、大数据中心、卫星等。实际上通过新基建的底座，来给供应链、生产制造、流通、消费提供升级支撑和基础。

智慧交通的产业层，最终的目标会形成天地一体的数字交通控制网。构成全要素和全周期的数字化，实现MaaS服务平台新愿景落地。

产业层，从ETC到V2X，构建智能网联新生态。而当前的ETC具有几个主要特征和属性：①精准识别；②自带安全支付；③ 2.2亿用户的庞大群体基础；④车、人、路连接通道。

以ETC为起点，从能力线和场景线两个维度出发，全面布局ETC＋、ETC–X和5G– V2X，打造聪明的车＋智慧的路，实现“让交通更智慧”，拓展车域、路域、场域、城域的多个应用场景，实现“让生活更简单”，助力智能网联基础设施、智能网联汽车、智能网联交通系统以及MaaS平台服务的生态构建。

传统的道路变成智能网联基础设施，车和路共同组成道路运输系统，构筑新的智能网联道路交通系统，为5G环境下的MaaS而服务。

横轴是场景扩充，称之为“ETC+”。ETC+路域、场域、车域、城域，由后装转向前装，由前装再转向智能网联型的前装。路域，由传统的ETC走向自由流的ETC，自由流的ETC走向智慧公路。ETC可走下高速公路，做加油、停车、充电、场站管理。城域，ETC 可做交通管理、城市管理。

ETC+，让生活更加简单,ETC 和北斗 /GPS、激光 / 毫米波雷达、V-box、LTE/5G 能力相融合，打造更智慧的车。路端的技术融合指的是其跟边缘计算、云计算、视频、人工智能、大数据、区块链及数字孪生等新技术进行融合，走向智慧的路，这就是未来的智慧基础设施。

（四）新动能

新基建是手段，新动能是目标。如何从新基建的手段，跨越到新动能的目标，需要新探索和新思路。

发挥新基建的科技禀赋优势，强化新技术为交通赋能，推动新技术在交通领域的应用，为交通数字化提供底层支撑。如 5G、大数据、人工智能、区块链、数字孪生等的新技术给新基建夯实了一个底座，新基建最后以应用来牵引。

数字交通将新一代信息技术、新基建与交通深度融合发展，瞄准人、车、物的个性化交通需求，构建一个“全对象、全过程、全覆盖”的可持续未来交通新场景。人的出行和物的流动，从仓到仓，将产生一体化、无断链出行，包括及时配送、无人机、无人车等新型物流方式，包括共享出行、智慧停车、共享和绿色停车等等。

众多新服务应运而生，这些服务包括 MaaS 出行、干线连接、城乡连接、仓配一体物流服务、一体化政务服务、新交通管理等，未来出行将根需求匹配柔性运输的组织方式更加有弹性、更加灵活、更加人性化、更加科技化。

同时，新资本也是必不可少。老路走不到新地方，在资本环境的配置、资本体系的构建、资本方式等方面，要全方位注入新要素，打通新模式。

在新模式方面，整个商业模式、生产运营、市场形态、价值形态、组织方式、创新体系等，都有了新改变。特别是中台产生，其实是基于平台里的中台，中台再赋能和驱动前台，包括数据中台、业务中台、算法中台，中台让生产、工艺和消费端口的模式都产生了很多新变化。

数字交通和各行各业融合的发展，让它从生产和消费、从线下到线上，不断打破新界限，催生新零售、新金融、新科技等新业态的不断渗透融合及涌现。传统产业链是链式的，数字交通驱动下的新业态会变成网络式、平台化的，变成以数据为支撑和赋能的紧密相连共生网络。

总而言之，智慧交通从 2.0 开始展望到 3.0。引用阿玛拉定律：人类往往高估了近期，却低估了远期。这一轮新技术革命和新基建赋能的驱动之下，我觉得新基建真正产生新动能，需要三年的时间。但如果放到十年周期来看，走了十年的路，我们回过头来看，将来整个国家的产业升级、消费升级，会悄然之间越过千里之路，抵达新的“诗和远方”了。

从这篇演讲中不难看出，数字力量对我国各行各业的促进是一种由下至上的改善。数字力量改善我国新基建的发展，让我国的生产运营、市场形态、科技创新具备雄厚的基础实力。同时，也让我国交通实现了产业和消费的双升级。

对比交通发达国家的发展水平，产业和消费双升级正是交通发展的主要目标。交通运输行业的智慧性升级一方面是提升了大众出行、运输体验；另一方面是促进经济社会发展，两者缺一不可。数字力量对交通运输做出的每一种改善都围绕着这两个方向。

例如，近年来我国不断加大交通数字基建的建设力度，令交通基础设施具备科技优势，强化了数字技术、信息技术对交通运输的赋能。这种发展方式带来的直接结果是大众出行效率、出行安全保障的提升，是城市的智能化升级，是经济的联动高效发展。

另外，数字力量联通了人、车、路、环境的整体需求，构建可视、可控、可以预测的交通运输场景，无数交通创新应运而生，我国城市紧密度、人口紧密度大幅提高，这些成果全部是数字技术与交通运输结合的成果。

另外，从罗瑞发的“新基建背景下的数字交通新动能”演讲中可以看出，数字交通在未来很长一段时间内都会保持主导地位，交通发展将不断量化，交通数据将更加重要，未来我国交通的灵活性、人性化、科技化等特点都将通过数据处理的方式诞生，这将成为数字交通最大的发展特点。

一、交通大数据采集技术

总体而言，我国交通运输网络的感知能力在数字孪生的带动下获得大幅发展。各类传感设备、智能终端开始大幅铺设，我国铁路、公路、航空、水路的交通数据采集范围、深度得到全面加强，这为数字孪生的仿真建模提供了基础支撑。

在数字孪生技术的应用过程中，交通大数据采集技术也得到多次升级。其中包括移动终端采集方式的升级、交通实时数据传输方式的升级、交通基础设施数据的更新，这些数据采集技术的升级为我国交通整体的数字化发展奠定了基础实力，也支撑我国建立了更全面、更细致的交通数字模型。

相比传统的交通发展模式，交通大数据采集技术的发展更像是一种交通建设，不过这种建设是虚拟空间的基础建设。通过这种数据建设更多新型数字技术得以代替传统交通科技。比如传统交通安全保障措施的升级主要依靠经验总结与事故分析，而大数据建模则带来全要素的仿真预测，提升预测准确度，健全交通安全保障措施。所以，交通大数据采集技术可以被视为数字时代赋予交通运输领域的基础发展动能。

二、交通大数据挖掘技术

很多人认为数字孪生技术最大的作用是数据分析应用，事实上数字孪生最大作用是挖掘数据价值，促进行业发展。比如我国交通运输行业的智能升级策略大多数源于数字孪生的促进，这是数字孪生基于各种交通数据进行联合分析、优化、仿真推演的结果，它为交通数据发挥更大价值提供更多可能，也全面体现了交通数据之间的联动关系。

目前，数字孪生技术已经将数据挖掘能力体现到交通服务领域。比如导航技术的升级便基于交通数据的分析与优化，在全面的交通数据支撑下，导航技术的智能性、便捷性才能够不断提升。相信在不久的未来，我国导航服务水平也可以达到交通发达国家水平，道路车辆平均时速、附近停车信息、最优出行时段等信息可以全面显示。

三、交通大数据融合技术

数字时代来临后，我国交通运输行业与其他行业的融合性开始不断提高，这也是数字孪生深度挖掘交通数据价值带来的结果。目前，我国各地交通运输行业都开始与其他行业关联整合发展，以求获取更多的发展成果，不过这一过程中数字技术需要解决一个重要问题，这便是交通数据与其他行业数据的有效融合。

早在2015年，美国、日本、德国等交通发达国家便开始这一交通领域的发展。比如美国交通与通信服务行业的融合发展，既提升了交通服务水平，又扩展了通信行业的市场范围；日本交通与汽车生产行业的融合，既提升了交通安全保障，又增强了汽车行业的市场竞争力。这些优质的融合案例带给我国交通运输行业更多企业，也推动我国交通大数据融合技术的发展。

交通数据其他行业的共享融合需要确保我国交通发展的安全性，在确保数字交通系统安全的前提下，交通运输行业方可以发展跨行业的多源异构数据处理技术，构建多源异构数据共享平台，增强数据间的传输交互。

另外，交通数据与其他行业的共享融合还需要带来双向促进效果。例如，我国导航技术的发展正是基于交通服务数据的分析与优化，而导航技术又提升着我国交通运行的效率，这种双向促进便是数据融合的效果。

2020年，我国交通运输部印发的《数字交通发展规划纲要》中也明确指出，我国将构建数字化的采集体系，并以推动交通基础设施全要素、全周期数字化，布局重要节点的全方位交通感知网络，推动载运工具、作业装备智能化为发展重点；构建智能化的应用体系，以打造数字化出行助手、推动物流全程数字化、推动行业治理现代化为发展重点。

这些发展目标的实现，也需要我国交通数据具备较强的融合性，从而推动交通运输行业与其他行业的经济融合，这不仅是交通运输行业的发展趋势，也是我国经济发展的重要途径。

未来发展中，数字力量将赋予我国交通发展更多动能，数字技术、交通数据的价值也将无限放大，交通数据之间的碰撞、交通数据与其他行业数据的碰撞将为我国的交通强国目标带来更多帮助。

第三节　交通数字化与运输全球化

纵观全球各国交通运输行业的发展历程，多以运输能力为主要标志。运输能力的增长代表着交通行业的进步。数字时代来临之后，这一发展模式依然没有改变，数字技术促进我国交通智慧性发展的同时也提升着我国的运力，以交通能力的发展为我国带来科技的创新和社会生产力的提高，让我国经济、政治、文化的发展保持高效同步。

在数字力量促进全球经济发展的过程中，各国运力的整体提升令世界各国之间的经济贸易、人员货物来往更加密切，且彼此依赖度不断加深，这代表我国交通运输必须紧跟世界经济发展的步伐，才能够保持国际贸易的有效链接。纵观世界交通发达国家运输全球化的发展模式，结合我国交通智能化发展的现状，可以总结出我国运输全球化的数字路径主要有两条。

一是通过数字力量消除我国与其他国家的运输行业的不平衡发展，增强我国交通与其他国家的相互影响。目前，世界各国的交通运输能力差距比较明显，交通发达国家的经济运营能力表现得更为突出。截至 2021 年，我国交通运输能力已经逐渐升级到世界前列，但运输效率依然有待提升，导致我国经济全球化的进程受到限制。从交通发达国家的运输全球化的进程中可以看出，运输全球化的前提是国内交通的畅通化、立体化，提升不同交通方式的切换效率，延伸交通网络对偏远地区的覆盖范围，则可以有效带动国民经济发展。换而言之，只有打破国内交通运输不平衡的状态，才能够实现国际交通运输的平衡。所以，在数字力量促进我国交通运输行业发展的过程中，要着重打造高效、畅通的交通运输网络，以此提升我国交通运输全球化的发展速度。

二是以国家利益为主导发展交通运输行业。我国交通运输的整体布局当以国家利益为主导，以促进我国经济发展为目标。这需要我国交通运输行业遵循以下几种发展模式。

（1）在运输行业广泛运用数字技术、新一代信息技术，加强原有运输系统的信息化、智能化改造，提升交通运输装备的现代化水平，科学决策交通运输管理方式。

（2）提高我国各地区的运输效率，确保我国综合立体交通网路可以承担高速和专业化的运输任务。目前，我国高铁、大型运输设备的大力发展便是提升各个地区运输效率的重要表现。

（3）强化各运输部门的分工协作，利用数字力量对各类运输资源进行整合重组，引导我国运输系统向多样化、一体化方向发展。运输部门的分工协作、整合重组与交通体系的整体升级不同，运输部门的分工协作注重运输方式的有机结合，运输模式的布局合理，以及运输方式的畅联贯通，通过这些方式运输部门的协作才能够表现出经济性，才能提升价值。

通过运输部门的协调和协同，我国运输效率和社会整体经济效益都会得到提升，这也是我国许多重要交通工程建设的初衷。

一、运输数字化的发展特征

我国交通的数字化发展是解决运输全球化各类难题的主要方式，伴随着交通数字化发展的进程我国运输能力也在不断提升。不过单纯将交通运输行业与数字技术融合并不能称为数字化发展，只有将数字技术全面、深度应用到交通运输领域当中，才能够确保交通运输行业进入数字化发展阶段。正如我国《数字交通发展规划纲要》提到，数字交通当“构建智能化的应用体系”，这些应用体系的完整构建便是运输数字化发展的主要特征。

（一）建立数字化管理的仓储体系

在数字技术促进交通运输发展过程中，运输行业的数字化转变应先从仓储管理体系的数字化升级开始。利用数字技术优化入库、在库和出库环节，并实现仓储管理的货物信息自动识别分类、智能分拣调配、机械化仓储装卸、智能监控、智能运维管理，具备这些数字化特点，则代表仓储行业进入了数字化发展阶段。

（二）建立数字化运输管理体系

数字化运输管理不仅表现为交通道路的数字化管理，还包括运输过程中的路线智能规划、车辆智能匹配、在途运输状态实时感知。在数字技术、互联网技术、人工智能技术的结合下，逐步提升我国交通运输行业的运输能力，提升运输货物在匹配、运输、检测、仓储环节的智慧性，这便是运输管理的数字化发展。

（三）建立数字化运力管理体系

随着数字技术对我国交通运输行业的促进，我国交通运力也在不断提升。对交通运力进行数字化管理也是运输行业数字化发展的重要特征。例如，建立运输车辆、运输工作人员的资源管理库，通过线上运营规范运输过程，提升运输效率，增强运输过程中车辆调配、人员搭配的准确度，这些方式都是交通运力数字化管理的主要特征。

（四）建立数字化的运输服务体系

运输服务主要包括供应链构建、交易结算系统的建立，以及运输市场服务等。打造数字化运输服务体系是指利用数字技术对市场服务标准、服务质量、服务流程进行标准化管控，同时建立数字化供应链，提升交易结算的便捷性与高效性，引导运输服务进行整体数字化转型。

交通运输的数字化发展增强着我国的基础实力，我国交通运输行业相关人士应当思考数字环境下运输行业发展的新思路，结合我国运输市场广阔、庞大的特点，寻找突破性发展方式，带动我国经济全面增长。

二、世界交通融合发展的未来趋势

目前，我国交通在数字化、智能化发展的进程中提升自身可融合的属性，在数字模型的引导下各地交通开始有效连接，一体化发展成了我国交通运输行业的一大趋势。

例如，2016 年国家交通运输部联合国家发改委编制发布了《京津冀协同发展交通一体化规划》，2020 年，国家发改委又发布了《长江三角洲地区交通运输更高质量一体化发展规划》，2021 年，河南省印发了《郑州都市圈交通一体化发展规划（2020—2035 年)》，种种迹象表明我国交通已经逐步完成区域融合，整体发展也呈现出全面化、一体化的特点。

事实上，交通一体化发展不只是我国交通发展的主要模式，在数字力量的促进下全球交通都在进行着融合发展。例如，随着数字技术的应用，欧洲多国交通网络已经从公路互联为主导，发展为公路、铁路、航空、内陆河道的全方位立体互联，通过这种交通连接方式，欧洲各国的紧密性不断提升，欧洲的交通数字网络也越发健全。同时，欧洲各国针对交通融合发展的趋势发布各种扶持政策，确保了经济节点的有效链接，这样让欧洲各国的可持续发展实力不断提升。

世界交通融合发展的主要目的为促进彼此的经济发展，增强全球资源的有效调配。在各国交通进入数字化发展时期后，这一方向没有受到丝毫影响，未来发展中我国交通运输行业也会注重这一方向的发展，并从三方面增强交通运输行业的融合力。

（一）提升交通运输效率

我国交通运输行业与全球交通融合，并取得良好发展的重要前提是拥有超强的交通运输效率，以此确保我国交通运输在融入世界交通的过程中保持良好的主要地位，表现出较高的经济价值。

（二）承担国际交通整体发展的责任

根据国际交通的各项标准进行交通运输发展的适当调节，在增强彼此融合有效性的同时，主动承担国际交通整体发展的责任。例如，为达成良好合作关系，提升合作国家的经济贸易效率，调整国际航空运输方案，或给予更多政策扶持，确保国际交通连接的高效性。

（三）促进我国经济的整体发展

利用我国交通运输行业的整体实力在国际市场开拓更多发展空间，促进我国经济的整体发展。比如通过我国交通运力优势增强国际贸易竞争力，增强我国经济与世界经济的融合，以交通运输优势带动更多行业的国际发展。

本章小结

数字孪生技术不仅引领全球交通运输行业进入飞速发展阶段，更在各个领域、各个层面带动交通运输的社会效应与经济效应。总体而言，数字孪生为当代交通开创了一个新时代，在这个时代中数字化代表着高端、经济与强大。

第十章　数字孪生提质交通基建智慧化发展

纵观我国基于数字孪生进行的交通发展规划与建设，车路协同、智慧高速、全网感知等成果全方位凸显，数字孪生在提质交通智慧性发展的过程中取得突破性进展。但细看数字孪生在我国交通各领域的落地方式，无一不是提升交通基建的智慧属性，通过交通基建的数字改善，数字孪生实现我国交通在数字空间与现实世界的实时交互。

第一节　数字孪生在交通基建领域的应用

自我国先后发布《交通强国建设纲要》《国家综合立体交通网规划纲要》《交通运输部关于推动交通运输领域新型基础设施建设的指导意见》，以及“十四五”期间数字交通发展的相关要求后，我国交通基础建设便走上数字化转型、智能化升级的道路，在这一过程中，数字孪生技术充分发挥自身价值，促进我国交通基建的高质量发展。

国务院 2021 年 9 月发布的《交通运输领域新型基础设施建设行动方案(2021—2025 年)》中明确显示，我国交通运输领域新型基础建设的主要内容分为七点：①智慧公路建设；②智慧航道建设；③智慧港口建设；④智慧枢纽建设；⑤交通信息基础设施建设；⑥交通创新基础设施建设；⑦标准规范完善。

在我国交通运输领域的这七种基础设施建设中，数字孪生技术体现了自身价值，并提升了建设成果。

一、智慧公路建设

数字孪生仿真特性直接升级了我国智慧公路的运维管理水平，并引导交通运输部门进行感知设备的大范围铺设，增强公路疾驰设施的实时监测能力与预警能力，从而实现了公路感知、公路基础设施养护的同步智能管理。

例如，我国近年来开展的跨海大桥、特长隧道等交通工程中，交通基建中包含大量感知设备，跨海大桥、特长隧道均具备良好的感知能力，对结构灾害、机电故障、交通事故等情况的监测预警更为及时，且在发生这一状况时可以智能管控，实施处置。

二、智慧航道建设

数字孪生技术在智慧航道建设中提升了航道运行的保障能力。在数字基建的铺设过程中，航道、海事、水运数据得到全面收集处理，进而完善航道检测能力与维护的智能化水平。

例如，数字孪生技术可以实时检测船只的航行状态，了解航行过程中的船只动作，其中包括船只污染物的接收与管理，确保了我国航道的可持续发展。

另外，数字孪生技术还提升我国航道的综合服务能力，在数字孪生与被动导航的融合下，我国建设了多个适应智能船舶停靠、转运的岸基设施，增强了智能船舶的综合服务能力，推动了航道整体的智能调度、自动控制，让我国航道的智慧性得到升级。

三、智慧港口建设

数字孪生在智慧港口建设过程中主要用于提升港口的自动化水平。通过数字孪生技术的应用，我国智慧港口加快自动化集装箱码头的建设改造效率，加强大型货物装运设备的智能性。在虚拟模型的支撑下，我国智慧港口也实现了建设养护的全生命周期数字化管理，实现了基础设施的智能化建设。

数字孪生技术同时推动我国智慧港口的智慧物流行业的发展，通过交通数据与物流运输行业数据的融合，数字孪生技术实现港口物流运输与交通资源的协调性，提高物流运输行业的便捷性，并实现物流运输的全程可检测、全程可管控。

四、智慧枢纽建设

交通枢纽的基础建设过程中，数字孪生提升了枢纽基建的智慧特点。首先，数字孪生技术以客运需求为基础完善交通枢纽的数字化升级，大范围推广应用智能安检设备、电子销售系统、防疫管控系统等，并加强交通枢纽的客流自动识别、环境监测能力。

另外，数字孪生技术通过交通枢纽数字模型的构建，推动城市公交、城市轨道交通、铁路、航空等多种交通方式的高效互联，打造综合立体的城市交通网，令交通枢纽发挥了更大作用。数字孪生还增强了交通枢纽的货运能力。通过智能安检、装卸设备提升物流运输效率，并升级物流园、物流站、物流平台的智能性，实现多种运输方式智能匹配，并提供了物流信息的全程监测服务。

五、交通信息基础设施建设

数字孪生促使我国大数据行业蓬勃发展，并结合大数据技术、人工智能技术为我国交通运输管理部门打造了“智慧大脑”。我国综合交通运输信息平台的智慧性也因数字孪生技术越发凸显。取得这一发展效果是因为数字孪生技术通过数据建模、仿真推演深度挖掘交通运输数据的价值，加强了各级交通运输平台的连接。

在我国交通运输平台与5G技术结合过程中，数字孪生技术又优化了数据传输设备在交通关键路段、重要交通枢纽、重要港口等地区的铺设方案，推动我国车联网、船联网具备泛在感知的能力。

数字孪生技术还延伸我国被动导航技术的开发领域，在交通运输高精度导航定位基础上，提供了智慧化服务，提升了智能搜救、智能处理险情的能力。

六、交通创新基础设施建设

数字孪生技术在我国重要创新性交通运输基础建设工程中发挥了重大作用，各种创新技术在交通基础设施中的应用效果大多通过数字孪生建模仿真展现，这种方式不仅提升创新技术的应用效果，更大幅节省了我国交通创新基础设施的实验成本。目前我国自动驾驶、智能航运、智能交管等交通科技开发中，都深度结合了数字孪生技术，且应用效果十分突出。

另外，数字孪生技术与其他新兴科技的融合还增强了我国交通基础建设的创新能力，推动我国智慧物流、智慧城市的健康发展，充分展现了数字力量的应用价值。

七、标准规范完善

我国大部分重要交通工程、重点交通设施建设的规范标准都与数字孪生有关。在数字孪生的仿真建模下，各项交通工程的建设效果、建设措施、实施方案可以直观展现，根据仿真模型的可视化效果，工程建设部门可以制定各种建设规范、建设标准。例如，华为公司打造的智慧仓库便是以数字孪生技术为核心建设完成，智慧仓库的建设标准、运营标准、管理标准也是根据数字模型制定。

相信在未来发展中，我国智慧公路、智慧港口、智慧枢纽、智慧交管等交通科技工程的建设指南、建设规范都将诞生于数字孪生构建的数字模型当中，我国交通科技工程的建设速度、建设成果也将随之提升。

第二节　数字孪生助力新基建全面发展

国务院发布《交通运输领域新型基础设施建设行动方案（2021—2025年）》中明确提出“立足新发展阶段，贯彻新发展理念，构建新发展格局，以推动交通运输高质量发展为主题，以加快建设交通强国为总目标，坚持创新驱动、智慧发展，以数字化、网络化、智能化为主线，组织推动一批交通新基建重点工程，打造有影响力的交通新基建样板，营造创新发展环境，以点带面推动新基建发展，促进交通运输提效能、扩功能、增动能，不断增强人民群众获得感、幸福感、安全感”。可见，未来我国交通新基建是全面性、智慧性的民生工程，并且应用前景广阔，对我国实现强国目标有着深远的影响。

2020 年之后，数字孪生开始在我国多个智慧领域展现风采，这一数字科技也被越来越多的行业认知、青睐。全球领先的专业服务机构德勤公司更是在《德勤 2020 技术趋势报告》中将数字孪生评为“五个可能在短期内引发颠覆性变革的关键新兴趋势”之一。这一技术迅速引发了各个行业数字化变革的浪潮。

纵观我国当前各行各业智能化发展形势，数字孪生与我国新基建的融入更深，在智慧城市、智慧交通、智慧工业等重大工程当中随处可见数字孪生的身影。基于这一现状，笔者清晰梳理了数字孪生在助力我国新基建全面发展的主要方式。

一、智慧系统建设

在数字孪生技术的促进下，我国各领域的运营系统、信息平台开始凸显智慧性，这主要体现为数字孪生的仿真应用，以及与其他新兴科技的有效融合。

（一）数字孪生可以构建智慧城市的数字模型

数字孪生技术与5G技术、大数据技术融合之后，通过对城市物理实体的数据收集，可以在虚拟空间完成仿真建模，并且可以对虚拟模型进行细节模拟，之后收集模拟得出优化数据，反馈到智慧城市的假设过程中。

这种智慧城市的数字建模对于新基建有多种促进作用。

(1) 新基建选址最佳化。智慧城市的虚拟模型可以无成本地调整各类基建的选址，之后进行仿真测试，确保新基建选址符合智慧城市发展所需。比如城市5G基站的铺设便可以通过虚拟模型得到最佳布局，从功能性与经济性两方面得到最优解。

(2) 智慧城市新基建的建设效益可以最大化。在虚拟模型中，智慧城市基建工程可以进行各种动态模拟,在物联网设备的辅助下可以实现逐一仿真。针对仿真效果进行新基建的持续优化,最终将优化方案反馈到现实世界,并进行新基建的资源配置优化,这种方式及既提升新基建的建设效果,又节约实验成本。

(3) 运营管理效果最大化。数字孪生技术不仅可以运用在智慧城市新基建的建设过程中，后续运营管理也可以发挥重要作用。数字孪生具有虚拟模型的描述、诊断功能，还可以根据模型预演预测发展，提供决策依据，这些数据都可以反馈到现实世界当中，提升新基建的运营管理。比如我国智慧高速基础设施的保养维护工作，便是在数字孪生技术分析下进行的系统性安排。另外，数字孪生的仿真模拟还具有数据可视化的特点，在直观的虚拟模型面前智慧城市的部署、管理更加有效。

（二）数字孪生还可以与人工智能进行融合

数字孪生与人工智能构建的数字平台不仅可以将物理实体的真实状况在数字空间实时模拟，还可以令虚拟模型具备自我学习能力，对即将发生的状况进行推测预演。

目前，我国很多领域新基建的研发、建设都运用了数字孪生与人工智能的结合，并不断改进人工智能的算法模型，让数字孪生构建的虚拟模型更加智能，应用范围更加广泛。

（三）数字孪生技术还可以与工业互联网技术融合

德国工业 4.0 的架构中，明确提出了数字孪生是工业互联网落地的主要方式，并可以令工业互联网发挥更大作用。从原理上分析，工业互联网通过对工业设备的网络连接，全方位收集各类工业数据，在通过固定的算法模型对工业发展进行深度分析，最终得出工业运营的实际情况，得出工业发展的优化方案。

数字孪生技术可以在这一过程中不断提升工业互联网的应用效果。

（1）工业管理。数字孪生技术可以通过工业数据对工业生产环境、操作人员、设备、车辆等各种情况进行真实建模仿真，在根据各种工业元素之间的关系、动态进行仿真预演，最终得出更加合理的管理模式。

（2）生产管理。数字孪生技术可以用到工业研发、设计、生产、制造的各个环节。结合大数据、人工智能技术针对市场需求进行数据采集和筛选，根据采集筛选结果进行数据建模，之后在对虚拟模型的性能进行评估优化，则可以设计研发出更符合市场所需的产品。这种虚拟空间的全闭环研发需要前期采集、筛选大量数据，但花费的时间成本和资金远低于传统设计研发方式。

数字孪生可以对工业生产线进行仿真建模，通过与工业互联网技术的集合，清楚感知生产设备的实际情况，提高生产线的安全性、可靠性，提升生产效率。在这一基础上，数字孪生还可以与人工智能技术再结合，进而提升工业生产线的自我学习、自我升级能力。

总体而言，数字孪生在各领域智慧系统、信息平台的建设中发挥了重要作用，不仅加速了各领域的基建建设速度，更提升了建设效果，使各种运营系统、信息平台实现效益最大化，完成数字化、智能化升级。

二、能源领域的智能建设

数字孪生技术在我国能源领域的基础建设中也发挥了重要作用，它不仅提升能源基础建设的安全性，更增强能源建设的合理布局。

例如，数字孪生在特高压建设中构建虚拟电力系统，对输电线路和变电站进行仿真模拟，并在数字空间对各线路、站点的最大输电效率进行仿真测试，从中分析出了特高压建设的最佳方案。

又例如，随着我国新能源汽车的高速发展，新能源充电站成了智慧城市新基建的重点项目。数字孪生通过城市的建模仿真，结合新能源汽车运行、保有量数据、交通路网数据，可以得出城市新能源充电站的最佳布局，确保新能源事业在智慧城市建设中的良好发展。

三、交通运输领域的智慧建设

数字孪生在交通运输领域新基建中应用最为广泛，且贯穿了交通新基建设计、建设、维护管理的全生命周期。

例如，我国交通桥梁、隧道、轨道、枢纽等工程的建设中，传感设备、监控设备与基础设施保持了同步铺设，其目的便是令交通新基建具备较强的感知能力，在数字孪生的仿真预演下，交通新基建的后续工作可以得到智能性优化，交通管理可以更加有效，交通路线可以更加通畅。

总体而言，从交通运输新基建的地质勘探阶段，数字孪生技术便可以通过建模仿真优化新基建的建设效果，而数字孪生可视化仿真的特点又为新基建提升了智慧性的可能。

第三节　数字孪生逐渐成为交通新基建主要技术支撑

在过去的几年中，我国交通运输行业的蓬勃发展主要受惠于交通科技的有效运用，这才保障了人民生活水平不断提升。在交通运输效率不断增长状态下，我国交通运输能力全面满足了社会发展所需。

不过随着我国交通运输行业逐渐从高速发展转变为高质量发展，交通科技的匹配度、高端性等要求开始快速提升，我国交通运输行业想要从基础设施开始实现新跨越，就必须定位到强大、关键的科技能力。

通过交通发达国家发展模式分析，结合我国交通数字化、智能化发展取得的成就，不难看出数字孪生将成为我国交通新基建的主要建设模式，并逐渐带动我国实现强国梦、复兴梦。

一、数字孪生推动我国智慧交通发展

虽然数字孪生技术最早诞生于航天领域，但如今已发展成各交通领域的核心力量。数字孪生全方位感知、计算、建模的能力实现了交通工程在虚拟空间的描述、预测、推演，更完成了虚拟空间决策与现实世界发展的实时交互，令我国交通运输行业的全生命周期得到了优化方案。

知名数字孪生公司北京五一视界创始人李熠曾表示，数字孪生的价值可以在过去、现在与未来三大维度体现。对于过去，数字孪生是一种沉淀数据，是各种数据分析的基础；对于现在，数字孪生是各种场景的全局感知，是各种系统的智能运控和实时调度；对于未来，数字孪生则是真实的模拟推演、仿真预测和辅助决策。这一观点充分展现了数字孪生在交通运输行业发展中的巨大价值。

在科技不断升级、革新的新时代中，数字孪生技术已经全面渗透到我国交通运输发展的各个领域。从宏观角度分析，数字孪生正优化我国交通运输的管理效果，正加速我国交通运输行业软件与硬件之间的联通，正扩大新基建的应用场景，正发挥智慧交通的实际效应。可见，数字孪生正推动我国智慧交通的全面发展。

二、数字孪生加速我国交通新基建

数字时代的特点是万物皆可数字化，数字孪生技术正是将物理实体数字化，再进入虚拟空间还原的通道。在我国交通新基建的建设中，数字孪生把新基建嵌入到我国交通运输网络的虚拟模型中，从宏观、中观、微观多角度模拟新基建的建设效果，进而让新基建产生交通运输发展的促进、补足、改善、升级作用。

目前，数字孪生技术加速我国交通新基建的效果主要体现在以下方面。

（一）交通显示装备

数字孪生技术自身也可以被视为交通运输领域的一种新基建，因为数字孪生构建的仿真平台可以视为新型的交通显示装备。基于真实交通数据的搜集，数字孪生技术以超精细、高性能的三维渲染技术构建了交通真实场景的虚拟模型。这一模型包含着交通基础设施信息、空间环境信息、城市建设信息、地理位置信息，所以这一模型也可以视为交通场景的真实、完整、详细还原。

另外，数字孪生还可以模拟交通环境的变化，比如光照、雨雾等环境变化可以在虚拟空间真实体现，这一交通场景的虚拟预演为各种交通管理决策提供了有力支撑。

（二）交通监测装备

数字孪生技术加速我国交通监测装备的发展速度，提升了交通运输网络的感知能力。

数字孪生的数据搜集主要通过感知设备获取。在数字孪生技术的带动下，我国交通新基建加大了传感设备、监测设备、数据传输设备的铺设，并结合人工智能技术、新一代信息技术提升这些设备的使用效果。

交通感知设备的大力铺设增强了我国交通运输的基础管控能力，提高了运维效果，也让我国交通运输数字化发展的速度不断加快。

（三）无人智能设备

为确保我国交通运输网络感知能力的提升，近年来我国还加大了无人智能设备的投入，无人机、智能信号灯、AI 识别、自动采集设备等开始全面嵌入到交通运输数据搜集网络当中。通过这些设备的加大投入使用，我国交通运输管理部门对人员、车辆、环境、道路的全要素数据掌握更加全面，交通网络画像、城市画像更加清晰。

另外，通过这些无人智能设备的数据收集，数字孪生加强了我国交通态势的可视化分析与决策，全面实现交通运输网络的实时感知、智能加测、提前预警、及时响应。

（四）车辆监管设备

我国交通运输领域的新基建还体现在特殊车辆的监管设备之上。通过对救护车、消防车等特殊车辆进行定位、监控设备的安装，我国交通管理部门、医疗部门、警务部门实现了对这些车辆的有效管控。

在数字孪生技术的辅助下，这些车辆与交通资源的结合更加有效。例如，在警务车辆执行任务过程中，交通管理部门可以根据交通运行情况提供最佳出行方案，并调控信号灯提高警务车辆的出行速度。

（五）智能预警设备

数字孪生技术的应用有效提升了我国交通预警设备的智能性。从宏观角度出发，数字孪生技术可以根据环境特点提供预警设备的最佳铺设方案；从微观角度出发，数字孪生通过仿真预演可以提升预警方案的防护效果，升级单独预警装备的智慧性。

（六）数据分析与管控平台

交通数据分析与管控平台是我国交通智能化发展的主要工具，在数字孪生的辅助下，交通数据分析与管控平台可以实现交通模型的多维度动态演示、地理信息结合演示、交通运营状态的实时交互。还可以实现跨领域的数据融合，深度挖掘数字价值，辅助交通管理部门进行科学、合理、智慧的决策。

三、数字孪生对交通新基建突破性发展的保障

数字孪生技术为我国交通新基建带来了突破性发展。为保障数字孪生技

术在交通运输领域的发展效果，2021 年 9 月，我国交通运输部发布的《交通运输领域新型基础设施建设行动方案（2021—2025 年）》中明确提到交通运输领域新型基础设施建设的“保障措施”。

（一）强化组织实施

部统筹交通新基建行动，完善工作机制，加强对省级交通运输主管部门各项行动落实情况的指导，每年开展一次阶段性评估，并结合规划政策要求，适时进行动态调整。各省级交通运输主管部门要高度重视，切实落实主体责任，加强组织协调，与交通强国试点相结合，加快推动重点工程建设，每年 12 月 10 日前将工作进展及重点工程实施情况报部。工程承担单位要落实具体责任，确保重点工程顺利实施、发挥实效。

（二）促进多元投入

部对符合“十四五”时期投资政策的项目予以统筹支持，发挥好政府投资的引导带动作用。各省级交通运输主管部门应积极争取地方财政对新基建项目予以优先支持。充分运用市场机制，多元化拓宽投融资渠道，吸引社会资本积极参与投资建设和运营服务，更好发挥市场对新基建产业发展的支持作用，强化风险防控机制建设。

（三）鼓励创新推广

按照包容审慎的原则，鼓励基于交通新基建的新业态新模式发展，鼓励产业链上下游协同攻关、融通合作，形成产学研协同创新格局。部发挥好典型引领作用，通过现场会议、经验交流、科技奖励等形式，总结推广重要成果和先进经验。

国家铁路局、中国民用航空局、国家邮政局根据职责，按照《交通运输部关于推动交通运输领域新型基础设施建设的指导意见》（交规划发〔2020〕75 号）和本行动方案有关要求，自行研究组织开展智能铁路、智慧民航、智慧邮政等领域相关工作。

2022年2月，我国交通明确提出扩大有效投资发展战略，其中主要内容针对智慧公路、智慧港口、智慧枢纽等交通运输新基建。为此，我国交通运输部印发了《关于积极扩大交通运输有效投资的通知》（以下简称《通知》）。

《通知》指出，各地、各单位要坚持稳中求进工作总基调，完整、准确、全面贯彻新发展理念，紧紧围绕“十四五”系列规划目标任务、重点工程等，适度超前开展基础设施投资，扎实做好扩大交通运输有效投资各项工作。要强力推进“十四五”规划项目落地实施，加快102项国家重大工程交通项目和“6轴7廊8通道”战略骨干通道项目建设，精准补齐国家综合立体交通网短板；要加强组织实施，深入推进交通强国建设试点任务，注重总结经验，形成可复制推广的制度、办法、成果；要提升前期工作质量和深度，推动规划内项目尽快启动前期工作，深化路线选址、建设方案、技术标准等主要建设内容论证，合理确定投资规模；要强化项目储备，建立项目清单，形成储备一批、开工一批、建设一批、竣工一批的良性循环；要加强监督管理，落实主体责任和监管责任，保证项目顺利实施。

《通知》还要求各地、各单位要切实做好资金土地等政策要素保障，充分发挥中央资金引导带动作用，创新投融资体制机制，加强与相关部门沟通协调，推动建立部际、省际、部省间重大项目协调推进机制，形成协同推进重大工程项目建设的工作合力。要加强风险防控，强化交通运输发展规划与资金保障协同机制，保障农民工工资和工程款及时支付；树牢安全发展理念，严格落实安全生产责任制，建立风险分级管控与隐患排查治理双重预防机制，以平安百年品质工程为引领，推进精品建造和精细管理，确保安全生产和工程质量。

本章小结

交通数字基建与数字孪生是相辅相成、相互促进的关系。数字孪生可以提升交通基建的数字化升级效果，数字基建又可以确保数字孪生发挥最大所用，由此可见，我国交通数字化、智能化发展的开端正是交通基建的数字化建设，只有完成数字基建的提质发展，才能实现综合立体交通网络的智慧化转变。

第十一章　透视智慧交通纹理，理清智慧交通脉络

人类数字化技术的发展，为智慧交通带来新的机遇和挑战，数字孪生技术更是为智慧交通事业开辟了新的透视窗口。通过梳理这一技术应用于交通管理的纹理脉络，全社会将对其发展未来看得更清晰、更全面。

第一节　数字孪生，未来交通新方向

数字孪生技术最大的特点，在于对实体对象的动态仿真。随着国内交通领域各类场景不断复杂化，人民群众对交通体系运行的安全性、稳定性、便利性要求越来越高，数字孪生为未来交通发展赋能的态势已成历史必然。

一、未来交通的数字克隆计划

交通与数字孪生的携手，更像是针对现实世界交通进行的一场盛大“克隆”活动。在“克隆”活动中，数字孪生技术将充分利用物理模型、传感器更新、运行历史等数据信息，从不同学科角度，对不同物理量、概率、尺度标准所描述的交通现象进行多维仿真。不仅如此，这一技术还会将之完全映

射到虚拟数字空间，体现交通系统的全周期过程。简单而言，未来交通发展的主要模式就是在先进设备或系统的基础上，创造出数字版本的交通系统克隆体。

交通系统创建于现实，而其数字孪生体则创建于信息化平台上。正因其对交通现实的“克隆”性质，才能对实现交通系统完成动态仿真，成为真正会“动”的信息系统。

数字孪生体的“动”并非自主发生，而是来自交通系统主体模型的组成部分，其中主要包括交通系统中各类本体上传感器反馈的数据，以及本体运行的历史数据。这意味着，交通系统中每一辆汽车、每一条公路的实时状态，以及相关外界环境条件的改变，都会还原到其数字“克隆体”身上。尤其当实体交通系统需要进行设计改动，或决策者需要了解评估交通系统在特殊环境下的具体变化，数据工程师即可在其数字克隆体上进行实验，以避免对实体交通系统的影响，同时提高决策效率、降低决策成本。

目前，在交通管控领域，技术界正积极运用数字孪生技术，对城市交通状况进行建构模拟，通过对城市交通的数字克隆体进行评估推演来优化实际交通管控的策略。利用交通数字克隆系统，技术人员能及时发现关键问题并作出处理，这正是交通数字克隆计划应用的重要场景。

例如，秋冬时节中，某地区高速公路部分路段频发团雾天气。此类天气现象难以准确及时预报，突发性强，能在短时间内造成能见度迅速降低，并很容易引发交通事故。当这些路段交通状况依托数字孪生技术，建立完成对应的数字克隆体后，技术人员就能在虚拟平台上利用动态感知数据进行实时监察和预测，以提前发现团雾可能带来的高风险情形。

随着技术发展，数字孪生仿真行为能力不断改善，预测算法精准度也在不断提升，交通数字克隆体还会有着越来越精彩的表现。专业人士利用交通克隆体甚至能一次性地演算出多个未来实际情形，形成对“平行交通世界”的预测。当然，由于交通场景日趋复杂，对数字孪生系统提出的要求也将越来越高，数字孪生技术将在更高要求下迅速发展成长。

二、用全局视野洞察未来交通动态

数字孪生与交通体系的结合，体现出全局性、实时性、双向性的技术特征。从诞生之日开始，数字孪生技术不断强化这些特征，人们正凭此深刻洞察未来交通发展趋势。

（一）数字孪生交通的全局性特征

全局性，是指数字孪生技术可以贯穿诸多行业的整个周期，包括设计、开发、制造、服务、维护等。数字孪生技术的这一特性使其不仅能很好地完成对管理的辅助性工作，也能帮助行业用户更好地使用产品。

智慧交通需要综合性使用各种技术，确保对交通系统内不同的静态和动态节点进行全面感知、计算和预测，以此对整个城市乃至地域的交通路况进行全局化管理。这一过程需要采集和使用大量数据进行分析，对分析结果进行综合分析后再传输到管理服务器以辅助决策。如果采用传统的技术手段，很难保证对大量数据采集的精准性、实时性和全面性，其过程难免会出现漏洞。而集成了数字孪生技术的智慧交通系统，犹如高清晰投影仪那样事无巨细地将每个细节投射到信息平台，可以充分适应智慧交通“一个大脑加多个协脑”的运作模式，发挥资源优势，避免决策过程中的浪费情形。

（二）数字孪生交通的实时性特征

实时性是交通系统运作的重要特点，数字孪生技术也具备针对性的服务优势。数字孪生技术的实时性特点表现为两种形式：一是实时主动服务；二是预测服务。前者主要表现为对现有问题事实主动上报分析，例如交通设施出现损坏需及时上报便于维修替换等。后者主要表现为根据现有数据提前预测可能出现的情况，这能更显著体现出智慧交通和传统交通的不同，即根据复杂多元的数字模型，提前预测未来可能出现的情形，从而将千百年来人类面对交通的被动应对姿态转变为提前管控的主动姿态。

数字孪生技术的实时性特征还体现为虚拟数字体与其本体之间的全面即

时联系。运用该技术将现实交通系统投射形成虚拟的交通系统后，本体和孪生体之间的关系就并非各自独立，而是具备一定实时联系，即现实交通的变化将会持续实时体现在虚拟交通系统上。

（三）数字孪生交通的双向性特征

双向，是指本体和孪生体之间的数据流动并非单一维度，而是相互流动的。数字孪生交通并非只有现实向虚拟投射，也并非只是由本体向孪生体系统输出数据，虚拟的孪生交通体系也可以通过技术手段向本体反馈信息。交通系统的相关监管者、参与者，都能通过数字孪生体反馈的信息进行问题预判和自动检查，并对本体采取预先管控行为以避免问题发生。

三、5G 技术全面赋能数字孪生智慧交通系统

数字孪生智慧交通系统的构建和应用过程中，5G 技术发挥着重要的赋能作用。

智慧交通系统中，物理主体与其数字孪生体之间，存在实时的海量数据交互。这一过程正如健康人体和外界环境之间的互动，各类感知与控制信息通过神经网络传入传出以维持人体的正常运转。同样，在智慧交通系统的数字孪生体中，通信网络发挥着不可替代的类似作用。

通常而言，同样是健康人，神经传输速度越快、神经末梢反应越灵敏、神经分布越广泛，人体的灵活性、敏捷性就越高。智慧交通的数字孪生体中，情形也同样如此。大量的交通应用场景考验着孪生体的“神经网络”，数据传输过程中的分布节点数量、可移动性、传输带宽、传输延时和损耗，都在考验“神经网络”的质量，并顺应社会交通发展趋势，衍生出越来越高的要求。

实际上，智慧交通数字孪生体的应用程度和通信网络的支撑程度之间，存在着相互促进和提升的密切关系。例如，智慧交通系统离不开生产、装备和实时控制无人驾驶汽车，这对通信网络的传输延时、带宽等要素提出了很

高要求。不仅如此，整个智慧交通数字孪生体也都是5G通信网络应用的重要场景。

（一）5G技术三大应用场景

5G即第五代通信技术。2015年9月，国际电信联盟（ITU）对这一技术的三大应用场景正式确认，分别是eMMB、uRLLC和mMTC。

增强型移动宽带（Enhance Mobile Broadband，简称eMMB），即目前使用的移动宽带升级版本，主要服务于移动互联网需求，强调网络的带宽和速率。

低延时高可靠通信（Ultra Reliable & Low Latency Communication，简称uRLLC），主要服务于物联网场景。除工业互联网外，这一场景与智慧交通系统结合最为深入，诸如车联网、无人机等，一旦延时较长，网络未能在极短时间内对数据做出响应，就很可能发生危害性事故。

海量物联网通信（Massive Machine Type Communication，简称mMTC），其主要运用于单位面积内的大量终端同时需要网络支持，例如智能路灯、交通信号灯、交通监控和交通传感器等。

（二）5G的全面赋能之路

在5G的三大应用场景中，有两个主要为物联网服务，5G技术也因此具备了为数字孪生智慧交通赋能的重要价值。

数字孪生智慧交通系统的建构基础，是海量物联网终端的双向通信、数据采集和操作控制，这是5G的mMTC应用所能满足的。数字孪生智慧交通系统的重要作用，是将虚拟交通系统中通过模拟、仿真而形成的结果与指令反馈并传输到真实交通系统中，其中也不可缺少uRLLC应用所提供的时效性和可靠性保障。此外，使用者为有效控制和使用数字孪生的虚拟交通系统，还需通过VR技术、图像识别技术、远程操控等方式进行人机交互，这离不开eMBB应用中大带宽网络传输的支持。

总之，5G的三大应用场景并非割裂地赋能于数字孪生智慧交通系统。作为真正意义上的融合通信网络，5G 这一先进网络技术，将在数字孪生智慧交通系统的不同分支应用场景下，积极进行动态切换和调整，实现持续赋能。

第二节　数字孪生与 5G 技术的深度结合

通信领域内有着不成文的“规律”，即每十年就会诞生新一代无线移动通信技术。但每次新一代“G”出现时，都需经过 3 年至 5 年的产业链完善阶段和产业融合发展阶段，随后才正式进入全社会能感知的革新应用阶段。例如 2G 带来短信业务，3G 带来智能手机应用，4G 带来直播、外卖、共享经济、新零售、线上教育等移动互联网新业态，都是传统业态与移动通信技术深度结合的产物。无独有偶，新一代智慧交通系统，将由 5G 技术、数字孪生与交通领域融合而产生。

一、5G 技术，数字孪生落地交通领域的强风口

5G 技术具备高带宽、低时延、广连接等特性，是交通行业高质量转型升级的重要推手。5G 技术助力交通行业数字化转型的落地需要基础设施、技术与数据等层面上的融合应用，同时需要行业之间的创新和协同。

数字孪生具备数字标识、同步可视、虚实互动、智能控制等技术优势，将为交通感知、道路预警、应急救援和智能驾驶等业务提供新方案和新路径，创设更加高效、便捷和安全的管理和服务方式。5G 技术则在其中扮演信息传递的推手角色并提供强大支持。

当然，5G 技术助力交通行业实现数字化转型，必须进行整体机制的创新。移动通信与交通出行本身关系密切，新的移动通信技术不仅能提升交通行业的运营效率，还能改变整个交通行业的经营模式和机制。当数字孪生落地交通领域时代到来，通信运营商的服务模式必须再次加以改变。通信运营商不能再像过去一样每天按照使用峰值来设定一个固定网络容量，而是需要

和应用企业共同实现智能化运营。

在政策支持和多方引导下，数字化升级改造深入整个交通行业，数字孪生相关技术的应用愈发繁多，交通发展迈入数字交通新阶段。

传统交通业态下，很多数据是图纸式的，在数据的共享和应用上，建设和运营等环节很难打通。智慧交通则是在原有的土木设施的基础上，增加一层数字化的基础设施。因此，交通行业的数字化转型进程，需要利用更普适的通信设备，借助通信技术更多的发展成就，而 5G 就是其中最好的选择。

二、5G 技术下，物理交通与数字交通如何高效交互

一直以来，通信和交通的发展都是密切相关的。数字交通发展并非空中楼阁，也不是将传统的信息化工作简单搬运到网上。正是在 5G 技术与数字孪生落地交通领域的融合风口下，车路协同、自动驾驶、智慧高速等新业态，衍生出物理与数字交通高效交互的发展新趋势。

数字孪生是 5G 技术的重要应用场景，也是交通领域发展的重要方向和必然趋势。2019 年 7 月，交通运输部印发《数字交通发展规划纲要》，明确提出了数字交通的建设方向，要建设“以数据为关键要素和核心驱动，促进物理和虚拟空间的交通运输活动不断融合、交互作用的现代交通运输体系”。“数字孪生”与纲要中的数字交通体系理念高度一致，这标志着我国智慧交通发展进入数字孪生时代。而物理交通与数字交通的高效交互，更缺少不了 5G 技术这一重要角色。

从物理层面到数字层面，5G 对智慧交通交互过程的赋能主要体现在如下方面。

（一）通信体系建设

在智慧交通领域，数字化的采集体系、网络化的传输体系、智能化的应用体系是不可或缺的。其中，5G 技术加持的车联网、卫星通信信息网络等应用，将更有效地完善通信信息网络，形成物理到数字层面融合互通的智慧

交通信息通信网络。

（二）智能移动空间

智慧交通之所以需要打通物理到数字层面，很大原因是为实现“出行即服务”的理念，以数据层面资源衔接实际出行的交通空间，在5G技术支持下，能打造出“互联网+”的便捷交通体系，发展定制公交、智能停车、智能公车、网络预约出租车、互联网租赁自行车等交通服务新业态。

（三）应用场景方面

智慧交通的各类场景中，包括安全系统、交通管理系统、车辆控制系统、出行需求系统、电子收费系统、营运管理系统、营运车辆运行系统、公共交通营运系统等不同类型系统的使用。无论具体应用场景如何，对数据信息的收集处理、发布交换和分析应用，都是智慧交通系统内物理和数字层面相互连通的关键所在。这需要充分利用5G技术，使之在车辆信息服务、交通动态仿真、交通流量调度等方面推进融合应用，促进智慧交通系统各类场景的大规模应用。

三、双效结合，5G技术支撑数字交通的多维动态映射

通信、导航、时空的一体化，是数字交通体系面向未来建设的重要抓手。5G与智慧交通的技术融合，将实现交通体系内万物互联和精准协同，以向社会提供高可靠的双效智慧交通服务。

随着5G技术在智慧交通中的深入应用，其优势在支撑数字交通方面展露无遗。首先，该技术能将虚拟现实、人工智能等科技充分融入数字交通运行中，让数字孪生智慧交通有了质的飞跃。其次，5G技术融入智慧交通运转前，智慧交通已依靠云计算、大数据分析有了一定进步，但数字孪生建设目标提出的技术要求越来越高，只有5G才能取代原有的部分落后信息技术，加快数字化、多元化的动态映射。

5G 技术支撑数字交通的多维动态映射，主要集中在如下几点。

（一）提高交通数据投射效率

智慧交通数字孪生体建设中，数据信息的收集和分析极为重要，其收集效率越高，投射效率就越高。5G 通信技术能利用不同高科技终端设备收集数据，有效提升交通数据投射效率，准确建构和管理智慧交通的数字孪生体。

例如，5G 技术能高效管理车路协同系统。车路协同系统要求信息技术能在 100 毫秒内进行信息处理工作，而 5G 技术凭借自身通信速度和衍生形成的云计算功能，足以完成这一任务，为车路协同工作实现提供了充分条件。又如，5G 技术能提高对交通状况管理的效率，依靠多样化的先进传感器，循序检测不同驾驶行为并搜集数据用于数字孪生体的建设。

（二）提升识别能力

数字交通管理体系建设中，对交通情况的识别能力极为关键，需要借助信息技术的强大分析能力。5G 技术能通过多种手段，对道路交通状况进行提前预测与实时分析，确保及时识别意外情况。此外，5G 技术也能通过超级物联网、智能视频等方式，准确判断交通过程中的异常状况，及时发现交通不安全因素。

（三）加快无人驾驶技术发展

智慧交通体系建设过程中，车联网基础上的无人驾驶技术只有通过 5G 技术参与，才能真正实现。5G 技术凭借其超高效率的数据采集能力，将海量数据传送到云端，由此破解无人驾驶的数据动态映射难题，加快了无人驾驶技术的发展。同样，5G 技术也由此帮助实现了对交通设施的精准化管理。

四、强效耦合，5G 技术加速数字孪生的成型应用

数字孪生智慧交通体系中，5G 技术充分发挥其优势，实现了交通大数

据的收集和监管，破解了智慧交通发展中的诸多难题，很大程度上加速推动数字孪生的成型应用，也推动着我国智慧交通发展。

（一）优化应用的普及与安全

5G 技术介入后，智慧交通运行更应注重交通设施与车辆、交通设施之间、交通设施与人之间的信息交互共享。想推动数字孪生智慧交通系统的全面发展，就要对各类应用加以积极优化，提高数字孪生智慧交通系统各方主体的参与性。此外，在信息共享化的当下，数字孪生智慧交通系统也会采集各类交通参与主体的信息，在采集和使用信息同时，系统也应注重保障参与主体的数据安全，做好相关保密工作，这也同样离不开 5G 技术发挥优势。

（二）完善交通网络协同体系

随着 5G 技术与智慧交通系统的深入融合，智慧交通的数字孪生体与 5G 技术的结合，也将进一步造就完善的协同体系。通过不断完善数字孪生体，提升服务质量，足以使智慧交通在 5G 技术支持下获得进一步优化。此外，由于智慧交通在技术和设施方面的复杂性，智慧交通数字孪生体需要获得更高性能的维护。通过 5G 技术的服务，智慧交通的顺利运行才能得到更大限度地保障。

（三）培养专业人才，加强基础设施建设

智慧交通系统的发展中，除了需要信息技术支持数字孪生体建设外，专业管理与研究团队的支持也必不可少。为落实专业性建设，就应努力迎合信息时代需求，在 5G 技术支持下，培养相关专业人才，提高智慧交通运行管理人员的专业能力，适应数字孪生系统的应用，推动智慧交通的发展。同时，5G 技术的应用也能反过来推动智慧交通相关基础建设，促进系统中信息计算设施设备的高效运行。

5G 技术信息容量高、带宽大、传输低延时而高效率，能充分耦合智慧交通建设，包括提高数据收集效率、促进无人驾驶技术发展、辅助智慧交通

系统运行。随着5G通信技术发展，必然能在智慧交通中发挥更大作用。

第三节　智慧交通的可视化管理

为了缓解传统交通体系的各种问题，现有交通管理体系采取了各种手段，例如建设信号控制、卡口监控、交通诱导等业务系统，一定程度上对问题加以缓解，但依然无法从整体上对交通系统形势进行综合掌控，也难以从根本上实现城市交通的智慧化管理。为此，智慧交通的可视化管理被提上议事日程。

一、可视化赋能，数字孪生构建智慧交通生态网

可视化，是指为了对数据深刻理解和洞察，对计算结果进行深入分析，将数字信息转变为直观的图像或图形信息呈现于专业人员面前，便于其观察计算和模拟过程。借助可视化手段，数字孪生系统将传递出传统方式无法直接观察到的交通现象，并提供可靠的管理和服务手段。

构建数字孪生智慧交通生态网过程中，可视化技术正发挥着越来越重要的作用。通过可视化技术应用，能全面提升交通参与主体和管理主体的协调、布局和监测能力。

例如，数字孪生系统构建完毕后，交通管理部门为利用该系统从多维度进行日常交通运行监测与协调管理，需将交通各业务系统高度集成融合。这一融合应充分利用数字孪生系统，实现多部门数据协同管理，提高交通管理和服务水平。这一切，都需要可视化综合管理平台来实现。

利用数字孪生技术，建立智慧交通大数据可视化平台，还能有效支持各交通管理业务系统，提供视频监控、智能卡口分析、交通运行状况监测、交通信号监控等功能。日常层面，该平台能有效实时监控道路交通状况，对日常交通进行可视化管理，也能帮助管理团队实时掌握交通监管勤务人员的动

态，便于及时调派。从整体层面看，还能帮助决策团队了解路网运行状况变化规律，为实施科学的规划设计提供数据支持。

当可视化技术充分参与交通基础设施的信息化管理时，数字孪生交通系统即可实现交通态势的分析研判，达到科学细化管理目的。不仅如此，可视化技术也能在更多方面支持数字孪生系统，构建智慧交通生态网。

数字孪生智慧交通系统的数据具备了大数据的海量、多样性、快速和高价值等特性。为充分运用这些特性，必须通过可视化赋能，将这些数据转换为人机交互精度高而可靠的可视化信息，进而展现其内部规律。

可视化技术对数字孪生智慧交通系统的赋能之路，主要有三种。

（一）静动态交互结合

在这种可视化赋能方式中，以用户为中心，将不断变化的交通数据流编辑为静态图表和动态交互内容，进行可视化分析，帮助用户做出交通业务相关决策。在静动态交互结合的视觉效果下，用户能拥有多个同步视图，并能直接选择特定数据点进行可视化分析。

（二）海量交通数据可视化

对海量交通数据进行可视化分析，能呈现交通数据结果，体现数据在全局和部分层面之间的关系，体现不同层面数据的重要程度，兼顾交互层次感和时间维度的动态展示，挖掘出海量数据内部的规律。

（三）多维交通数据可视化

海量数据环境中，多维交通数据流的层次性、复杂性和深度也随之增大。为此，相关机构需要研究通过可视化技术来清晰标识数据的特性，展现数据的分布情况，帮助用户从多维度中选择正确参数，减少对决策结果的误导。

采用高效的可视化技术，能改善数字孪生智慧交通的用户体验，提高数据流分析效率和准确性。

二、推进新基建，兼备仿真性，构建立体性交通地图

今天，新基建已成时代浪潮，日新月异的交通变化、不断更迭的行业业务，被潮水般奔涌的数据记录下来，不断流动，形成数字孪生系统而反作用于现实社会。其中，具有强大视觉仿真性和海量空间基础数据的立体性交通地图，是新基建得以持续进行的重要因素。

数字化交通无疑是我国新基建的重要组成部分，而其本身也需要自己的“基础建设”，需要底部业务作为支撑，立体地图由此应运而生。智慧交通建设的数字化转型中，数字孪生交通体系对地图应用提出更高要求。地图应用发挥的重要作用，在于地图可视化服务与数字孪生交通融合的典型解决方案。该领域内，新加坡给我们做出了良好示范。

“虚拟新加坡”是一个动态三维城市模型和协作平台，其中就包含了新加坡的立体地图。这一地图与传统的2D地图不同，不仅有底部属性，例如水体、植被和交通基础设施，还能显示地形、路缘、楼梯或者坡度。因此，“虚拟新加坡”地图可以用来计算并显示专供少数人群使用的无障碍路线，他们将能通过这一地图轻松了解如何去公交车站或者地铁站。此外，该地图还能提供建筑物高度、屋顶表面、日照量等传统地图并不包含的数据，以此帮助相关计划人员根据季节性调整以获得更精准的预测。

立体地图到底如何？与4G时代的移动导航地图有何区别？它将如何利用其可视化特点，帮助实现数字化交通？从地理角度来看，立体地图并非单一概念，而是包含了时空的多维性。从数据角度而言，也具有不同应用层次的多元性。

（一）动态数据呈现

在立体地图上，以视觉要素呈现出交通体系中物或人的动态数据。例如，地图采用热力分析、轨迹分析等方式，进行图形交互展示，帮助交通管理部门更好地理解和解决交通规划问题，形成智能化、自动化的交通管理模式。

（二）矢量化地图

立体地图采用矢量化组成结构，地图本身的点、线、面，都能实施编辑和更新，并利用矢量组成要素同车辆、物联、交通数据进行交互分析，推动智能网联、自动驾驶、无人驾驶的实现。此外，基于地图的矢量化结构还可以进行多维度语义、时态分析。

（三）多层次图层

立体地图的“立体”，最直观体现在多层次图层上。从视觉互动效果上看，数字孪生交通使用的地图不只是一张平面图片，而是能按不同交通业务区分类比的多层地图。从自然界的河流走向，到基础建设的路网电网，再到商业角度的工厂商场，或者到交通管理层面的拥堵情况，不同的细分项都能作为地图的具体图层，实现数据融合之后的可视化分类。

三、构建交通“云路”，实现人、物、路数据的动态感知

智慧交通发展中，不仅需要从单独路段上进行数据感知和分析，也需要将人、物、路等因素整体扩展到网络层面进行状态分析，构建出新的交通“云路”。

交通数据感知技术，是所有智慧交通系统的应用基础。实现智慧交通，必须做到对交通流数据的科学采集和高效处理。在可视化与数字孪生结合的技术环境下，通过提高交通数据采集的时空精度，能使交通信号在数字孪生体所模拟的时空平台上更为均衡分布，实现对人、物、路的有效动态感知。

数字孪生技术到来之前，交通信息感知领域已有过多次的技术变革，感应线圈、摄像头、红外线、压电管、GPS 等硬件检测技术，均得到广泛应用。变革中，交通信息感知技术也从原有人工、单点、静态的采集，转变为自动化、数据融合、动态化的采集，采集方式呈现出多样性的特点。事实上，无

论何种交通数据，均具有时空二重属性。人、物、路的各自状态数据顺序，体现出交通数据的时间性，而其来源位置则体现出其空间性。在智慧交通数字孪生体基础上，交通“云路”由此形成，重点进行人、物、路数据的动态感知和视觉化呈现，并随之产生不同应用。

例如，拥堵是现代都市交通的痼疾，通过运用交通“云路”，调取精细颗粒度视态下的城市交通出行数据，以热力动态呈现，就能依据不同路段、时间，对交通管辖资源进行动态调配。基于同样的交通热力分析模型，还能利用数字孪生技术对关键枢纽路段或路口进行分析，以科学动态地调整红绿灯间隔频率，迅速化解路段拥堵。此外，对历史积累的海量通行轨迹及跨地时空轨迹的分析，还能帮助公安与交管部门构建交通违法行为的信息模型，源头防止违规导致的交通拥堵状况。“云路”的海量数据也能够呈现城市边界与发展特点，支撑城市科学规划。

当数字孪生基础上的“云路”能让人、物、路的数据实时汇聚，并能对其完成量化计算时，交通的管理者和参与者就能在一幅幅数字孪生的“地图”上对各自交通业务进行高效执行，以更先进的手段，实现交通活动成本的大幅降低。例如，应用“云路”提供的动态数据，构建电子围栏技术基础的新型交通管制方式，完成管制方式智能化转变，做到自动引导车辆绕开违章区域。又如，能以全息时空的“上帝”视角，观察一个城市、一条公路的交通运行方式，探索解决交通问题的根源。而这些改变，正是建立智慧城市、智慧社会的重要基础。

第四节　数字孪生技术的智能化应用

数字孪生是交通行业发展的关键方向和应用场景，也是智慧交通完成视觉呈现的关键手段。通过各类智能化应用，数字孪生技术将在多个层面实现动态性虚拟场景，不仅能同步现实交通，还能充分利用构建的信息模型，完成对现实交通的科学研究、分析与预测。

一、创建交通数字克隆体的三大数字层级

从技术层面看，用于创建交通数字克隆体的数字孪生技术，可分为三大数字层级，即数据接入层、计算仿真层和输出应用层。

（一）数据接入层

数字孪生是以数字化的方式将具体物理对象进行复制，以模拟对象的现实行为。尤其在交通领域，为实现物理交通与数字交通之间的密切互动，需要打造更多支撑技术作为依托，需要经历更多阶段演进，才能很好地实现物理交通在数字空间中的塑造。因此，数据接入层必须受到充分重视。

在数据接入层中，数字孪生交通克隆体通过物联网等技术，将真实交通中的物理实体元信息进行采集、传输、同步和增强，形成业务中能使用的通用数据。在此过程中，静态建模和动态感知两大方式来获取现实世界的交通数据，为创建对应的镜像模型做准备。

静态建模过程中，系统主要利用静态感知的方式，利用 CAD、CAE、BIM、CIM 等技术，对交通客观环境的静态部分进行建模。

动态感知过程是数据接入层的重点部分。利用互联网、物联网技术，例如 5G 乃至未来 6G 技术的优势，更全面而及时地实现对交通数据状态的感知和接入。

数据接入层在交通数字克隆体的组成中，属于“输入”部分。这一层面获得的数据信息流越全面、越实时、越精准，交通数字克隆体的价值就会随之更高。

（二）计算仿真层

为充分利用数据资源，数字孪生技术需要构建物理交通的数字模型，并对之进行仿真分析，得到数字空间版本的虚拟交通模型。这一过程需将物理对象表达为计算机网络所能识别的数字模型。通过建模，数字孪生能以更少的能量对物理交通中更多的不确定性加以消除，因此计算仿真层是数字孪生

的核心层面。

所谓仿真，是指数字空间对物理世界的动态模仿和预测。这不仅需要数字空间表达出物理世界的外在形象，更需要数字空间中融入物理规律。计算仿真层不仅应建立物理对象的数字模型，还应能根据实时状态，通过物理学规律和机制，分析并预测物理交通对象的未来状态。

为此，计算仿真层包含发掘分析和仿真预测两方面。前者主要是对所获取数据的初级模型进行深层次挖掘，创建更高层次的信息模型。后者主要是运用这些信息模型，实现仿真演算，根据现实交通情况预测未来。

（三）输出应用层

数字孪生的核心应用主要在于辅助决策和控制。在输出应用层，数字孪生技术基于既有的海量信息数，能确定交通系统的当前状态，并基于这一状态，支持用户使用专有的分析平台寻找能实现其预期目标的最佳策略。

通过数字孪生交通系统应用，可以在不同的交通发展情形中进行推演，以验证当下可能做出的交通决策是否合理。随后，再进一步运用不同的智能优化技术，对应用进行迭代改进，并通过控制系统实施策略和决策，影响现实交通。

二、数字孪生在交通领域的三大智能运用

数字孪生在交通领域的宝贵价值，在于其和仿真技术之间的差异。仿真技术重点在于“仿”，主要依靠正确模型、完整信息和硬软件，体现物理交通的特性和参与。而数字孪生则能在此基础上具备分析优化的能力，并和物理交通进行交互。正因如此，数字孪生在交通领域才有更广阔的智能运用空间。

在行业技术成长与企业主体的不断推动下，数字孪生深入到交通行业的不同细分领域，发挥着越来越重要的作用。数字孪生在交通领域的主要智能运用，有以下三种。

（一）城市交通的建设升级

在数字孪生制造的虚拟空间内，城市交通决策者、管理者，利用搜集到的数据进行模型建设，并按城市交通的实际需求进行仿真模拟，自动计算城市交通道路的路网、干线网密度等。通过数字孪生的智能化应用，不仅能对交通建设现有情况进行分析评价，还能自动优化解决方案，得到最优效果，提升交通通行效率，最终实现对城市交通全域管控。

（二）智慧高速公路应用

高速公路的智慧化建设和管理，也是数字孪生的重要应用。目前，我国高速公路的智慧化建设需求集中在多方面，如公路出入口的不停车收费和治超检测的需求，如公路行车通行和道路情况改善的需求，也包括高速公路隧道和桥梁场景的需求等。

针对这些需求，一些企业开始积极利用数字孪生技术，开发智慧高速公路全天候通行系统。该系统在车路两端布设传感器，收集高速公路的实时数据信息并经过数字孪生技术处理，再显示到车端和管理端的可视化显示屏上，帮助驾驶人员、管理人员了解车辆和道路情况，及时做出预警判断。

（三）车路协同应用

相关机构通过数字孪生技术的应用，能根据实时感知采集到的数据，结合立体地图，构建出自动驾驶模型。在这样的模型中，真实交通世界可以按原比例还原到虚拟场景中，并依照现实交通的运行规律来进行智能算法训练，提升车路协同、自动驾驶的安全性和运作效率。

目前，车路协同方面的应用是数字孪生技术应用建设的重点，大型互联网科技公司如百度、腾讯等正在该领域上不断加大投入，以期尽快获得成果。

数字孪生技术起源自感知控制系统，而又因其应用对交通实践的创新而兴起。我们相信，数字孪生技术将不断推动现实与虚拟交通的融合，提供交通、城市乃至全社会发展的崭新模式。

三、数字克隆，提升无人驾驶训练安全性、高效性

数字孪生技术创建的克隆交通世界，正不断和现实交通融合。在不久的将来，数字孪生技术会深入到每一个人的生活中，创设通往新世界的桥梁，让每个人的生活出行变得更加高效便捷。数字孪生技术为无人驾驶训练所提供的应用，将最有希望尽快实现这一目标。

新中国成立以后，我国交通运输事业不断发展，建立了发达的城乡交通网络。尤其在改革开放之后，经济腾飞带动下，人口城镇化速度加快，汽车保有量爆发式增长，对交通系统的压力不断增加。为满足人们不断增长的出行需求，带来更好的出行体验，必须致力于发展无人驾驶。正是在无人驾驶领域，企业可以基于真实的场景数据，在三维虚拟环境中构建数字孪生空间，以低成本、高效率来完成这一技术的创新突破。

目前，数字孪生相关研究机构正积极开展智能无人驾驶训练系统的应用研究。相关项目中，现实交通系统能在数字空间中复现，为无人驾驶汽车营造各类情境。数字孪生技术创建的这种虚拟交通空间，是无人驾驶汽车在“云端”的测试场。数字孪生技术可以利用大量真实道路数据训练出交通 AI 系统，该系统可以参照现实世界的人类交通行为逻辑，生成真实度极高的交通流仿真模型。该模型的底部，则是高精度立体地图描绘的真实城市环境。如此构建的世界将能形成各式各样的测试场景，为无人驾驶技术的测试提供全面支持。

数字孪生技术催生的交通世界是“虚拟”而非真实的，这一世界能在云计算的支持下，同时启动并运转大量测试场景。而这些测试场景还可以经过组合形成城市级的交通场景。如此庞大的场景中，企业可以部署上千辆无人驾驶车辆进行不间断测试，从中迅速发现无人驾驶汽车算法难以处理的交通场景，并对算法进行优化。同样，有了这一级别的场景，研发人员也能自由地调整参数，对各类无人驾驶需求进行模拟满足，并评价实际效果。此

外，企业还可以结合无人驾驶技术测试车路协同等技术应用进行实验，甚至可以切换不同的天气状况，评估其变化而对无人驾驶造成的影响并制定相应预案。

四、超时空还原，精准分析交通事故成因、过程

数字孪生技术也能应用于对交通事故情境环境和参与者轨迹的超时空还原，进而从不同角度观察异常交通事故发生的过程，并精准分析事故的具体成因，以采取对应措施，减少类似悲剧的发生。

众所周知，交通事故并非总是发生在摄像头下。对于那些处于监控盲区的交通事故，传统交通监管手段常常毫无应对办法，也难以找到规律性的原因。即便是那些被监控记录的交通事故，在传统监管体系下也无法从多个角度去记录、分析、研判和总结经验。但在数字孪生智慧交通体系中，相应技术能轻松地采集现场数据，模拟事故发生场景，将之映射成为可视化效果，从司机、行人、路况等不同角度建模分析，从而追溯事故发生的源头。

数字孪生技术不仅能还原交通事故，同时也能进一步发挥自身潜能，弥补人类在驾驶过程中的能力不足。人类驾驶车辆时，主要依靠视觉观察视野内的交通环境，同时依靠车辆本身工具如转向灯、尾灯、鸣笛和外界交通标志相互传递信息。此外，人类注意力难以长时间集中，反应速度不足等缺点，也在交通事故中暴露无遗。通过数字孪生系统的不断完善，车载传感器和车路协同技术构建的车联网，将实现车辆间的充分信息共享，以此解决驾驶员个人误判问题，并规避驾驶员的疲劳、冲动和违规驾驶等危险操作。

当交通事件发生后，运用数字孪生系统，能让各方以分解步骤的方式，去复原事件的全过程，探究其中存在的每个漏洞，寻找每一种预防方案的实施可能性。而从宏观层面来看，数字孪生技术还能基于各类路侧传感设备和用户共享的数据，实现对交通流状态的实时侦测。例如，数字孪生能迅速识别交通事故引发的异常拥堵等事件画面，提醒交通监管部门进行决策，同时也提醒驾驶者注意规避。

五、平行世界仿真，实现交通推演、预测、全管理

运用数字孪生技术，研发机构对城市交通系统进行模拟，并通过推演、预测实现对交通系统管控的优化，这是数字孪生技术对智慧交通的重要贡献。

（一）管控

数字孪生系统能将真实的交通信息移植到孪生世界，从而围绕现实交通系统获取并控制更多信息以完成闭环。通过数字孪生的这一强大能力，可以实现对交通系统的全程管控。这种管控能力的重要价值尤其体现在具体的场景中，数字孪生系统能轻而易举地从中发现关键问题并及时处理，而传统数据分析系统对此则无能为力。例如，城市体育场附近的交通状态，在日常情境下并不会产生拥堵，一旦举办大型活动后就会出现大规模交通拥堵。传统的交通管控手段只能在大致范围内加以预判，无法精准应对。而通过孪生数字平台，可以提前掌握演唱会的举办时间、参与人数、天气情况等数据信息，进而掌控与交通有关的重要信息。

（二）推演和预测

针对交通问题寻找解决方案，最大的瓶颈是推演和测试。在现实世界中对道路环境作修改，抑或进行实地测试都将花费相当大的成本，而利用数字孪生技术塑造的交通场景则可以轻松实现。

利用数字孪生系统平台，研发机构可以让不同车辆在不同道路上进行测试，还可以利用不同的车道线设计、转向设计、红绿灯设计、交通标志设计等条件组合，在模拟器内进行测试，获得推演的最优解。

（三）评估和优化

交通项目日益复杂而动态化，任何交通管控手段都不可能完美无缺，需要快速灵活地评估和优化方案。交通监管部门和设施运营部门需要及时了解

现有策略的问题所在，同时探索更多“平行世界”的可能性。尤其在中微观层面，数字孪生系统能帮助他们规划交通资源的分配，将更新中的数据集成比对高效建模，以了解现有管控措施的效益水平。

数字孪生平台的最大优势在于能利用机器的大规模并行计算能力，对不同“平行世界”中各类交通管控手段进行评估。通过评估结果的比较和参照，促使不同方案之间相互学习，获得最完善的解决方案。

★相关案例★

贵阳试点数字孪生交通系统

数字孪生交通系统，是城市建设中深度挖掘融合大数据的典型工程，意味着数字的累积从量变形成了质变。数字孪生交通系统的形成，不仅指明了交通智能化的先进模式，也构成了数字城市建设的关键部分。

2021年初开始，贵阳积极推动数字孪生交通系统的项目试点。该城市的数字孪生交通系统，主要利用交通体系中已有的视频监控资源与毫米波雷达的深度融合，对交通体系内机动车辆、非机动车、行人等各种交通要素进行全息感知，充分打造数据融合，从而将真实的交通信息导入到数字版的交通仿真系统中。

例如，贵阳国家经济技术开发区的交通智能化设施建设项目，依托智能算法深度融合交通数据，对经开区全区23条城区道路形成了覆盖区域级、车道级、节点级的交通态势感知体系。该体系对实时交通态势数据加以挖掘分析，能自主发现和判别路面突发拥堵情况，并根据拥堵原因分析实现信息管理手段中的精准对应。在此基础上，交通参与者和管理者都可以结合高精度地图，对个人、机动车、非机动车、道路进行定位、描绘和分析，判断其活动轨迹意义，全面分析其相互之间的关系，最终解决各类交通问题。

贵阳版的数字孪生交通系统仍需不断成熟，但该系统已表现出精准映射、模拟仿真、虚实交互、智能干预等特点，正不断推动城市管理方式的创新发展。随着该系统的发展，贵阳还有望将交通执法管控、城市空间分析、城市建设模拟、城市特征画像、城市应急预案等应用结合起来，以深刻体现城市发展规律，支撑精准政策的实施。

本章小结

从智能交通走向智慧交通，数字孪生技术所扮演角色的重要性无可替代，这已成为全球各国相关业界的充分共识。数字孪生技术的“所见即所得”特性，可以确保智慧交通获得更为仿真的运行系统基础。同时，数字孪生在推动智能交通升级为智慧交通过程中，必然又会面临着更快、更稳定、更全面的行业要求，这也将反过来推动数字孪生技术的迅速成长。

第十二章　在虚拟空间设计、在真实世界应用的新型交通装备

交通发达程度是衡量一个国家现代化的重要标志，新型交通装备能为传统交通基础设施赋能，推进智慧交通的发展，提升交通发达程度。其中，模拟仿真技术是研发新型交通装备的重要手段。由此，传统交通装备设计过程中需要高成本的研发事项，在虚拟空间里可以快速实施，并迅速应用于真实世界。

第一节　数字孪生，汽车产业发展的助推器

汽车产业是交通行业内重要的中游制造产业，向上承接钢铁、橡胶等原料企业，向下对接需求端，属于典型的资本密集型和技术密集型行业。由于行业集中度较高，汽车制造行业内各细分领域呈现垄断竞争格局。伴随产业整体发展，数字孪生技术积极介入其中，以数字化方式拷贝汽车工厂的物理对象，模拟汽车工厂在现实环境中的行为，着手对汽车的设计、工艺、制造，乃至整个工厂的运营进行虚拟仿真。

数字孪生与汽车产业的结合，能有效提高汽车产业研发能力和生产效率，降低生产损耗，提前预判出错的可能性。虚拟空间与现实工厂的相互映

射，将助推汽车产业高速发展。

一、从数字孪生到车、路、云三位一体

数字孪生利用数字化手段，能在虚拟空间里构建出与现实事物一模一样的虚拟事物。在数字空间里，操作者可以操控虚拟模型，观察、研究虚拟模型的变化，从而模拟、预测真实事物在真实环境中的具体表现。目前的仿真水平，不仅可以在短短几个小时内复制出一座城市，甚至马路边上的石头刻字都清晰可见。这是车、路、云形成三位一体格局的具体表现。

（一）虚实结合，双向控制助力车、路、云协同

这种城市级的规模仿真能力，可以把多元的数据融合在一起，通过机器之间相互映射学习，不断做全局性理解，为各行各业的研发生产提供解决方案。尤其是在交通领域，数字孪生技术可以通过构建虚拟模型与智能设备互通的信息管理系统，自动收集车、路、云多维度时空和感知数据，实现虚拟模型与现实场景的虚实互动与双向控制，以此实时调度与智能决策，实现车、路、云三位一体协同。

三位一体协同中，相关感知数据主要来源于车、路、无人机等设备，而数据采集后通过云端的数据库实时同步，再赋能智能网联汽车和智慧交通。通过车、路、云三位一体的协同，数字孪生不仅带动了信息软件的高速发展，其对硬件设备的技术要求也在不断提高，尤其是智能设备与服务器等基础配置。

（二）数字孪生技术在车、路、云端的具体运用

数字孪生当前的开发前景集中于交通领域，其发展的方向已很明确。在车端，数字孪生平台可以提供自动驾驶仿真平台、云计算仿真平台、传感器与智能计算平台在环测试系统、多车混合驾驶模拟系统。在路端，数字孪生平台能够提供各种场景编辑器以及动态仿真组件，实现高精度的虚拟场景建

设。在云端，数字孪生平台有各种通信仿真组件及测试系统，能够实现实时状态模拟与信息同步。

整体而言，数字孪生可以为车、路、云的一体化管控提供技术支撑，在交通领域大有可为。例如利用其高精度和高仿真的特点，对自动驾驶进行研发、测试和验证，由此得到的数据与经验有利于自动驾驶技术的发展，相对于传统的研发测试，数字孪生打造的测试平台更加多元与高效，能适用不同场景的客户需求。

（三）车、路、云协同推动智能网联汽车发展

数字化是众多行业转型的关键，车、路、云协同作为推动智能汽车发展的关键要素，在 2021 年前后出台的多个政策文件中均有强调。作为智能网联汽车发展的原动力，车、路、云协同体系能促进智能网联汽车研发，从而形成自主可控完整的产业链，使智能网联汽车、智慧交通、智慧城市深度融合。

二、可视化 + 仿真 + 预测，支撑汽车研发的全要素模拟

汽车制造产业细分门类较少，其区别主要在于产品端，即通过轿车、越野车、商务车等细分产品的不同来提升市场竞争力。为了占领市场份额，新车的更新换代与技术升级越来越快，今年百万豪车才有的配置，明年就成了一款入门级轿车的标配。因此，除少部分有较高技术壁垒的汽车厂商外，大部分汽车厂商在汽车研发上的投入越来越大。数字孪生技术提供的可视化、仿真、预测等技术，可以为汽车厂商降低研发成本，节省研发时间，帮助汽车厂商更快地将新品推向市场。

汽车研发的主要步骤是市场调研、概念设计和工程设计。研发人员在了解用户需求后，会构思大量的汽车总体设计方案，方案评审通过后进入工程设计阶段。工程设计是最为复杂的阶段，其中包括总布置设计、车身造型设计、发动机工程设计、底盘工程设计等流程。传统研发过程中，该阶段涉及大量零部件的试验，耗时很长。数字孪生的技术支持，将极大地降低这一阶

段的实验时间，从而提升整体的研发效率。

数字孪生是以真实的生产线为基础，在虚拟空间构建工厂，与真实生产线同步。生产线上的每一台设备，都会以3D建模的形式体现在虚拟场景里，然后通过数据建模仿真，实现真实生产线与虚拟生产线的一一对应。同样地，数字孪生还可以构建不同应用场景，方便进行样车仿真试验。

数字孪生不仅能描述真实事物的具体特征，还能准确体现真实事物的内在变化规律。例如汽车在不同环境下的强度及耐久性是不同的，通过数字孪生技术则能充分体现各种材质零部件在不同环境下的变化。

研发人员采集真实事物数据，还能驱使虚拟空间设备进行同样动作，实现真实环境与虚拟空间的实时联动。虚拟空间里，一切事物都是可视化的，研发人员只需要在控制室内观察虚拟空间里的生产线或测试场景即可了解样车的实时研发进程状态。

此外，利用3D可视化效果，样车的行驶状态、零部件的运行状况也都可以准确预判，数字系统会将有问题的零部件通过3D可视化形式直观表现，便于研发人员迅速排查隐患，提前解决可能出现的问题，提高研发效率。

将研发过程以数字化形式在虚拟空间里呈现，利用数字孪生可视化和仿真的特质进行模拟实验，可对研发过程中可能出现的问题加以预测并提前制定解决方案。通过可视化、仿真、预测三者结合，使整个汽车研发的过程更加直观，并为不同要素的模拟提供了有力支撑。

三、汽车产业的虚拟产业链：研发、生产、测试全仿真

汽车生产需要经历研发、生产、测试等过程，仿真试验是上述过程顺利进行不可或缺的一步。随着数字孪生技术的成熟，对产业链的数字孪生高精度仿真，正在汽车产业中被广泛应用。

仿真技术的核心是数字模型的建立。汽车产业中，传统的建模主要是基于物理的方法，通过数据驱动，将各种建模行为和建模方法综合运用。相对传统产品建模，数字孪生技术建模不仅能描绘产品外在形状，还能通过数据

形式，反映产品内在变化，甚至能预测产品未来的走向。

与建模息息相关的是数据和算法。数据是整个虚拟空间运行的基础，它一方面来源于各种高精度传感器的实时反馈，另一方面来源于保持系统良好运行的历史经验。算法则是确保虚拟空间与真实场景精确配对的核心因素，算法需要深度学习过程，对历史数据进行不断的分析处理，不断建立反映现实世界发展逻辑的模型，以此实现更高精密、更高密度的仿真。

汽车产业的虚拟产业链中，仿真技术在研发、生产、测试这三个环节中使用效率最高，其本质是因为这三大环节产生的数据已建立起内在的处理逻辑，即人们常说的模型。因此，当虚拟产业链中任何事物接收到传感器传输的数据时，就会基于系统的内在逻辑作出判断，从而为现实的研发、生产、测试提供决策依据。当然，这样的内在逻辑不是一成不变的，在不断深度学习的算法下，虚拟产业链这个数字化世界会与实际产业链的物理世界更加一致。只有这样，数字孪生才能保证数字空间与物理世界的高精度仿真。以下为数字孪生在研发、生产、测试三个阶段的具体应用。

（一）研发阶段

借助数字孪生技术，研发人员可以在虚拟空间里建模、验证、优化其产品设计，由于虚拟空间与现实世界的数据高度匹配，通过虚拟空间得出的3D可视化结果，实现快速、低成本的产品迭代，由于迭代成本的时间和人力物力相对较低，研发人员可以实行更高精密的试验，从而研发出具有更高性能水平的产品。

目前，已有许多知名汽车品牌运用数字孪生技术取得了实质性的成果。尤其是宝马、特斯拉、丰田这三家公司，他们通过3D仿真软件，研发出了许多车辆组件，这些车辆组件可以有效提高车辆运动流线性，减少行驶中的空气阻力。

（二）生产阶段

借助数字孪生平台，工作人员只需在控制室内观察虚拟空间的车间运行状态，即可了解实际生产线的工作状态。工作人员无须亲临现场，通过屏幕就可掌握现场的实际生产状况。不管是人员管理、设备管理、运维管理、项目管理还是能源管理，数字孪生平台都可以将其所有状态以3D可视化的形式显示出来，企业经营者可以根据这些数据优化生产计划，从而提高整体生产效率，实现柔性生产。

数字孪生不仅能在虚拟空间里整合生产线的生产和消耗过程，并能以综合分析报告的形式呈现，使决策者直观地得到所有信息。随着生产计划改变，算法不断进行自主学习，数字孪生技术即可预判出一周、一个月甚至更长时间的产能，帮助经营者实现生产调度管理。

（三）测试阶段

数字孪生平台里的场景编辑器以及各种动态仿真组件，可以实现不同场景、不同状态下的产品测试。这种虚拟空间内的仿真技术为汽车产品的测试带来了极大的优化，测试人员能随时随地编辑各种场景，用来观察实验对象的实际表现，尤其是极端场景下的表现。相比之下，传统测试方式拘泥于各种场景或状态，得出的结果并不具有普适性。工作人员为得出最客观的结果，往往需要寻找甚至构建各种场景，而这需要漫长的时间周期。相反，在数字孪生技术的支撑下，测试过程最直观的优势恰恰在于开发节点前移，开发时间缩短，开发成本降低。

数字孪生技术能让汽车产业的研发、生产、测试更加便捷，其中发挥核心作用的便是可视化的仿真技术。仿真技术在算法深度学习下不断升级，由此带动和产生的虚拟产业链也将为汽车产业提供更高效的解决方案。

第二节　数字孪生飞机带火数字孪生机场

虚拟空间里，数字孪生飞机可以接收到现实飞机每一个部件、每一个结构的运行状态信息，当飞机出现任何问题，数字孪生系统都能提前感知，从而避免各种事故的发生。数字孪生飞机不仅能采集分析飞机的真实数据，也是数字孪生机场的基础，为建设智能化机场提供了强有力的支撑。

一、波音飞机带火了数字孪生

2018 年末至 2019 年初，不到半年内，波音飞机发生了两次重大空难事件，全世界多个航空公司宣布暂停该机型的航班，其中也包括我国的南航与东航。这一焦点事件，引发全社会对于飞机飞行安全的关注与探讨。作为被人们广泛使用的交通工具，飞机自由度以及高效率是其他交通工具难以比拟的。但其受环境的限制也同样很大，人们希望能通过科学技术手段来提高飞行的安全性。随后，与飞机相关的数字孪生技术受到广泛关注。无独有偶，数字孪生技术最初被提出的目的，也正是为了降低飞行事故发生的概率。

数字孪生最早作为超越现实的概念被提出，是力图通过真实飞机提供的数据来进行虚拟空间模拟飞行，来判断航班飞行的安全性。在此场景下，孪生指的是两组一模一样的数据，其中一组来自真实的飞行参数，例如飞行高度、能见度、所剩油量、乘客人数、航道设定等。另外一组数据，则是由以上数据传输到相对应的软件而生成的，并经过特定的算法分析，能提供每次航班飞行的安全性等参数。在实际发展运用中，数字孪生技术所涉及的远不只两组参数，其中涉及飞机行业的高精度传感器、人工智能设备、计算芯片等。而这些基础设施，都需要复杂的前沿知识与科技作为技术支撑。

飞机飞行产生海量的数据，飞机安全又关系到每个乘客的生命安全，数字孪生技术因此备受重视。美国航空航天局曾发表关于数字孪生的论文，指出数字孪生技术将成为驱动未来飞行器发展的关键因素之一。以高精度仿真为核心的数字孪生技术，可以在现实世界和虚拟空间中相互映射，提前预判出错的可能性。从此，数字孪生承担起保障社会民生和交通安全的重大责任。

数字孪生虽然需要前瞻性的科学技术支撑，但使用者并没有因为它的使用难度望而却步。经过近年实践，目前的数字孪生技术早已不限于飞机行业，而是被广泛应用在各行各业中。数字孪生的可视性、预测性、互通性是目前其他技术难以媲美的，通过数字孪生技术，往往能使决策更加有效、准确，因而得到广大使用者的认可。

二、数字孪生催生了智能化机场

机场是传统交通基建的重要组成部分，其发展不仅关系到社会民生，还能促进经济的快速增长。因此世界各主要国家都高度重视智能化机场的建设，并且把科技创新和智慧转型作为智能化机场建设的主攻方向。以下为数字孪生技术助力机场智能化转型的几个关键要素。

（一）智能化机场的转型之路

2020 年开始，在新冠肺炎疫情冲击下，作为航空枢纽的机场受到极大影响。严峻的形势下，数字孪生通过虚拟空间构建的机场模型与现实机场相互映射，可以预测现实机场业务周期的运行轨迹。借助数字孪生技术，机场可以进行各种创新性尝试和改革，以检验或预测决策是否可行，从而大大降低现实机场的试错成本。同样，借助算法的深度学习，机场的管理决策将更加高效可行。

近年来，我国机场的信息化建设发生了翻天覆地的变化，正逐步走向数字化、物联化和智能化，数字孪生的广泛应用为智能化机场建设提供了核心技术支持。今天，当人们谈论机场建设时，指向的往往是“两个机场”，一个是越来越新型的现代化土建机场，另一个就是数字孪生的智能化机场。技术部门通过传感器，收集现实机场的运行状态、地理空间、设施设备、业务流程、生产要素等数据，并将这些数据直接导入到虚拟空间的机场，以此形成与现实高度匹配的机场。在这个虚拟空间的机场里，工作人员可以看到即时的飞行、设备、地勤等数据，另外这些数据将以 3D 可视化的形式呈现，有利于机场方面降低管理成本，提高运行效率。

（二）智能化机场的建设内容

数字孪生技术下的机场，其建设内容主要包括数据输入、数据感知和数据决策三方面。其中，数据输入指的是通过在机场内外、地表地下布置传感器，结合地理信息系统与仿真技术，将真实机场的所有数据导入虚拟空间的机场，实现高精度的物理仿真。数据感知指的是由于机场数据众多，需要运用物联网手段来感知重点设施设备的运行状态。数据决策指的是通过接收以上所有数据，系统能根据实际需要做出科学、准确的决策。在虚拟空间的机场中，算法会不断进行深度学习，虚拟机场所提供的决策方向，其科学性、可行性会越来越高。

智能化机场的建设，实质是在为机场决策层、管理层、运行层和执行层赋能，其最终的目的是作用在安全保障、运行效率和服务体验三个方面。智能化机场能高效运行，归根结底在于虚拟机场能快速有效地接收到真实场景下的数据信息，例如旅客数据、飞行数据、设备状态数据等。

（三）智能化机场的建设对象

相比之下，传统机场管理系统存在信息不互通、数据难以理解、场景割裂等局限，都可以在数字孪生下的智能化机场得以解决。例如，飞机在起降时，虚拟空间的机场可以实时反馈飞机的真实地理空间坐标，打通机场各部门数据，提高飞机起降的安全性。另外，除了飞机飞行的相关数据外，地面摆渡车、牵引车等也是数字孪生技术的作用对象，它们的任何运动都会通过传感器传输到虚拟机场，工作人员可以随时了解这些车辆的工作状态，以便做出更灵活的联动管理。还有地坪、航站楼也是智能化机场的重点建设对象，通过引入人流热力、场景仿真等技术，都能实现机场不同人流量的灵活管控。

三、航天航空装备的发展方向：解决当下，面向未来

数字孪生技术基于建模、传感、物联网、数据分析、决策等系统而实

现。数字孪生通过实时监测与在线优化，能实现对现实场景的准确描述与预报。相比其他仿真模型，数字孪生具有完整直观与动态优化的特点。

正因上述特点，数字孪生在航天航空装备发展进程中，表现出极大的应用潜力。运用数字孪生技术，航空装备数据分析和业务管理方面的发展效率正显著提高。当下，航天航空装备研究人员遇到问题时，数字孪生技术可以基于历史经验与现有数据，提供可视化的解决路径，相关人员只需按照这个路径执行即可，这对航天航空装备的发展具有积极的促进作用。

航天航空装备的研发是庞大且漫长的工程，因为涉及高精尖技术，其方案迭代、产品制造、样品试样、成品试航往往需要耗费巨大的成本。面对如此棘手的难题，数字孪生给予了研究人员信心，其大方向就是采用数字化策略，通过高精度仿真助力航天航空装备的设计研发，制造装配和运行维护。以下是高精度仿真在航天航空装备不同阶段的具体运用。

（一）设计研发阶段

通过 3D 建模的方式在虚拟空间建立航天航空装备的孪生体，接着直接进行各种场景与状态的测试与验证，对发现的缺陷及时进行修改。这能确保实物被加工之前已经完成了一整套测试与验证，避免了反复迭代带来的高昂成本和漫长周期。

（二）制造装配阶段

工作人员只需在控制室内，看着虚拟生产线，即可了解到真实的生产状况。系统可以整合所有生产线的资源，具体到人员管理与设备运行状态，都可以将其以 3D 可视化的方式呈现，方便决策者配置资源，做出合理的生产调度。

（三）运行维护阶段

数字孪生可以将所有航天航空装备的数量、状态、寿命等参数可视化，结合智能算法，推测装备的损耗情况与寿命。工作人员可以根据预测报告对装备进行维护或更换，使航天航空装备在使用阶段一直保持最佳性能。

数字孪生在航天航空装备上的运用已解决大量问题，这证明数字孪生在航天航空行业的前景尤为可观。当然，航天航空装备涉及多学科、多部门、多阶段协同，且数字孪生本身基于数字建模、数据分析、仿真预测等多种技术，两者的全面结合应用需要各行业工作人员共同努力。有理由相信，随着相关理论技术的不断拓展和孪生模型与仿真技术的不断升级，航天航空装备的发展会有更多可能性。

第三节　数字孪生模型激活轨道交通高质量发展

轨道交通是人们生活出行不可或缺的方式。轨道交通有着高密集型的客流量，其交通场所也具备特殊性，不仅需确保乘客的人身安全，还要保证乘客的舒适度，对于轨道交通这种重大设施的实时监测和监控由此显得尤为重要。通过数字模型，可实现物理实景与虚拟空间的联动，赋能轨道交通高质量发展。

一、数字孪生轨道系统如何解决 175.9 亿人次安保问题

数字轨道交通的特点是规模庞大且人流密集，面对如此庞大的动态数据基础，传统的轨道交通管理系统局限性很大，无法建立完美的实时安保机制。例如，无法通过可视化的方式呈现所有数据，无法对所有情境进行智能分析决策等。针对以上问题，数字孪生技术与轨道交通系统的结合箭在弦上，数字孪生轨道系统应运而生。

数字孪生轨道系统，主要针对轨道交通的安防、流量控制、环境控制等需求来分析物理对象特征。研发机构借助各种传感器，采集设计建造阶段、

营运维护阶段和历史运行的各类数据，通过高精度 3D 建模，实现轨道交通物理实体与虚拟空间的交互映射，最终服务于对应的交通管理。数字孪生轨道系统之所以能解决百亿级别人次的安保问题，取决于其架构的优越性及信息集成的广泛性，为其架构介绍及系统优势。

（一）数字孪生轨道系统的整体架构

数字孪生轨道系统的整体架构分为感知层、汇聚层、数据层、服务层、应用层和显示层。感知层通过安检设备、监控设备、人脸识别、手机等装置采集信息，接着，所有信息进入各站点数据汇聚层，最终汇总到轨道交通安保大数据中心。在这几个阶段，数据只是在互相传输，并没有进行真正的数据分析。直到服务层，数据真正被开始利用，其最直观的应用场景是三维地理信息实景孪生服务，其次还有融合通信服务、数据分析服务、数据共享服务等。这些服务主要应用在勤务指挥、行业监管、情报预警、警务协同四个方面，它们共同为轨道交通的安防提供了有力的保障。最终，所有的数据都会以可视化的形式呈现，工作人员可以通过大屏显示系统、桌面浏览器甚至是移动终端等设备了解轨道交通的所有数据，实时做出工作调度，保障轨道交通安保决策顺利开展。

（二）数字孪生轨道交通系统的优势

数字孪生轨道交通系统的优势在于三维可视化，以进行轨道交通从施工到运维阶段的信息集成，为预测性决策提供了实践支持。因此，即便是再密集的人流、再庞大的规模，数字孪生轨道交通都能实现人、物、事等要素的数字化，并通过数据采集、数据传输、数据存储、数据处理的过程，实现实体轨道交通与孪生轨道交通的精准映射，辅助决策者做出更优决策。

二、构建轨道交通的实景孪生底座

轨道交通的实景孪生底座基于三维地理信息平台构建，工作人员可以在该底座上任意视角观察轨道线网、单个站点的运行情况，甚至还可以实现站点内的分层浏览。

轨道交通的实景孪生底座技术支撑，来源于数字孪生和遥感影像、电子地图和空间数据技术的融合。底座通过视频三维地图场景匹配，技术部门在虚拟空间里进行场景数据索引构建。实景孪生底座的基础是数据，数据获取越全面，虚拟空间轨道交通越接近现实。具体到数字孪生轨道系统里，底座数据的获取来源于是四个方面，分别是 GIS 平台、视频平台、监测平台以及虚拟轨道交通历史运行数据。其中，GIS 平台获取的信息是城市地图、交通地图以及重点位置标识。视频平台获取的实时监控视频和录像回放视频都是虚拟轨道交通里算法学习的重要资料。监测平台获取的信息是实时的事件监测及预警数据。另外，虚拟轨道交通历史运行数据也具有重要的借鉴作用。

数字孪生轨道交通实景孪生底座所能支持的业务场景十分丰富，被广泛应用的有轨道站点三维地理信息场景浏览、视频监控探头三维场景联动运动、警用业务三维场景可视调度指挥、监测预警三维场景掌握应用、重点站区三维地理场景虚实融合。以上业务场景基本已经可以实现实体轨道交通的数字化管理。

基于数字孪生轨道交通实景孪生底座，轨道交通可以实现其最大价值。通过使用数字孪生轨道交通和三维地理信息平台来规划、设计和建设轨道路网，以及在运营期间使用数字孪生轨道交通系统，可以大幅提升运营商的管理水平，而乘客也能直接体验到更好的舒适性和更安全的乘坐保障。

三、促进轨道交通的虚实沉浸式融合

数字孪生技术能确保工作人员可以根据需要在实体空间和数字空间随意切换。使用者既可以在数字空间观看到实体空间的情况，也可以通过实体空间进入数字空间。依托于传感器、3D 建模、物联网、数据库、人工智能、机器学习的发展，数据可以实时互通。此外，虚拟空间的算法还能利用这些数据进行深度学习，从而促进数据资源的高效利用。

数字孪生轨道交通系统中，物理实体与虚拟空间相互结合得更为充分。例如传统的视频监控只可以看到局部的画面，而数字孪生轨道交通系统里，监控画面可以和虚拟模型结合，借助深度学习算法，分析监控采集乘客的行为图像。此外，在研究空调温度与乘客的舒适度时，可以根据历史乘客数据，以三维虚拟模型为基础，利用不同算法，在虚拟空间里配置空调系统来分析站点舒适度，从而节约能源，降低能源消耗。

数字孪生技术的运用，促进了轨道交通虚实沉浸式融合。经过数据采集、数据传输、数据分析后，数字孪生轨道系统可以做出可视化的预测，方便管理者精准实测和精细管理。

目前，数字孪生轨道交通系统已能实现全域实景孪生，工作人员可以通过各种显示设备立体感知轨道交通里的所有数据，当出现突发情况时，数字孪生轨道交通系统可以实现全区域协调联动，就近调度资源，保障轨道交通的安全运行。

四、构建轨道交通的立体孪生模型

数字孪生轨道系统的高效运行，依托着三维虚拟模型和数据实时传输。而后者无论是数据分析还是决策预测，也都必须基于三维虚拟模型。

轨道交通系统的三维建模，目的在于构建立体孪生模型，因此需要对轨道交通内的物理实体作一一映射。轨道交通立体孪生模型最基础的物理实体就是建筑部分，包括墙、天花板、排水管道等。随后则是一些服务于应用目标的物理实体，例如监控设备、安检机、进出口闸机等等。立体孪生模型在轨道交通的广泛运用，取决于以下几个特点。

（一）形象直观

立体孪生模型的首要特点在于形象直观。传统的区域平面图显示信息有限而且不直观，立体孪生模型在建模之初就着重追求真实性，以充分发挥数字孪生在轨道交通系统中的作用，有效增强立体孪生模型的实用性和通用性。

（二）能够实时反馈物理实体的变化

视觉上的立体孪生模型可以给工作人员带来了巨大的便利，而构建立体孪生模型最终目的是与现有的轨道交通运维经验相匹配，通过对物理实体采集的数据不断进行迭代，将物理实体在外界条件下的各种性质变化、状态变化、逻辑规律等数据，按研究和应用的需要逐步反馈到立体孪生模型中，实现特定场景下的信息集成。

（三）降低存储成本和维护成本

立体孪生模型对数据的接收和使用，贯穿轨道交通的全生命周期。无论是开始的建造施工，还是随后的运营维护，数据都能保持一致性和完整性，区别于传统模式的分别存储，立体孪生模型在数据方面大大降低了存储成本和维护成本。

立体孪生模型不断接受信息的同时，自身也在不断优化。当不断优化的立体孪生模型进一步运用在所在行业的理论和实践研究时，由于其本身存储着许多规划、优化、决策等方面的经验数据，轨道立体孪生模型可以促进各项研究的发展，引导行业做出更深的变革。

第四节　数字孪生助力水利现代化高质量发展

数字孪生的广泛应用证明其不再只是一种技术，而是交通行业的新型发展模式开端，也可以说它提供了传统交通行业转型的新路径。作为数字化和智能化的载体，数字孪生与水利行业的结合应用，也将形成水利行业变革的重要推动力。

一、水到渠成，北京五一视界数字孪生技术全面落地水务行业线

水体的治理包括河流、湖泊、水库管网等场景，其中涉及海量数据处理与复杂质量体系，其模拟仿真难度非常大。

2020 年，北京五一视界公司联合水务行业顶尖伙伴，基于全要素场景数字孪生技术，克服重重困难，在虚拟空间进行水务体系建模，将自然水系和城市管网的数据信息可视化，为水务行业带来了新的管理方式。

目前，北京五一视界水务数字孪生行业线在我国多省市及海外城市持续落地，主要应用在供水、防洪抗灾及生态治理三个方面。通过网页端与全要素三维场景的双向映射，水务管理部门可以直观地获取水体监测及生态环保数据，便于决策和模拟演示。以下是数字孪生技术在供水、防洪抗灾及生态治理三个方面的具体应用。

（一）供水

水务数字孪生行业线在解决城市给排水问题时，主要从供水区划分、水厂布局、管网系统三个方面着手优化。供水区划分是借助已有的虚拟城市地图，还原所有能供水的区域，例如水源地、水泵站、供水点。这样在城市在需要给排水的时候，可以立刻找到最优的路线或地点，方便水务管理部分进行工作调度。水厂布局跟供水区划分的原理类似，但水厂布局是以 POI 点的形式还原水厂位置，除此之外，水务数字孪生系统还能显示有关水源的所有参数，例如浑浊度、细菌总数等数据。在一些重点保护水源区域，可以配备无人机做到水源数据的实时更新，保障城市用水安全。管网系统结合真实的城市数据，还原管网位置走向。一旦局部管网出现问题，管理部门可以根据管网系统提示，选择是维修还是更换线路，从而更快地恢复管网畅通。

（二）防洪减灾

防洪减灾是水务数字孪生行业线的另一重要应用方向。为将灾害降到最

低，水务数字孪生系统可以根据洪水数据与城市虚拟水路管网结构，实时推测本次受灾区域，并且智能计算出洪水疏散路线。“一个城市是否先进，要看它的排水系统”，而水务数字孪生的运用，将为智慧城市建设提供更大的技术支持。

（三）生态治理

目前，随着国家加快生态文明建设，公众越发关注水污染的治理和水质安全在。水务数字孪生技术在这方面的作用同样非常突出。水源的数据与检测本身是水务数字孪生的基础，虚拟空间的水务系统收集了大量的水网信息，并进行实时监测。因此，未来依靠智能模型甚至可以实现自动化治理。这代表着随着数字孪生技术在水利行业的广泛应用空间，我国在水利信息化基础设施体系和水利网络安全体系方面的建设也将随之迎来更快发展。

二、水天一色，数字孪生技术开辟港航管理新路径

无论是国内还是国外的贸易运输，水路运输都扮演重要的角色，港口、航运方面的管理水平更是直接影响水路运输的效率。

港航管理不仅涉及船只管理，也包括港口基础设施、内河航道规划、协调运输重点物资等方面。由于涉及面广，传统的港航管理大多参考历史经验来维持经营秩序，但随着国家和地方对港口管理要求的提高，传统的管理方式显得力不从心。为此，有必要借鉴水利管理的经验，对之引入数字孪生技术。

数字孪生技术可以将港航管理的要素数字化，通过建模技术在虚拟空间构建相同的港航模型，其最突出的特点便是可视化。无论是港口的基础设施，还是港航管理的行政区域，在虚拟空间都一目了然。在虚拟空间里，所有的船只都是数据的重要来源，系统可以根据采集的数据进行分析，优化内河航道规划，使船只在进出港口时候更加高效。另外，基于完整的采集数据，数字孪生技术把数字空间的航港管理映射叠加到显示的港航管理中，形

成虚实结合，孪生互动的港航管理新路径。

数字孪生技术在港航管理方面的应用场景会越来越丰富。数字孪生将致力于把港航相关的实体项目数字化，在虚拟空间里对数字化的港航管理信息进行计算、分析、优化，相比传统管理方式，其数据显示更加直观、操作更加方便、管理效率更高。

★相关案例★

数字孪生技术助意大利快速恢复道路系统

意大利铁路公司是意大利一家大型国际基础项目建设公司，主要从事普通铁路和高铁、城市和公路运输及港口设施建设。

2018 年 8 月，莫兰迪桥的倒塌摧毁了许多建筑物，并造成大量人员伤亡，这引起了人们对欧洲桥梁状况的担忧，因为研究表明，由于侵蚀和结构性能退化，许多桥梁都有类似的安全隐患。意大利铁路公司作为基建的领军企业，受到相关财团公司的委托，要求新建一座 200 米长的高架桥路段来代替原莫兰迪桥的功能。但为了尽快使道路恢复正常通行状态，工期被严重缩短，同时还要满足新的桥面标准。

意大利铁路公司意识到，如果使用传统的流程去施工，根本没办法准时完成任务。因为工期本来就紧张，新的标准还需要进行设计与测试，这需要大量的时间。

综合考虑后，意大利铁路公司创建了高架桥路段数字模型，在这个模型里，设计团队可以随时进行模拟协作和测试。这大大地节省了时间。另外，在未开始施工前，可以进行模拟施工，从而了解各个施工阶段的动态和项目进展，在正式施工时，一些潜在的难点早已被消除。最终，意大利铁路公司超预期完成了这个项目，意大利的道路系统很快也得到恢复。

意大利铁路公司利用数字孪生加快了设计决策，提高了设计质量，同时降低了设计成本，最大限度减少了不确定风险，提高了数据准确性和项目团队的协作效率。利用数字孪生技术，意大利铁路公司通过采集现有桥梁数据，在虚拟空间里设计经久耐用的结构，帮助欧洲进行桥梁技术信誉的重建，大大恢复了公众信心。

本章小结

数字孪生技术在交通领域的运用，为城市交通管理创造了更多的可能性。在数字模型里，通过城市三维空间模型的构建与动态运营数据的可视化结合，交管部门不仅可以实现实时监控，还可进行动态干预。

除了在交通管理上的运用，数字孪生在城市生态治理中也正在发挥巨大效益，这标志着智慧城市建设不断从实验室走向现实、从映射走向操控、从小场景走向广阔的产业和城市治理空间。

第十三章　赋能城市未来，赋予交通更高智慧

随着数字化、信息化技术的快速发展，城市交通行业的升级改造提上日程，以数字孪生为主的智能技术应用越来越广泛，城市交通系统迎来数字化转型。

第一节　数字孪生赋能城市交通从智能化走向智慧化

城市交通系统的发展中，虚拟数字不断与现实交融。数字孪生作为智慧交通的前沿技术，其关键任务是如何结合当下的切实需求，找到合适的应用场景，从而更高效地赋能城市交通。

近年来，在党的十九大提出的“数字强国”战略指引下，我国数字化建设力度不断增强，数字孪生技术在这一趋势下得到了有效促进，并推动我国城市交通由智能化走向智慧化。

例如，2022 年 2 月，国家发展改革委、中央网信办、工业和信息化部、国家能源局联合印发通知，同意在京津冀、长三角、粤港澳大湾区、成渝、内蒙古、贵州、甘肃、宁夏等 8 地启动建设国家算力枢纽节点，并规划了

10个国家数据中心集群。

这一项目被称为“东数西算”，主要目标为赋能我国城市加速智能化发展节奏，这一项目是我国继“南水北调”“西电东送”后，又一大国家级超级工程。

事实上，在“东数西算”工程正式启动之前，我国多所城市就已经开始进行相关设施建设。2021年我国20多所城市抢建城市智算中心。截至2022年年初，我国智算中心数量已经达到27个，其中位于八大枢纽的就有12个。

智算中心为城市带来的不只是算力提升，更是城市智慧大脑的加速打造。据我国权威部门统计，我国各智算中心算力均以100P（1P代表每秒可进行一千万亿次运算）起步，这一超乎想象的计算能力足以支撑我国各大城市完成各类智慧建设，数字孪生得到智算中心的赋能将发挥更大作用，可以为城市交通管理，区域交通发展，甚至我国综合立体交通网络升级注入强大动力。

一、数字孪生，交通体系中悄然形成的智慧大脑

智慧城市治理的落地运用，让城市交通大幅改善，这一切，都离不开数字孪生。数字孪生将现实中复杂的交通网络系统，使用物联网、3D建模、云计算等技术进行复制，通过实时数据传输构建出数字孪生交通系统，以达到优化城市交通、保障交通安全的作用。

在可视化的加持下，城市的孪生交通体系易于感知，同时使用方便。管理者可以在系统上看到整个城市数百万车辆的出行轨迹，细致到从哪里出发，途经哪些路口，最终在哪里停车。此外，整个城市所有的交通设施、路口路网、停车场在客观上都是数字孪生交通体系的传感器，通过物联网和互联网的实时数据传输，管理者在屏幕上就能还原整个城市的真实交通运行状态。

从宏观层面上来看，大量车辆的出行为交通系统运行研究提供了宝贵的

数据资料，面对千变万化的城市交通情况，算法根据历史数据深度学习，结合实时数据，能动态优化城市交通问题的解决方案。例如，根据车流情况优化信号灯配时方案，降低红灯等待时间等。在面对突发状况或节假日时，城市管理者也能通过历史数据和车辆出行规律，实行相应的限时、限流、限行等措施，提高道路通行效率。

数字孪生技术在交通体系的运用，重塑了城市交通的运作模式，使城市交通治理往智能化方向发展。这个智能化方向在技术体系上有两层意义。一方面是通过传感器让现实物理实体都在虚拟空间中形成数据，然后还原整个城市交通运行的状态，再通过可视化的效果呈现出来，这被称为“认知上的智能”。另一方面则是“决策上的智能”，虚拟空间的孪生交通体系可以对现实交通进行全面感知、智能分析、精准研判、协同指挥和应急处置，这对缓解交通拥堵、减少交通事故、降低交通污染具有重要的战略意义。因此，数字孪生在交通体系上的赋能，为智慧交通系统和服务升级提供了强有力的支撑。

目前，数字孪生交通体系在各大城市以分层分区的方式展开试点，满足不同城市需求的渗入，助力构建城市智能大脑。数字孪生除了运用在交通体系，还能运用在社会治安防控领域。例如，在开展疫情防控工作时，数字孪生可以进行重点人员管控，追溯人员或车辆运行轨迹，智能分析风险区域，打造城市基层管理的新格局。

二、多维解读智能交通与智慧交通差别

智能交通和智慧交通是数字孪生交通体系的不同阶段。虽然两者的概念相似，但明确区分两者差异，有利于更好地明确数字孪生技术在交通体系的层次结构及技术内涵，防止前期开发需求过多导致推进困难，避免缺少前瞻性而导致系统迭代受限。在狭义的理解层面，智能交通偏向技术的迭代，追求的是更多高新技术的应用，而智慧交通是智能交通的升级版，它与“人”密不可分，解决的是人机系统协同的问题。此外，两者还有如下不同。

（一）技术应用

智能交通集成了信息技术、传感技术、通信技术等多种现代化电子技术，而智慧交通在此基础上融合了物联网、云计算、大数据等高新 IT 技术。

（二）数据处理

智能交通侧重于各类交通应用信息的整合，强调数据的即时应用。智慧交通则偏向于构建数字模型和数据决策，强调整体性的应用方案。

（三）分析能力

分析能力上，智能交通可以通过各种传感器感知环境状态，依靠采集的变量数据自动执行相应操作。智慧交通则更为先进，在原有基础上加入“人脑”的仿真能力，它可以根据现有信息取长补短，运用独特的学习能力，做出更优的决策。

城市交通的外部影响因素并非一成不变，其管理对策也应不断升级。交通体系以往只需解决人们的出行问题，现在却承担引导生活模式改变的任务。因此，相对粗放的管理对策已难以适应现今复杂的交通管理体系，应运而生的是精细化、精准化的对策转换，其底层逻辑正是由智能交通向智慧交通的升级。

智慧交通能面对交通体系中纷繁复杂的影响因素具有自主适应性，可以根据环境变化和行为主体的变化，经过算法的深度学习，智能调整虚拟空间中孪生系统的行为模式和行动策略，从而为现实世界提供指导。智能交通虽然有高度的自动化程序，能根据多种不同的情况做出很多不同的反应，但面对复杂体系，智能交通还是难以完全适应，因为其物理逻辑只能实现智能控制，无法适应新的控制规则体系，更别说进行新体系的评估、研究和修正了。

智能交通属于单一的技术管理系统，而智慧交通属于社会和技术结合的管理系统。由于交通体系的复杂动态性，以往单纯的技术系统在当下应用时候经常捉襟见肘，建立社会和技术融合的系统，才更符合时代发展的需要。未来的交通系统不可能止步于智能交通，迈向智慧交通已成必然。

三、肇始于数字孪生的交通资源管理系统

随着经济水平的提高和社会的进步，城市拥堵现象越来越严重、交通事故发生率逐年提高，汽车尾气排放造成严重的大气污染。在对应的长期治理过程中，各国逐渐发现一味地加建交通基础设施难以从根本上解决问题，提高交通资源管理效率才是解决问题的核心。为此，各国纷纷转向交通资源合理配置的角度寻求解决方案。

实现交通资源合理配置的前提是建立完善交通资源管理系统。但交通资源数据信息量巨大、来源广泛、种类复杂，整合难度大且难以高效运用，始终是各国寻找解决方案的瓶颈。数字孪生技术的出现和成熟，完美地解决了这一难题。

基于数字孪生的交通资源管理系统属于新型的资源控制类系统，它采集城市交通资源信息，并利用网络化的传输体系和智能化的应用体系，在虚拟空间将所有信息数字化，以实现现实交通资源与数字交通资源的相互映射，推动交通资源数字化、交通信息可视化、交通管理智能化、交通服务个性化。

数字孪生交通资源管理系统融入了大量先进技术，例如人工智能、信息采集、通信技术等。当工作人员需要了解城市的道路交通信息时，其中大量数据能以可视化的方式呈现，具体到道路的车流量、通行时间、路网通行效率等。当监管部门需要解决某条道路的拥堵问题时，虚拟空间的交通资源系统可以利用智能算法改变现有的交通运输控制来解决拥堵问题，例如通过红绿灯时长或潮汐车道等控制方法。

传统的交通资源管理系统大多只属于数据收集中心，面对海量的数据，无法进行交通协调联动控制。结果，往往是解决了这条道路的拥堵问题，下一条道路又塞到不成样子。这是因为传统系统难以进行全局性的分析，做出

的决策仅仅是解决当下问题。与之相比，肇始于数字孪生的交通资源管理系统可以进行动态化、多样化、全局化的交通控制，其做法是首先最大限度采集资源，接着在数字空间分析最优方案，最后在现实世界中执行，这样可以最高效地使用路网、交通信号灯等基础设施。

数字孪生交通资源管理系统的最大优点在于实时动态的数据分析，为此，对数据的获取就显得尤为重要。其中数据主要来源于道路交通系统、联网收费系统、城市联运管理服务系统、城市信息管理系统，有了这些系统性数据支撑，交通资源管理系统除了可以轻松应对日常交通调度工作外，还能在应急指挥时发挥重要作用。

数字孪生的交通资源管理系统运用虚实空间的数据映射，能为动态的交通体系提供信息管理支持，并且提升交通资源管理的效率，这对交通体系的智能化和智慧化进程有着重要的理论价值和实践意义。

四、从数据化管理到数字化管理的城市交通

21 世纪走进第三个十年，人民出行需求以及贸易往来次数显著提高。传统城市交通的单一线路已经无法满足需求。为此，城市交通建设开始往网络化和多元化的复杂线网工程发展，形成地铁、轻轨、公交、有轨电车等综合交通系统。

一直以来，城市交通管理都在使用以经验为导向的粗放式管理，在安全保障、质量检测、进度把控、工作计划、人员安排等项目管理上显得相对薄弱，无法满足社会预期与行业高速发展的需要。为此，城市交通管理转型迫在眉睫。

城市交通管理转型有两个阶段，第一阶段是数据化，第二阶段是数字化，以下为其在两个阶段的具体表现。

（一）数据化阶段

数据化指交通管理部门为了管理各种业务流程、业务数据、基础设施等

进行的系统建设，这些系统的服务对象主要为固有的工作环节。例如，路网流量数据主要为体现道路是否拥堵，红绿灯配时方案主要衡量整体等待时间。至于在发生问题，如何结合实际情况发挥数据价值，更多需要人工的介入，依靠历史经验进行解决。

（二）数字化阶段

数字化则有所不同。这一阶段内，管理体系将诸多复杂而难以估计的信息通过仿真建模等方式在虚拟空间里进行表达，构建可感知、多场景、会协同的智能决策系统，进而依靠虚拟空间的管理模式，对现实交通世界的业务提供有力数据支撑。

数字孪生技术的加持，将人工智能、物联网、云计算、3D 建模等信息化技术融合进入城市交通，并深入渗透到各个线网。数字克隆的城市交通与真实的城市交通数据相互映射，使数字信息转变为决策依据，积极探索城市交通数字化道路，强化城市交通管理，为数字化城市与智慧化城市转型奠定基础。

当然，数字化转型并不是直接将数据化一刀切。实际上，数据化管理与数字化管理是上下游的关系，没有数据化的基础就不会有数字化建设，而数字化建设最后一定是回到数据化本身，将之以可视化的方式呈现。因此，两者彼此关联、相互驱动，实现了城市交通管理的全生命周期信息化管理。

五、从数字化到自动化的仓储物流系统

市场竞争加剧背景下，为占领更多市场份额，线上线下融合与全渠道营销成为商家破局的首选。新的互联网商业模式为商家带来了更多销售机会，也带来更多挑战。尤其在消费领域，传统的仓储物流系统已难以应付消费者个性化、网格化、定制化的需求，在市场环境和消费者的双重压力下，仓储物流系统急需转型。

传统的仓储物流管理方式较为粗放，采用人工采集、搬运、码放的方式

管理，其中管理规则大多遵循历史经验，随之产生了仓储物流差错率高，物品摆放混乱、盘点困难、缺乏流程跟踪等一系列问题。仓储物流管理的整体效率低下，严重制约了仓储物流行业的发展，并直接影响到地区乃至国家间的贸易往来。

传统产业的转型升级、信息化技术高速发展，使数字化成了仓储物流系统的必经之路，数字孪生则为仓储物流系统的转型提供思路。

从仓储物流系统的管理方看来，首先，应将仓储物流的作业流程数字化，确保物流作业的信息更加透明，提高管理的效率，为仓储物流作业的决策提供数据支撑。其次，应提取作业数据进行分析，通过分析拣货效率、入库效率、装车效率、库存量、出库量、待过期量等数据，直接体现当前仓储物流能力，为持续升级奠定基础。最后，管理方应通过物联网、大数据、云计算、传感器等核心技术，对商品从到货检验到出库之间的所有作业环节进行自动化数据采集，再将仓储物流中的数据以可视化的方式呈现，方便管理者准确掌握仓储信物流息，及时跟踪与管理客户订单，从而最大限度提升仓储物流效益。

曾几何时，走向数字化的仓储物流管理方式一度解决了传统仓储物流的痛点，使仓储物流从半机械化状态升级到机械化仓储。然而，近年来快速发展的市场竞争态势对仓储物流管埋提出了更高的考验，在大体量的商品库存面前，机械化仓储也难以负荷，必须进一步通过数字工具的更新迭代走向自动化。

人工智能技术的快速发展，让管理者开始着眼于设备上的探索，电动叉车、自动引导车、穿梭车等智能输送设备和自动化立体仓库的出现，标志着仓储物流系统开始进入自动化时代。在数字化仓储物流系统基础上，操作者在与客户对接后，只需在系统上发布项目计划，自动化的仓储物流系统即可实现从生产计划到出入库的全流程自动化作业。自动化方式不仅使仓库的空间利用率提高了 2 ～ 5 倍，大大降低了库存周期和成本费用，还降低了资金的周转速度，促进了仓储物流行业由劳动密集型向技术密集型的转变。

自动化的仓储物流系统的出现不仅使仓储物流行业快速发展，还为数字孪生赋能仓储物流系统提供新机会，对上下游企业的发展起着积极的促进作用。毫无疑问，数字孪生系统会加快自动化仓储物流系统的普及，会有越来越多的企业享受到类似的技术红利。

第二节　数字孪生加速城市智慧交通建设

城市智慧交通建设是未来城市提升综合竞争力，实现可持续发展城市的基础。现阶段，相关行业数据采集门槛高、信息基础设施不足、平台模型标准化程度低、应用广度不够等问题仍在严重制约城市智慧交通建设的发展。数字孪生应运而生，作为城市综合治理和发展数字经济的重要载体，赋能城市智慧交通，实现新一代信息技术的综合集成应用，驱使城市智慧交通建设高速发展，是其重要的历史使命。

一、构建数字孪生城市，升级城市管理

城市发展过程中会暴露许多问题，例如停车难、交通拥堵、公共设施不足等，这些都严重影响着城市居民的生活质量，反映了城市管理方面的不足。有赖于数字孪生技术的落地应用，这些问题正逐渐得到解决。

2018 年前，数字孪生只是单纯的技术概念，基于大数据、云计算、物联网、仿真建模等技术的发展，数字孪生已迅速演变成了一种新型的行业升级路径，各行各业都在探索如何使用数字孪生技术实现变革。城市作为经济发展的载体，同样有必要利用数字孪生技术实现更新换代，通过信息技术在数字空间一比一复制孪生城市，使城市原本难以直观衡量的管理和秩序显性化，将所有城市管理元素可视化，助力提升城市管理水平，其中主要提升在于以下几个方面。

（一）便于分析控制

数字孪生城市是利用数字孪生技术与可视化技术，将现实世界中的实体

城市，在数字空间中进行完整描述，通过可视化的手段对实体城市进行仿真、监测、分析和控制，以数字孪生可视化技术，帮助人们更便捷的认知和管理城市。

数字孪生城市不是传统的城市规划建设，而是助推城市管理的智能化和数字化。数字孪生城市将城市问题以虚拟形式直接显现出来，帮助未来的城市治理方向和目的更加明确，帮助公共服务质量得以进一步提高。

（二）提供决策支撑

过去，为了解决城市问题，决策者和管理团队往往需要亲临现场考察，经过一系列步骤后方案才可落地，现在有了数字孪生系统，改善方案不仅可以看见，还能直接操作，系统会快速地给予反馈。随着算法的深度学习，系统的反馈将作用于现实的管理决策，为城市管理的升级提供强有力的支撑。

（三）管理方向广泛

数字孪生城市涉及的管理方向十分广泛，涉及城管、电力、高速、气象、水务等，最终服务于城市所有居民。建设中的数字孪生城市，几乎都把公共服务拓展列为重点项目，兼顾社会发展和市民生活需求，其中重点包括城市生态、教育等热门问题的改善。

依托数字孪生城市的赋能，实体城市的基础设施建设能力和管理能力显著提高，城市经济建设、政治建设、文化建设、社会建设、生态文明建设相互协调，朝向城市管理的最终目标——智慧城市稳步前行。

二、一览无余，城市交通综合势态三维全景呈现

城市发展离不开城市交通，每个城市的规划建设都少不了交通规划。在迅速增长的交通需求下，城市交通管理问题逐渐暴露，其中包括了设备数量庞大难以管理、大量能源无形浪费、客流监控滞后、故障信息单一难追溯等问题。

“十四五”规划出台后，国家对城市交通的管理提上日程，智慧交通成为

城市交通的终极发展目标。但由于城市交通的系统应用多而数据分散，不能在同一个平台展示，难以基于数据实现正确决策，智慧交通建设一直停滞不前。

数字孪生技术的出现，从多方面赋能城市交通，满足复杂多样的城市交通场景。数字孪生技术结合了 BIM 和三维 GIS 等多种技术，将城市交通同步可视，通过建模技术复制实体城市路网交通，在数字空间将整个城市综合态势全景呈现，并实时采集数据，同步交通运行状况，为交通模型推演提供实验空间，实现数据驱动决策。

数字孪生城市交通体系里，所有交通元素都清晰可见，交通路网、车辆运行轨迹、交通基础设施等都以可视化的形式呈现，在虚拟空间里重现了整个城市的真实交通运行状态，从微观的车辆出行规律再到宏观的城市交通系统运行状态，实现了全场景覆盖。

智慧交通建设规划的基础是城市交通要素的数字化。只有将其数字化，物理实体与数字空间才能以数据的方式高效互通，构建可展现、可计量、可管理的三维全景交通体系。这样的体系里面，所有交通要素全面完整、信息丰富，不仅能一比一复制现实世界，还可以叠加动态性的交通出行的状态信息，实行交通管理的仿真模拟。

通过城市交通的三维可视化全景，整个城市交通综合势态一览无余，城市管理者既可以组织对交通基础设施进行远程的检测和维护，也可以在千里之外疏通拥堵道路，这些服务大大降低了人员消耗，显著提高了管理工作效率。

数字孪生利用多种现代科学技术，整合交通信息资源，统筹城市交通运行状态，打造出完善的城市交通运行监控可视化系统，实现了实体空间与数字空间的数据互通共享，提升了城市交通管理水平，对智慧城市起到极大的推进作用。

三、一呼必应，城市交通应急高效指挥

交通应急体系是城市交通的基础保障，在交通场景复杂化的当下，交通

拥堵、交通事故率高、交通污染等突发性问题，严重影响着城市生活质量。因此，应急管理模式改革的呼声越来越大。

城市交通应急管理，需要实时、准确、高效、可视化的支持平台。通过该平台，管理部门能随时获取交通运行情况，例如哪个红绿灯拥堵，哪个路段发生了交通事故，如何出行才能畅通无阻……各类交通信息都能随时通过该平台查询获取，这不仅方便人们出行，也大大减轻了交通管理部门应急指挥的压力。

基于数字孪生技术的应急管理平台不仅应能解决出行问题，对可能影响交通正常运行的自然灾害、事故灾难、公共卫生事件、社会安全事件、重大活动等重大事件，应急管理平台系统也应提前预警，建立相关的预案。由于应急管理系统已提前对交通安全监管和应急保障所需的相关资源进行整合，实现了应急指挥相关资源的信息化管理，一旦发生突发情况，应急状态下的人员、物资、技术的指挥调度可以高度协调，最大限度减少人员伤亡和财产损失，保障城市交通安全。

城市交通应急指挥之所以能如此高效，是因为数字孪生技术的独特优势，当应急指挥启动时，实时详尽的数据指挥能为应急管理部门而不仅是交通管理部门提供充分的决策支持。

城市交通应急系统的另一个重要作用是预警功能。该系统能通过对历史数据进行处理，分析可能造成险情的条件或因素，当城市一旦出现触警情况，所有的作战部署、资源调配、命令下达等行为都可以高效执行，达到防患于未然的地步。

借助三维建模、GIS、物联网、云计算等技术，交通设施管控与运转监管的时效性愈来愈强，除了将交通运行状态在三维场景中以可视化、动态化的方式呈现，还能通过算法的深度学习，对城市交通运行数据进行分析。随着数字孪生技术的升级，城市交通应急指挥的覆盖范围也逐渐扩大，无论是执行效率还是服务质量都有所提升。因此，数字孪生技术与城市交通应急进行更密切地结合，注定是发展智慧交通的核心内容。

四、一目了然，城市交通科学分析决策

数字孪生技术高度融合城市交通数据资源，能对城市交通各领域的核心指标进行态势监测和可视化分析，辅助交通管理部门一目了然地掌握城市运行态势，提升监管力度和行政效率。

通过数字孪生城市交通系统，交管部门可以进行交通综合态势监测。交通综合态势监测分为路况监测、接警监测和视频巡检监测。路况监测主要对实时交通指数、拥堵路段等信息进行监测，算法会结合历史数据进行科学分析，为交通管理指挥提供科学的决策支持。接警监测主要对警情事件进行快速定位，智能化调取周边监控和警力资源，为警情处理提供决策支持，实现城市交通高效的应急指挥。视频巡检监测主要用于预警，通过实体城市中的传感器采集数据，智能分析车辆运行轨迹、道路拥堵点位、事故高发路段，预测异常点位，提前进行调度。

数字孪生城市交通基于时间、空间、数据等多个维度的可视化技术，便于交通管理部门整合现有信息系统的数据资源，覆盖日常监测、应急指挥等多个业务场景，凭借云计算、大数据、物联网等核心技术，实现虚实空间数据的高度融合。

在城市交通三维场景综合势态助力下，城市交通各业务之间的信息实现充分融合，确保海量数据的高效对接和显示，保障城市交通的正常运行，为城市交通调度和优化提供科学的决策依据。

第三节　数字孪生守护城市交通安全发展

数字孪生技术为城市交通安全发展带来新的机遇和挑战，新的交通控制和通信技术为交通管理创造了新的可能性。现实世界与数字空间相互映射，不仅可以实现实时监测，必要时还可以进行动态干预，极大地促进城市交通安全发展。

一、数字孪生被视为交通安全管理新理念

国内城市交通场景日益复杂，人们越来越关注道路交通的安全性、车辆行驶的稳定性、日常出行的便利性等问题。设计有效的城市交通安全管理解决方案，成了城市规划建设不可或缺的一环。

传统的城市交通安全管理方式仍停留在二维平面的阶段，远远达不到系统化管理，难以应对复杂和动态的交通项目。为此，城市交管部门迫切需要一套快速灵活的解决方案。

数字孪生理念的出现，给予城市更大发展空间。数字孪生技术在城市规划领域的应用，为城市交通安全管理也带来了新的机会。在该技术体系中，城市交通相关实体资产、基础设施、车辆都与现实存在实时反馈，交管部门可以在其中实现交通流量建模，并完成整体交通运行和基础设施建设的模拟。数字空间的仿真试验，也能通过优化参数和实施选项而形成不同的解决方案。相比传统的实验方式，更加安全和经济高效。

如今，5G行业和智能驾驶的高速发展，促使城市交通管理部门承担更多的安全责任。在数字孪生技术的赋能下，城市交通安全管理作为最基础的保障体系，已经开始实现同步可视和模型推演，这为城市安全管理提供了实验空间和决策支撑。高精度的实景呈现，更方便交管部门进行安全管理，而基于历史经验与现有数据，这一系统可以智能分析预警，预先改善城市交通安全问题。

数字孪生具有宏观视野和全局规划的能力，能有效解决交通资源浪费，快速响应安全管理，在其实际的应用过程中，可以大大降低了人力成本，提高了管理效率，因此被视为交通安全管理的新理念、新工具和新路径。

二、数字孪生＋安全基建

随着物联网、云计算、大数据等技术的广泛使用，人们迎来了数字化时代。在这一历史时代环境下，国家建设战略核心正向数字化基建发生转移。

数字化基建有两大发展方向，分别是工业互联网和智慧城市。未来的国

家、城市、工业不仅存在于现实世界，还会在互联网和软件的基础上构建孪生体。如同交通数字克隆体那样，整个工业生产链条，细致到每个零部件、每个流程，全都高度数字化，推动基建整体进入数字孪生时代。

在数字孪生空间里，所有的元素都是由物理实体通过软件编辑或建模打造出来的。在这里，数字驱动一切，软件定义一切。然而，只要是软件就一定会有漏洞。当越来越多的物理实体映射到数字空间时，一旦漏洞被攻击，对物理实体造成的损失将不可估量，这个物理实体可能是一栋大楼、一个小区，甚至整个城市或国家。

虚拟空间里，表面看似风平浪静，其实隐秘战争的风险一直在持续。类似战争表现形式并非枪炮火箭，而是类似黑客攻击的形式，通过威胁数字孪生克隆体，对城市、交通和工业的数据信息造成威胁，甚至最终摧垮这个虚拟空间。为此，对于城市、国家级别的数字孪生体系建设，需要的不是单纯提升安全能力的软件产品，而是在数字化基建的同时，构建充足安全设施，从根本上提升安全保障性能。例如，尽管没有单一产品能解决各类克隆体内的所有漏洞，但完全可以打造出漏洞分析平台，让使用者拥有发现漏洞的能力和技术，结合算法的深度学习去不断发现和弥补漏洞，这样才能从根源上解决安全问题。

目前我国的网络安全行业发展并不健全，各行业在大力发展发展数字转型的时候，往往并未真正意识到安全问题所带来的危害。为了让数字化基建更稳定、更牢靠，在大力发展数字孪生技术的时候，必须重视网络安全防护手段，形成真正的“数字孪生 + 安全基建”。

三、深厚城市交通内涵与外延，铸造智慧交通安全道路

改革开放以来，城镇化进程加快，大量人口往城市转移，城市迅速发展同时也迎来了困局，资源短缺、交通拥堵、环境污染等问题日益加重，严重影响着城市居民的生活质量。作为智慧城市建设的重要组成部分，智慧交通飞速发展，城市交通基础设施逐渐完善，为城市交通安全提供了坚实的保障，其中重点是对城市交通内涵与外延的发展。

城市交通的内涵离不开安全。随着城市机动车辆保有量迅速上升，交通事故发生率显著提高，在智能交通向智慧交通的进步过程中，安全是最基础的保障，如何消除交通安全隐患是所有人都关心的问题。数字孪生的赋能，让交通变得安全、有序、通畅，实现了城市交通安全内涵的精细化和智能化管理。

智慧交通对安全内涵问题的表达，包括宏观与微观的区分。其中，微观对象指的是与交通运输密切相关的客货车、交通基础设施、道路运营管理等因素；宏观对象指的政府决策、城市综合规划、公共信息服务等因素。

（一）微观层面的应用外延

数字孪生技术在微观层面的应用外延如通过红绿灯自行优化配时，减少路口的排队溢流现象，提升平均车速，减少车辆急刹导致的追尾事故发生。

此外，行人过街提示系统可以通过人行横道的LED灯提醒行人有序通行，还能自动检测行人闯红灯行为并对违法行为进行记录。

（二）宏观层面的应用外延

宏观上，城市交通管理系统可以实现数字空间三维场景与实际交通运行状态的数据融合，例如，系统会对城市交通全景进行实时监控，当发生警情事件时，系统可以智能分析调度附近人员与客流或车辆疏导路线，实现高效的应急指挥管理，降低安全风险和影响。此外，在数字空间内可以进行安全管理模型的构建和模拟，为实际的城市交通安全管理提供决策支持。

城市交通的内涵在于提升城市生活质量，外延在于不断扩展数字孪生技术在交通领域的运用，通过在内涵和外延两方面发挥作用，数字孪生技术将推动智慧交通建设的完善与智慧城市的形成。

第四节　数字孪生深度挖掘物联网潜力

未来，物联网将会为各行各业的数字化转型提供技术支撑，虽然物联网目前仍处于发展中，但数字孪生技术的赋能，能将物联网的潜力更大程度发挥，彼此取长补短，实现在虚拟空间内对现实的映射与物联网技术的升级。

一、为何数字孪生被称为未来物联网核心技术

数字孪生技术在数字空间构建一个虚拟副本，但想实现与现实数据互通，必须依靠物联网的实时数据传输。

物联网是基于互联网形成的泛在网络。它可以通过有线网络和无线网络融合，将信息和数据实时传输到网络末端。数字孪生克隆体所使用的信息就是先由传感器采集，然后通过物联网进行传输的。由于数据传输会存在延迟和丢包，必须通过各种异构网络和协议保障数据的正确性和及时性，因此数字孪生通过物联网技术，可以实现指标测量，甚至精准预测未来。

指标测量，是指在传感器采集数据后，借助历史经验与大数据，通过机器学习而预测原来无法直接测量的指标，这大大降低了试验的时间和成本，因此常常用于仿真模拟实验。

精准预测是更加智能化的预测。现有的数字技术很少能实现精准预测，一些隐藏在表层下的问题很容易被忽略，常常会导致决策出现偏差。数字孪生可以结合多种现代化信息技术进行全景建模分析，其中重点包括物联网技术，由此实现对当前数据的系统评估，对过去发生的问题进行诊断，并随时叠加模拟各种可能性，实现对未来趋势的全方面预测，塑造具有全局观的决策。

数字孪生集成了多学科、多物理量、多尺度、多概念的模拟仿真过程，这也为物联网的信息安全提供保障。但是，物联网即使采取了所有安全措施，系统也几乎不提供任何控制，所以很容易引发各种网络攻击，因此数字孪生也被称为未来物联网的核心技术。

在未来的技术矩阵里，数字孪生必然处于一个核心位置，充分协调并运用各种技术，优化物联网部署。即使是更复杂的体系内，物联网与数字孪生技术的结合都可以帮助其建立对应的数字模型，还原真实场景的性质和状

态，实现智能化决策支持。

数字孪生不仅弥补了物联网的缺点，而且两者相辅相成，伴生共存，共同为各行各业的数字化转型提供了坚实的技术支撑。

二、可视化设计与数字化测试全面完善物联网发展

数字孪生技术的实现，一定程度上取决于物联网传感器系统的大幅进步。随着物联网设备不断健全和完善，数字孪生不止应用于城市建设、交通发展、工业转型等宏观层面，针对微观对象，同样能通过可变数据来预测其发展结果。在此过程中，数字孪生可视化设计发挥重要作用。

可视化设计的实际应用意义在于通过复制现实世界，将原本的海量数据信息，构建成可视化业务决策模型。相比之下，数字化测试属于数字孪生的核心用途，因为数字孪生技术诞生初始就是为了测试将来可能发生的事情。

可视化设计与数字化测试结合，是指在可视化的基础上，建立各自参数，用户根据给定的参数来模拟可能发生的场景，从而评估测试物理实体的真实运行状态以及性质变化。这种基于物理模式的数据化测试，目前被广泛运用，并且取得了不错的成果。

更高阶的数字化测试则是基于分析模型的，它是通过大数据的获取与机器学习来创建预测模型，这一方式的优势在于不需要引入设计人员，研发人员只需基于产品的外形即可创建一个预测模型，做到在出现问题之前已经将其处理完毕。

可视化设计与数字化测试的融合，对物联网发展尤为有利。近年来，物联网发展迅速，但也暴露了很多问题，其中技术标准不统一、平台管理复杂、成本高、存在安全漏洞等问题，均影响着物联网的进一步发展。数字孪生的可视化设计通过物理实体的虚拟化，可以反映相对应实体的全生命周期过程，便于物联网研发和使用者做出决策，提高管理效率。数字化测试使用各种技术构建的分析模型，将需要解决的问题简单化，节省人力物力。因此，可视化设计与数字化测试在技术层面上对物联网的赋能，使物联网可以

保证信息化和安全化的平衡，在此基础上，物联网发展将更加体系化，帮助更多行业解决核心技术问题。

三、数字孪生，未来物联网发展的精准预测技术

数字孪生如今已被物联网业内人士普遍看成是人类解构、描绘、认识物理世界的新型工具，对现有管理模式提供了崭新的变革方向。

数字孪生最常用的数字化手段是物联网、虚拟现实和仿真工具。通过这些手段，人们可以在虚拟空间中对物理实体进行了解。尤其是那些在真正的物理实体中无法操作的工艺手段，通过虚拟空间都可以轻松实现。

现实世界内，相关机构在设计和制造任何产品之前，都需要对其属性和运行状态等参数进行计算测量，从而保证精准分析和优化。但传统的测量方法耗时长，成本高，而且存在偏差，这样导致产品制造出来后效果并不理想。相比传统的测量方法，数字孪生技术在虚拟空间即可实现测量，数据获取快速直接，不仅效率高，而且测量精准。

此外，数字孪生还有全面的分析和预测能力，它通过物联网的数据采集以及大数据处理，来实现当前物理实体状态的分析和诊断，并且推测未来发展趋势。当然，这个推测技术基于机器学习，因此历史数据越丰富，或者推测的项目越多，数字孪生产生的决策就越具有参考价值。

物联网近年来发展迅猛，各国都投入了巨大的人力物力进行研究开发，这足以证明物联网对各行各业，乃至整个国家都有积极的促进作用。但物联网的主要作用其实是实现物品与物品之间的信息交换和通信，简单理解就是获取数据以实现对物品的智能化识别、定位、跟踪、监控和管理，相比之下，其原生体系内尤其缺少精准的预测能力。数字孪生恰好能弥补这个缺点，因此数字孪生技术被称为未来物联网发展的精准预测技术。

无论是数字孪生，还是物联网技术，其预测能力都是基于拥有的数据。物联网在预测时，需要依靠昂贵的传感器、采集系统、检测系统。与传统的测量方式相比，实际上面临的是相同问题，即两者都会因为门槛高使测量覆

盖的范围受限，导致无法实现精准的预测。

使用数字孪生技术赋能物联网，人们不再需要探索通过不同的途径改善流程，也不必因为需要测试而终止目前的物联网组建流程，只需要在数字空间中运行模拟场景，就可以了解到新模型的优势和缺点，并且可以通过反复的试验找到最佳结果，从而应用于现实世界。因此，数字孪生为物联网的发展提供了扎实的技术支撑，使物联网技术可以在更多的领域发挥作用。

本章小结

通过数字孪生与物联网技术的驱动，城市交通信息数据实现横向打通和交换共享。集合了社会综合管理与社会公共服务资源的数字孪生交通系统，将能以数字化、自动化的方式，让城市中各功能彼此协调运作，以更透彻、更深入、更全面的技术打造信息高度集成的智慧交通体系。

第十四章　数字孪生“智”造空天科技

数字化与信息化技术不断融合，智能制造成为空天科技行业重点发展领域。机器学习和新能源材料正紧随时代的脚步，助力空天科技发展，其中数字孪生技术的应用，推动着空天科技的制造进入数字化和智能化时代。

第一节　数字孪生“智”造航天

数字孪生是解决智能制造信息物理融合和践行智能制造理念与目标的关键技术，它通过物理实体与数字空间的相互映射，对航天工具的多维设计及实践起到极大的促进作用，使航天行业进入“智”造时代。

一、打通元宇宙通道，虚拟航天加速时代脚步

数字孪生理念最早运用于 NASA（美国航空航天局）中的阿波罗项目。NASA 制造两个完全相同的空间飞行器，其中一个“孪生”的空间飞行器主要是用来进行仿真试验和模拟实验，为空间飞行器的运行提供数据支撑。此时，孪生飞行器依然是物理实体，存在造价高昂、耗时长、维护成本高的问题，而且在模拟实验上有很大的局限，限制了航天航空行业的发展。随着数

字化与信息化技术的发展，航空航天研究者提出了把孪生飞行器放在数字空间的想法，在而后的阿波罗项目中，实体孪生飞行器开始变成虚拟孪生飞行器，数字孪生飞行器开始得以正式应用。

数字孪生飞行器是应用建模技术在数字空间创建飞行器的数字模型，然后通过物联网、大数据、云计算等技术来实现虚实空间的相互映射，虚拟模型不仅需要在外观与物理实体一致，还得保证在外界环境的叠加下，其性质变化、状态变化和逻辑规律与现实相符，因此数字孪生的运用，把原本流程复杂、智能化水平低的试验搬到了数字空间。通过孪生模型仿真试验，可以实现航天航空飞行器全生命周期的故障预测与健康管理，还可实现远程监控和状态评估，大大提升飞行器的安全性，对航天航空行业的发展起到了积极的促进作用。

数字孪生不仅为航天航空产品的制造和研发提供了更准确的描述与预报，还不断以其技术力量助力太空探索。

在运载火箭的发射任务中，数字孪生技术将火箭发射、助推器点火、二级火箭点火、整流罩剥离、进入轨道 5 个步骤以可视化的方式呈现，进行全方位、全周期的监控，方便地面工作人员获取不同阶段的飞行数据，实现火箭升空的监控管理、路线管理、运行数据与设备状态的智能化管控。

数字孪生的模拟仿真和可视化技术为航天的运行提供保障，确保每一次飞行安全可靠。数字空间里的模拟试验与预测推演，标志着人类已经开始打通元宇宙通道，步入航天“智”造时代。

二、新能源更换人类航天双翼，数字孪生升级航天智慧大脑

随着人类对航天事业的不断探索，对飞行器的要求越来越高，新能源的广泛使用，提高了航天飞行器件的性能。而数字孪生技术的加入，给航天行业发展植入新的智慧大脑。

能源危机与环境破坏的加剧，使全球都意识到可持续发展的重要性。因

此，航空航天行业低碳化发展的呼声越来越大。各界形成共识，认为新能源材料具有清洁环保的特点，可以使飞行器节能减重，有利于智能结构与集成器件的优化设计，可以整体提升飞行器性能，助力人类航天探索。随着新能源材料的使用，飞行正变得更安静、更环保，人类开始进入绿色航空时代。

与新能源材料结合使用的，也少不了数字孪生相关的技术体系。数字孪生技术具有在线进行物理实体的运行与维护、减少结构设计冗余，维修成本低的能力特点，可以根据实时采集的数据，动态更新数字模型。通过算法的深度学习，不断提升系统的诊断、评估与预测能力，最终应用于现实世界。因为这几个特点，数字孪生在航天航空“智慧大脑”领域表现出极大的应用潜力。

首先是设计研发阶段，虚拟空间的反复试验在产品出来之前已经进行了完整的迭代，大大降低研发成本和周期。在航天航空器制造装配阶段，通过采集各个组件的数据和状态，最大化提升资源的使用效率。在运行维护阶段，数字孪生可以对航天航空产品的全周期进行监控，最终以可视化的方式呈现，利于工作人员进行维护，发挥其中各组件的最大性能，以配合新能源材料，使航天航空事业更为环保。

数字孪生为产品的设计和研发提供了实验平台，各类应用概念层出不穷，将很多产品从理论带到了实际应用中，物理实体与虚拟空间的相互映射，为航天行业的发展提供了更多的可能性，借助孪生模型的模拟仿真，协助航天设备进行多维设计与实践，从而提高航天设备设计与制造的数字化能力和智能化水平。另外，数字孪生的可视化监控、评估预测方便研发人员制定更合理的维修策略，大大提高了航天设备的安全性和稳定性。数字孪生技术升级航天智慧大脑，在航空航天领域发挥了巨大的价值，为航空航天领域的数字化与智能化发展奠定了坚实的基础。

第二节　空客数字孪生技术助力航空生产

航空航天制造工业具有零部件品类多、总装流程复杂等特点，航空航天制造商在生产时总会面临周期长和精度不够等问题。空客飞机研发机构通过数字孪生技术的使用，让制造商在提高质量和品质的同时，有效降低成本，实现更经济的飞机生产。随着数字孪生技术的广泛运用，航天航空生产迎来更好的发展时机。

一、为何数字孪生被洛马公司列为顶尖技术之首

数字孪生的兴起，源于物联网和大数据以及虚拟建模技术的发展，并反哺着高端技术业的发展。数字孪生与航空制造业的结合，让洛马、波音等知名飞机制造商享受到了技术红利，最直观的成果就是生产效率提高，交付超预期完成，因此被其列为顶尖技术之首。其中，最为显著的是以下几个特点。

（一）减少迭代成本

数字孪生在本质上是使用人工智能、机器学习和传感器数据等技术，在虚拟空间完成物理实体的数字化镜像过程。镜像即数字化的模型，它可以与物理实体进行实时交互，为产品全生命周期提供决策支撑。数字孪生基于三维场景建模后，不仅在外观上与物理实体基本相同，其在不同场景和条件下的性质变化也跟实际情况相同。利用这一独特优势，航空制造商在生产周期内可以对产品可能存在的问题提前进行试验，在数字空间就完成产品的迭代，减少现实中的组件更换成本。

（二）制定仿真计划

除此之外，数字孪生还可以仿真制定活动计划，例如，利用数字孪生采集实时数据后，在数字空间就可以完成仿真计划，“看到”仿真结果和形成解决方案。对于越是复杂的活动，由于其能采集的数据和动态因素也越多，花费的成本越大，数字孪生技术的优势也就越明显。

数字孪生在 F–35 机型生产优化上的应用，给了研究者新的启发。一直

以来，即使是在现实生产线中已经被弃用的模型，通过在感兴趣的位置添加传感器，得到的数据对于产品的生产和研发依然很有价值。F–35 机型就是通过这种方式，利用三维建模实时监测，结合对劣品的数据采集，更新了生产制造的经验，并据此改进了多道工序，实现更快速和精确的缺陷分析决策，将整体生产时间大大缩短。

（三）提升检测水平

众所周知，飞机的各个组件出现问题，都将威胁到飞行的安全。因此对于飞机结构的检测与监督必不可少，但飞机设计的零部件数量巨大且难以检测其寿命，这一事实对飞行安全而言，存在着不小的隐患。传统的检测方式虽然已经足够安全，但基于经验和表层的测试很难有说服力。引入数字孪生技术后，数字孪生可以采集所有的组件或结构数据，通过建模仿真工具，结合概率分析方法评估风险，建立产品生命周期的监控与计划。这样做的好处在于能预测飞机中所有重要结构组件的安全性能，当出现异常情况时及时检修，降低维修成本和时间，提升飞行安全性。

从飞机制造行业的运用层次来看，数字孪生已从设备级进入到系统级，无论是对零部件供应商还是飞机制造商而言，数字孪生的应用在降低成本的同时，都提高了生产质量，这对于一个高新科技集成产业而言，市场规模前景可期。因此，数字技术无愧于洛马公司将其列为顶尖技术之首的美誉。

二、航空科技的未来景象，虚实混合、人机协同

航空科技制造的整体目标是实现智能制造。智能制造的最显著特征就是虚实混合、人机协同。而这一切的实现都无法缺少数字孪生技术。数字孪生技术是现实世界与虚拟空间通过物联网、云计算、大数据等技术实现相互映射，此时人与机器的界限进一步模糊，即人和机器都是在进行数据采集、数据传输、数据分析、数据决策等过程，即虚实混合、

人机协同。

虚实混合是通过建模技术，结合物理世界的场景，在数字空间构建出孪生的可视化环境，在这个数字化空间里，所有东西都经过3D仿真复原，因此你可以更直观地去进行管控。例如，研发者只需要通过大屏幕，就可以了解到航空工厂及生产线的生产情况，细致到设备的闲置状态、库存数量、工序堆积状况等，根据这些数据进行生产调度预判，足不出户就能够对生产流程及运行状态进行可视化的管理，大大提升了管理效率。

人机协同既是数字孪生技术的重要应用功能，更是其被广泛运用于各大制造行业的原因。它强调机器应自主配合人的工作，自主适应环境变化，经过深度学习，甚至可以做出优于人的决策，这也是智能制造孜孜以求的目标。尤其在研发阶段，通过机器学习可以在数字空间里实现现实世界里难以实现的试验，而在制造阶段，数字孪生可以根据指令或者历史数据自发去完成一些复杂的操作，根据生产计划，自发调配物料进行生产。

相比于其他制造业，航空制造业具有研发和制造周期长、流程复杂、成本高昂等特点，因此许多飞机制造商引入数字孪生的理念。这意味着航空交通载具的生产和研发过程将逐渐搬到数字空间，并在数字空间中完成产品的试验与迭代。因为数字孪生可以通过建模实现产品全生命周期的监控，研发人员能提前预判出错的可能性，从而根据产品状态或性质的变化为迭代升级提供数据支撑。

曾几何时，航空制造业在对某一组件进行测试时，需要耗费大量的成本与时间，这严重阻碍了航空科技的发展。但通过数字孪生技术，所有的组件都是一个数字模型，研发人员只需要对数字模型进行测试，系统就会描述产品在整个生命周期中的状态及变化，这加速了产品的开发，减少了因产品迭代导致更换或维修的时间，成本大大降低。对于动辄数亿美金造价的航空制造业而言，数字孪生技术的广泛运用，将推动整个航空制造业的产业升级，使其在智能制造的道路上更进一步。

★相关案例★

2024年数字孪生技术将如何改变俄罗斯的航空业

2020年3月，俄罗斯联合发动机公司携手数十家企业、行业研究机构和大学将数字孪生技术引入航空发动机的研究工作，预计在2024年前完成这项计划。

俄罗斯联合发动机公司资深专家伊凡·季莫菲耶夫透露，数字孪生可以描述产品在数字空间中整个生命周期的操作，包括设计、测试、生产和运行。这在现实世界是难以监控与感知的。因此，这项技术将极大地降低发动机研发的成本，促进新产品的开发，增加俄罗斯国产发动机的竞争优势。

联合发动机公司表示，数字孪生之所以对航空发动机的研究如此重要，一方面因为它可以描述产品生命周期运行的一系列技术，另一方面在于数字孪生可以集合所有的组件标准为其本身赋能，这其中就包括产品特性、经济和环境指标、技术文档、产品及其组件标准等一切能影响产品的因素。因为这种独特的数字化集成能力，季莫菲耶夫认为数字孪生技术将驱动俄罗斯发动机技术发展，并在全球市场上取得更大的市场份额。

数字孪生的基础是数字模型，并可以根据产品寿命周期设计不同的数字模型。例如发动机数据中心在设计阶段使用的是1D和3D格式，而在需要对全尺寸零部件进行试验时，使用的是复杂的3D模型。

数字孪生的使用经常需要跟人工智能结合，例如通过数字模型和传感器可以获取大量有关发动机的实时数据，这些数据可以检测发动机的运行状态以及使用寿命，结合人工智能可以预测一些可能出现的问题，做到提前预防。

关于数字孪生在航空工业上的使用，很多俄罗斯专家都加以充分认可。

俄罗斯中央航空发动机研究院的萨尔尼克夫认为，联合发动机公司的研究框架没有解决大型产品或复杂产品的建模问题，因为对于飞机来说，涉及成千上万个零件，而每个零件都需要专门的数字模型和建模方法，这在当前来说是个不小的困难，毕竟数字孪生将来会应用在所有航空发动机上。

联合发动机公司工程分析部门负责人基里尔·帕阿特尼则提出，数字孪生的使用可以显著降低发动机的使用成本，并且将研发周期缩短到5～6年，总体设计成本降低三分之一，这实在是个震撼人心的升级。

现代飞机对发动机的要求不断提高，由此产生的研发变得更加复杂，除此之外，每次研发之后，会花费大量的时间在微调和认证上，这严重限制了航空行业的发展，数字孪生技术的出现，恰好解决了这个问题，将新型航空发动机的设计、开发和认证时间缩短到5～6年。

从俄罗斯航天工业的经验来看，想缩短整体的开发时间，就得确保测试数值基本符合真实情况，而且验证模型和计算水平都需要改善，这样才能提高测试的质量并减少试验的项目。在数字孪生的框架中，数字模型并不是一成不变的，它需要在计算和测试中不断被检查和完善，结合历史数据和发动机的实时数据对发动机机及其组件进行更全方位的维护。

由于航天工业涉及的数据多且复杂，所以限制了多部门之间的协作。数字孪生技术优化了协作流程，将整个过程设计的信息、资料、文件全部数字化，并以可视化的方式呈现，工作人员不会再对复杂的信息有无从下手的感觉。俄罗斯航空工业实践表明，运用数字孪生技术，所有项目参与者都可以清晰地获取想要的信息，极大地提高了团队协作能力，对航空产品的研发和生产有积极的促进作用。

本章小结

数字孪生技术与航空制造业深度融合发展，大力推动航空产业数字化转型，其核心是航空产品的数字化表达、数字化设计与虚拟实验、数字化制造、全生命周期数据管理。在未来，面对更高要求的航空产品开发，数字孪生将为重塑航空产业能力体系和建设智造航空道路做出更大贡献。

第十五章　数字孪生“智”造更强地表交通

制造业中，通过数字孪生技术，在计算机网络中构建出与现实环境无二的虚拟环境。将需要测试的虚拟物体注入虚拟环境中进行测试，并将测试结果进行分析与评估，以此模拟出最优解，以适应复杂的现实环境。由此，制造业叩响了通往“智”造的大门。

第一节　无人驾驶汽车数字孪生建模

无人驾驶是基于计算机、导航定位、传感器等多门先进技术而存在的技术，是交通领域的 AI 应用。自 1992 年国防科技大学研制出中国第一辆无人驾驶汽车后，科研人员就不断在此基础上进行研究与试验，并获得了一定的成果。21 世纪后，数字孪生技术的发展，使无人驾驶汽车在实际应用之前，得以进行数字化的测试与训练。

一、数字孪生促使无人驾驶汽车进入爆发期

数字孪生技术的出现与发展，使车辆、道路、使用者三者之间的联系更加紧密，促使无人驾驶汽车进入爆发式发展，进一步加强虚拟与现实之间的协同工作。

（一）数字孪生技术下的无人驾驶汽车原理

在无人驾驶汽车研发和生产过程中，可以通过数字孪生技术运用，构建虚拟的无人驾驶汽车及行驶场景，以进行虚拟驾驶情况测试与训练。并根据虚拟无人驾驶汽车的行驶数据，对测试结果进行分析、评估与优化，以获得最优结果。测试人员在确定最优结果后，将数据输入到实车系统中，并在现实场景使用实车进行虚拟场景再现，进而影响现实生产制造。

（二）数字孪生技术下无人驾驶技术的发展

在无人驾驶汽车最初的构想中，是建造一种可以解放双手的智能汽车。然而随着科技的发展，数字孪生技术赋予其新的发展方向。

在处理交通事故方面，交管部门可以利用数字孪生技术与无人驾驶技术，进行交通事故现场的情景再现。结合事故现场环境与驾驶者的行驶轨迹，对事故发生的全过程进行综合分析。以此找出交通事故发生的具体原因，以及交通事故的主要责任人。

在交通监控方面，交通管理人员可以通过数字孪生技术，对地面交通情况进行实时监控，以便及时发现问题并作出处理。例如，及时调控车辆疏密情况。另外，数字孪生技术也能对天气状况进行实时监控。当某个路段被大雾笼罩，能见度低。该技术可以及时将信号传递给驾驶系统，提醒其注意安全。

在交通预防方面，由于数字孪生技术是物理实体的数据虚体映射，因此，交通管理人员可以根据现实环境反馈的信息，通过数字孪生技术模拟地面交通的发展，预测可能发生的结果。简而言之，即通过现实数据来预测未来。并在预测结果的基础上，对有可能发生的问题进行预防。

二、数字孪生，让汽车永恒在线成为可能

汽车永恒在线，即通过数字孪生系统的控制，让无人驾驶汽车时刻保持在线的状态，向数字孪生系统实时反馈信息，根据数字孪生系统的指令随时更改

自身状态。这是无人驾驶汽车的发展方向，也是我国科研人员的研究重点。

虽然我国科技水平在全球范围内处于领先地位，但目前无人驾驶汽车永恒在线的研究进程依旧缓慢。

2020 年，随着全球数百家龙头企业将数字孪生纳入到核心技术研究行列，并伴随物联网与互联网技术的发展，数字孪生技术得到迅猛发展。数字孪生系统对现实环境的状态感知能力，正变得更为强大。数字孪生系统所构建的虚拟模型，越来越接近于完美的物理实体。在数字模型的场景下，可以构建极端的虚拟情境，对无人驾驶汽车进行更深层次的测试与训练。例如，构建极端的天气、极端的地面环境、突然降临的事故等情境，保证无人驾驶汽车能够在复杂的虚拟情境中找到最优解，以永恒在线的目标，提升现实无人驾驶汽车的安全保障能力和持续工作效率。

数字孪生的空间虚拟与现实已经开始融合。在未来，虚拟数据有很大的可能会具现在现实中，成为物理实体，而这也是未来汽车生活的发展方向。与此同时，人工智能与车联网的快速发展，提高了数字孪生的实时性，甚至有可能突破高精地图的限制，实时地对现实场景进行模型构建。这种情况表明，数字孪生系统对无人驾驶汽车拥有了更加强大的控制力，能够更加及时、准确地保证无人驾驶汽车的状态。

同时，由于数字孪生技术的核心应用在于决策与控制。表现在无人驾驶汽车方面，则是虚拟行驶状况受现实环境的影响，而现实行驶状况则受虚拟数据的控制。两者之间可以进行实时不断地连接和动态交互，由此构建出现实与虚拟之间的流动闭环。在这种情况下，数字孪生系统能够时刻控制无人驾驶汽车，使汽车能够获得时刻在线的状态。正是通过数字孪生系统，汽车的永恒在线理想，将加速变为现实。

第二节　数字孪生技术入局自主导航物流机器人领域

自数字孪生概念明确提出后，数字孪生技术就处于持续发展状态，并快速地与 AI、VR 等先进技术相融合。至现阶段，数字孪生不仅在无人驾驶汽车领域发挥作用，在物流机器人领域也同样产生了巨大的推动效力。

一、未来物流三大特征：数字化、自动化、智能化

21 世纪以来，科学技术水平不断提升、经济不断发展，庞大的人口压力造成资源短缺，时代发展背景下用户需求发生改变，使全球物流业面临更加严峻的挑战。面临挑战的同时，未来物流业也面临着新的发展机遇。为增强物流业未来发展的核心竞争力，物流企业必须不断学习新技术、提高创新能力。为此，未来物流业正逐步呈现出数字化、自动化、智能化的特点。

（一）数字化

数字化是指将大量复杂多变的信息转变为可以度量的数字、数据，再以这些数字、数据建立起适当的数字模型。在未来物流业中，数字化则是指借助计算机，将货物、车辆等物流信息进行数字化转化，并根据转化数据构建清晰直观的数字模型，以进行调配和整合。

数字化是物流业发展的重要方向，未来物流业的发展离不开数字化。数字化技术在物流行业的应用，促使货物配送从快速物流向精准物流转变。特别是利用数字孪生技术，为占据重要地位的机场、港口等建立数字模型，实时监控货物运输情况。或对贵重货物进行数字化追踪，实时监控货物的状态，从而保证货物的安全。

（二）自动化

自动化是未来物流业发展最为显著的特点。物流自动化，是指物流作业过程在没有人直接参与的情况下，物流设备和设施能够自动化运行，包括仓储、装卸、运输、分拣、包装等一系列工作内容。通过计算机网络，将物流设备和设施归纳、整合，并由同一个系统控制全局，以实现物流工作的高效、灵活。

（三）智能化

2011 年 12 月，我国工信部科技司发布的《物联网“十二五”发展规划》明确指出，今后物联网的发展将主要集中在包括智能化物流在内的几大领域。

智能物流是利用集成技能化技术，使物流系统可以模仿人的智能，具有思维、感知、学习、推理判断和自行解决物流问题的能力。物流业充分利用智能化，能达到提高效率、降低成本的目的。

智能化在物流的应用中，主要体现在物品仓储、运输、监测应用等方面，并将随着时代的发展，将不断被赋予新的内容。

二、物流机器人大变局：从智能装备走向数字孪生

物流机器人，顾名思义，是指应用于物流过程中的机器人。常见的物流机器人有物流搬运机器人、物流分拣机器人、物流码垛机器人和物流操作机器人等。

2016 年 1 月，花旗银行和英国牛津大学马丁学院共同提出的《工作 2.0 时代的技术》表示，人工智能、机器人技术等先进技术的发展，对交通发达国家甚至发展中国家的就业都会产生不同程度的影响。尤其装卸、搬运、打包等单一工作，更容易被机器人所取代。因此，物流业首当其冲，成为“机器换人”的前沿阵地。

伴随着数字孪生技术入局物流机器人领域，物流智能化的程度也在不断加深。与传统物流机器人相比，和数字孪生技术融合后的人工智能，对周围环境的感知能力、理解能力、执行能力等也更加强大。在未来几年，数字孪生技术与人工智能技术融合后，在物流行业中的应用范围也将随之扩大。

物流仓储方面，通过数字孪生系统，可以将不同种类的物流机器人连接起来，并利用数字模型的仿真模拟计算测试出物流机器人高效低本工作的最佳方案，其中主要包括机器人最优动作、机器人运行轨迹优化、机器人负载

均衡等内容。在这样的物流仓储系统中，线上的数字孪生系统发送指令，协调和控制不同类型的物流机器人线下执行，做到线上线下一体化，实现高效协同，达到提高效率、降低成本的目的。

物流运输方面，无人机、无人快递车、无人配送机器人等人工智能已进入试验阶段，并逐步投入使用。例如，2013 年 9 月，顺丰快递在东莞进行无人机快递测试，2016 年 5 月，京东推出智慧物流开放平台，将无人机、自动驾驶车辆等人工智能投入平台。未来，通过使用数字孪生技术，将无人机、无人快递车、无人配送机器人等物流机器人，以及某一具体区域的实际环境纳入数字孪生系统后，这些企业可以通过对物理实体的虚拟模拟进行远程控制，并利用系统全程跟踪，以预防、发现和解决物流过程中可能发生的问题。

第三节　数字孪生模拟城市最优公交系统

经济的不断发展和人口的持续增长，使我国城市建设进程在不断加快。庞大的人口和城市复杂的环境，也给我国的交通带来了一定的压力。因此，“绿色出行”的理念被不断提及，公交系统的革新势在必行。

在城市公交系统建构上，数字孪生技术显现出了巨大的优势。专业机构利用数字孪生技术，构建城市虚拟交通，然后模拟出城市最优公交系统，以此解决大多数公交问题。这对推动智慧交通乃至智慧城市的发展，都具有重要的意义。

一、在虚拟城市构建智慧公交的“镜像系统”

作为城市交通体系中的重要组成部分，城市公交在市民的日常出行中发挥着重要作用。进入 21 世纪后，现代网络技术的发展推动传统公交系统向智慧公交系统转变。

智慧公交的产生与发展，是传统公交系统与GPS（全球定位系统）、GIS（地理信息技术）、AI（人工智能）等技术相融合的结果。智慧公交的出现，实现了实时监测、动态感知、安全保障等功能，提升了交通系统的运行效率。例如，将传统的公交卡与便捷的手机支付结合在一起，使市民日常出行更加安全、快捷。

随着数字孪生技术开始应用于交通领域，使得智慧公交系统得到进一步完善，并开始构建虚拟城市智慧交通的“镜像系统”。到现阶段，“镜像系统”的构建已经初具模型。

“镜像”一词可以理解为“复制”，是数字模型的另一种表达方式。构建虚拟城市智慧公交的“镜像系统”，主要通过数字孪生技术，将整个城市的公共交通工具和道路等信息，进行数字化处理，并将收集到的数据反馈到计算机网络中，利用数字孪生技术构建公交系统各物理实体的虚拟模型。简单来说，公交系统的“镜像系统”的构建，就是将物理公交系统各因素全部复制到虚拟空间中。

如果是在虚拟城市内构建智慧公交“镜像系统”，还可以将现实城市的智能公交连接起来，在网络中构建出完整的城市公交感知网络。城市公交管理部门可以通过“镜像系统”，对智能公交的运行状态、驾驶员状态、区域车辆疏密情况等进行实时监控，以避免在行驶过程中，驾驶员因视觉盲角、疲劳、干扰等突发情况发生危险。即使有危险发生，智慧公交的“镜像系统”也能迅速模拟出解决问题的最佳方案，并及时对该公交进行智能接管。

此外，管理机构还可以设置与智能公交实时互动的智能站台，将公交预计到站时间、车内乘客数等信息进行实时播报，为乘客提供乘车的实时信息，让乘客能够提前做好准备。

二、在虚拟空间跑出城市公交管理最优解

2019年的华为智慧城市峰会，华为提出：“5G + AI，开启智慧城市孪

生新时代。”正如这句口号所指出的那样，未来利用虚拟空间模拟城市公交的最佳管理方式，需要将5G、AI与数字孪生技术相结合，促使公交车与虚拟空间模型线上线下一体化，寻求有利于城市交通管理的最优解。

在城市公交管理问题中，交通安全问题和客流量低问题等较为明显。

（一）城市公共交通安全问题

近年来，关于公交车安全事故的报道层出不穷。

2018年10月28日，重庆万州22路公交车因乘客干扰司机正常驾驶，在万州长江二桥坠入江中，车内15人全部丧生。2019年2月11日，陕西汉中宁强县一辆12路公交车因司机违规操作，坠入嘉陵江，丧生2人。2020年高考第一天，贵州安顺一辆2路公交车因司机酒后驾驶坠入湖中，有21人丧生，其中还有5名学生。连续三年发生类似公交车安全事故，对社会造成了十分恶劣的影响。

公交车发生安全事故的原因，很大程度上是受人的影响。无论是乘客的干扰，还是驾驶员自身问题，或者外部其他车辆，都是因为在某一个时间段，情感驱逐了理智，非理性因素占据了主导地位。而无人驾驶技术恰好可以解决这样的公交隐患。

相关机构可以在虚拟空间中建立城市公交模型，远程实时掌握车况，及时发现异常，在危险到来之前迅速接管公交车。同时，通过模型即时反应，在发车之前对车辆和人员进行检查，从源头上解决问题。

（二）城市公交客流量低

与相对稀疏的地铁站、轻轨站等公共交通工具相比，密集的公交站点显然更有优势。然而，大部分城市公交车的客流量是低于以上两者的。其原因，一方面是因为地面交通的复杂性，另一方面是公交车常常因为道路堵塞而延迟到站，可达性更弱。所以，乘坐公交车会付出更多的时间成本。

有鉴于此，城市公交管理部门可以通过数字孪生系统远程掌握路况，优化公交车运行路线，做到准时发车、准时到站，提高公交车的运行效率。

第四节　基于数字孪生技术的物流供应链

伴随物联网、云计算、人工智能、虚拟现实等技术的发展，数字孪生技术开始加速发展，并逐渐被各大行业所重视。其中，物流行业是数字孪生技术应用最为广泛的领域之一，并与物流供应链有着密切的联系。

一、“数字孪生 + AI + IOT”的现代智慧物流仓

阿里巴巴CEO张勇曾提出，未来物流一定是从数字化到“数智化”。“数”是指数字孪生技术，“智”是指人工智能，即AI。菜鸟网络CTO谷雪梅在2019年全球智慧物流峰会中表示，在仓储、运输、配送等物流全链路中，IOT（物联网）也发挥着重要的作用。当数字孪生遇到AI和IOT，现代智慧物流仓的模型已跃入人们眼帘。

除肯定IOT技术的重要性之外，菜鸟网络已经和行业共建基于数字孪生技术、AI和IOT技术的物流IOT开放平台。该平台的构建，将为企业构建现代智慧物流仓提供了技术支持。计算机网络上的数字仓（虚拟仓）在接入物流IOT开放平台后，就可以直接被智能调度进行仓内工作。

为使仓库工作人员能够及时接收数字仓信息，菜鸟为物流IOT开放平台研制了一款极简PDA（智能手持作业终端），用来连接数字仓和实体仓。因PDA体积小巧，仓库工作人员可以将其佩戴在手腕上。当数字仓发布任务后，PDA会通过发光、震动等方式，引导相关工作人员完成任务，让工作更加高效简洁。

菜鸟网络的实践说明，企业想建设现代智慧物流仓，就离不开数字孪生技术、AI和IOT技术三者的融合。

在数字孪生技术、IOT与AI三者关系中，IOT占据非常重要的地位。

一方面，IOT技术对数字孪生技术和AI具有促进作用。随着IOT技术的发展，数字孪生技术和AI也会随之发展。另一方面，IOT与AI是相辅相

成、相互依存的关系，IOT 能够通过传感器获得大量的数据，AI 则对数据进行解析，两者缺一不可。

最后，数字孪生技术的远程实时监控功能，是 IOT 技术的基础上进行的实时数据传输。数字孪生系统通过构建数字孪生模型进行的未来预测，也是借助 IOT 技术实现的。

可以预料，在三者综合体的共同发展下，全面完成现代智慧物流仓指日可待。

二、为何 DHL 数字孪生智能仓库技术逐渐成为主流

菜鸟裹裹 CEO 李江华曾表示："城市生活节奏越来越快，24 小时都有快递需求。夜间寄件立足于满足更多人需要，带来更多的服务选择和更好的服务体验。"由于时代的进步和经济的发展，居民的生活水平逐渐提高，对物流个性化服务方面也有了更高的需求。

"凡人不进则退也。"企业亦如是。为了能够在激烈的市场竞争中占据有利地位，任何行业的企业都应不断学习新的科学技术，提高创新能力，为用户提供高质量的服务，从而增强自身核心竞争力。因此，在物流行业，DHL 数字孪生智能仓库技术逐渐成为主流。

所谓 DHL 数字孪生智能仓库技术，是全球著名的邮递和物流公司德国邮政敦豪集团（Deutsche Post DHL）研发提出，是一种构建新型智能仓库的计划和方案。DHL 积极推进物流改革，并想要建设全球物流新生态的原因，很大程度上是因为某竞争对手"偷运"中国企业客户的包裹。该事件的发生，让包括 DHL 在内的各大国际物流公司都陷入了信任危机。为重新获得客户的信任，提高服务质量，DHL 正努力建设全球物流新生态。DHL 数字孪生智能仓库技术就是其中重要的一步。

与"数字孪生 + AI + IOT"的现代智慧物流仓相同，DHL 数字孪生智能仓库技术同样利用数字孪生技术来构建连接虚拟与现实的模型，并将其与物联网技术和数据分析融合，从而创建出新的智能仓库解决方案。

通过 DHL 数字孪生智能仓库技术，能随时随地对仓库内部的情况进行监测，做到每时每刻的操作协调。除此之外，DHL 智能仓库计划的 6 个关键因素，也是智能仓库在物流行业备受追捧的原因。DHL 智能仓库计划的关键因素即：①减少拥堵，提高效率；②管制区域警报；③温度监控系统；④完整的交通可视化；⑤实时运营数据；⑥增强机械化搬运设备的安全。

DHL 数字孪生智能仓库技术能在数字孪生技术的支持下，优化现在并预测未来，模拟各种可能性，为使用者提供更加全面的方案。因此，DHL 数字孪生智能仓库技术逐渐成为当今时代智能仓库建设的主流。

三、数字孪生，让物流供应链无限趋近无人模式

近年来，伴随着物联网技术、人工智能、GIS、大数据、云计算等技术的发展，世界各国逐渐进入智慧新时代。在智慧时代的影响下，经济社会进入爆发式发展时期，产业格局得以重塑。而受全球疫情的影响，各国物流行业更是加快了供应链的数字化升级。

DHL 高级副总裁马蒂亚斯·休特格表示："数字孪生市场预计每年将增长 38%以上，到 2025 年将突破 260 亿美元的大关。数字孪生提供了无与伦比的跟踪、监视和诊断资产的能力，通过促进数据驱动的决策和协作、简化业务流程和新的业务模型，改变传统的供应链。"而罗戈研究所也提出，数字孪生技术支持的物流供应链，是未来的发展趋势。党的十九届五中全会，更是建议将"提升产业链供应链现代化水平"写入"十四五"规划。

数字化技术的快速发展与应用，为传统物流供应链的转型、升级提供了更为广阔的空间。基于数字孪生技术的功能，数字孪生可以根据历史数据分析过去，利用原本缺乏价值的历史信息进行预测性维护和调度，可以通过现实与虚拟模型的连接实时监控现在，使物流供应链拥有了更高的效率。此外，数字孪生还能提供模型对未来进行可能性的分析，更好地保证整个供应链链路的安全。因此，数字孪生对过去、现在和未来的全程把握，是使物流供应链能够实现全程自动化的重要因素。

数字孪生数据预测未来的功能，可以在任何需要的时候，对使用者提供业务指导，帮助使用者快速做出决策。例如，某物流公司因为经营管理的变动，需要更改物流供应链链路时，即可通过模型对所有可能性进行测试和分析，快速找到最优的物流供应链链路。

数字孪生技术自始至终参与着物流供应链发展的方方面面。从智慧仓库开始，经过无人快递车、无人机，到无人配送结束。在智慧物流的新时代，数字孪生技术凭借其丰富应用功能，与人工智能、物联网技术等技术相结合，由此铸造一条无人参与、全程自动化的物流供应链。

本章小结

数字孪生技术极具颠覆性，被称为“改变游戏规则的技术”确实名副其实。近年来，随着我国科研人员对数字孪生的持续跟进和创新应用，智慧城市、智慧交通、智慧物流等地表系统建设已获得不小的成就。尽管如此，这些应用仍然只是数字孪生的“牛刀小试”。依托数字孪生巨大的优势，未来，数字孪生注定会在交通相关的制造行业上大显身手，“智”造出地表最强的交通制造业强国！

第十六章　数字孪生描画水天一色

水利工程是水资源管理中不可或缺的一部分。自数字孪生技术逐渐被各国所重视后，数字孪生技术就逐渐应用于水、陆、空的各大领域。构建地表最强交通系统已经初具成效，随着我国科技实力的增强，数字孪生技术逐渐向水利进军，并立志于打造庞大、全面而精密的河道智能水务。

第一节　基于数字孪生的河道智能管理系统

传统时期，因为河道管理方式的落后，往往因不能及时发现或不能及时传递消息，而导致对事故的无能为力。在现代技术的支持下，基于数字孪生技术的实时监测和模拟预测功能，可以实现对河道动态的可视化管理，更大程度上保障了人民的生命财产安全。

一、柔性仿真，智慧河道的柔性管理方法

水是人类生存和发展的基本条件，是基础性的自然资源和战略性的经济资源。在不摄入任何水分的情况下，人体最多可以坚持 3 ～ 10 天。为保护水资源，我国水利部也坚持实行最严格的水资源管理制度。

然而，由于人口的增长，以及人类在发展过程中对环境造成的破坏与污染，成为全球性的水资源短缺现象，在我国也有所表现。仅以我国水污染为例，据环境监察部门统计，近几年全国每年水污染事故都在1700起以上。世界各国都在寻求有效的解决方法。

21世纪后，随着科学技术的发展，特别是数字孪生技术、虚拟现实、人工智能、GIS等技术的实际应用，我国逐渐开始智慧城市的建设。城市河道作为水资源的一部分，被纳入其中进行智慧河道的建设。将水系、河流、河道等进行仿真模拟，并在计算机中直观展现出来。通过实时监控，相关部门能动态掌握河道的水位、流速、流量、水质等变化。同时，还会对区域内的降水量进行监控，并发布预警信息。智慧河道系统的出现，实现了对水资源的有效管理。

现阶段，智慧河道的建设已初具规模。为使流域与区域相结合、城市与农村相统筹、开发利用与节约保护相协调，相关管理部门倾向于使用柔性管理方法。“柔”符合“水利万物而不争”的特性，尤其能更加科学全面地对应不同地域环境的特点。将柔性管理运用到智慧河道管理上面，更有利于促进水利工程管理的科学化和智能化。

柔性管理，是指以柔性管理理论为基础，提倡以人为中心的一种人性化管理方法。柔性化管理一般应用于人，与传统刚性管理方法相反。例如，企业柔性管理不会对劳动者的工作多加限制，不会制定严格的上下班时间、按照规定完成任务等，而是更倡导人的自主性。

在水利方面，可以借助数字孪生技术，将全国范围内的大小河道纳入计算机网络中。在不受其他因素干预的情况下，任其按照自然规律发展。必要时，则通过数字模型反映出的问题，对小范围区域进行综合调控。智慧河道实现了全局把控，柔性管理则是在进行全局把控的同时，提高运行效率，降低了管理的操作成本。

二、全线管控，水上交通的分段式管理方法

水上交通是交通的重要组成部分。虽然随着时代的进步，公路、铁路、

航空等交通方式的比重逐渐增大，但是在大型货物的运输方面，成本低廉的水路运输依旧具有不小的优势。

然而，与其他交通方式相比，水路基础建设较少，也更容易受到自然因素影响。例如，水位、气候、季节等自然因素，水路的不可控性更大，对人员的生命财产安全有很大的隐患。因此，建设智慧水上交通的步伐刻不容缓。

客观来看，我国疆域辽阔，南北相距约5500千米，东西相距约5200千米。且国内河网密布、河流纵横交错。从西至东，因东西地势差异大，河流上段落差大、水流急、河道窄。中段因位于山地与平原的交界处，多瀑布或急滩。下段则流速较缓，河道宽阔，这也是水上运输的主要位置。通过数字孪生技术的仿真模拟，可以将真实复杂的水上交通线路平移到孪生空间中，对水上交通进行实时监控。

基于水上交通在位置和气候上的差异，以及数字孪生技术的局限性，在选择水上交通的管理方式时，可以选择分段式管理方式。在保证高效率监管的同时降低管理成本。

分段，是指将一个整体分成几个不同的部分。分段管理，顾名思义，是将水上交通范围内的河流，按照城市、地势、气候等进行分段处理的一种管理方式。通过分段式管理，对重点流域加强控制，保障水上运输的正常进行。同时，还可以以点带面进行全局管控。

此外，相关部门还可以考虑将某段流域承包给个人或团体，由个人或团体按照规则，利用数字孪生系统进行管理，从而扩大水上管理队伍。实现虚拟与现实的双重监管，使管理更加严格，运行机制更加流畅。

三、决胜千里，数字空间掌控河道运筹

随着现代互联网的发展，未来河道是虚拟空间与现实世界的融合交汇。通过物联网技术，对现实河道的数据进行数字化、信息化处理；利用数字孪生技术将其模型化，并确保河道模型能够与现实保持同步。最后，依据河道现实世界的数字模型，实现河道通过数字空间可视化。在虚拟的数字空间

中，对河道进行全程管控。

关于数字孪生技术在这方面的实际应用，最早开始于2016年4月诞生于杭州的“城市大脑”。近年来，杭州上城区城管局紧跟杭州数字化发展的步伐，从管控河道入手，在“城市大脑”的基础上又建设了“杭州城市大脑智慧河道平台”。

该平台共有智慧河网、指挥中心、数据中心、业务管理4个板块，在该平台上，可以看到上城区的河流分布情况、水质、流速、水位等。此外，河道治理项目和涉河审批项目也可以在平台上显示。通过该平台，管理人员足不出户，就可以对区域内的河道进行综合管控。

利用数字空间对河道进行全程管控，一方面，可以通过数字空间的模拟功能对河道的安全进行管理。通过接入在线监测数据及时发现设施运行中的突发状况，快速进行事故溯源、追踪与预警，辅助管理部门做到防患于未然，提高对河道突发状况的预警和处理能力。另一方面，利用数字空间进行实时监测。通过水环境仿真建模，对所覆盖流域内的水位、水质、流量、基础设施等进行有效分析。在分析结果的基础上为管理者预测事故、灾情等突发事件，形成决策方案，让管理者能够及时、准确进行决策。

在河道内水环境的改善上，通过数字空间对过去、现在的水环境进行分析，从而根据结果对水资源的治理方案进行综合评估。

总而言之，伴随数字经济时代的到来，现实世界和虚拟空间已经开始突破界限。在数字空间的协助下，无论是河道，甚至是人类整个生存环境，都将受数字空间的影响。而人类对生存环境的规划，也会与自然规律更为契合。

第二节　数字孪生与智慧水务

“技术改变生活，科技成就未来”，已深入贯穿社会生活的方方面面。在信息化、数字化发展日新月异的时代，水务管理向更高阶段的智慧化发展已经成为时代发展的必然趋势。

随着物联网、移动互联网、大数据、云计算等技术的迅速发展和深入应用，城市智慧化建设迅速开展，城市排水系统也伴随着城市的发展而不断更新。尤其随着城市的发展，水污染问题日渐严峻，水的监管和治理成为困扰城市发展的一大重要难题。

数字孪生的发展和深入应用，及时地为水资源的管控和治理提供了新的思路，即利用数字孪生等技术，建设自动化、数字化、智慧化的智慧水务。

智慧水务具有三大核心理念，即感知、协同、智能。感知是基于传感器的应用，能够将传感器嵌入自然水和社会水循环的每个阶段，完成数据采集。协同则是利用虚拟平台，完成水资源的管控和处理，并让每个环节都能高效、协同运行。智能是模型的预测功能能够提供科学化的决策。这三大核心理念也是支持智慧水务建设的强大驱动力。

管理部门可以将物联网、互联网、大数据、云计算等新技术充分运用到水务的综合管理中，依托传感器获取水的信息，经过大数据和云计算的分析、整理，通过数字孪生模拟构建水务的虚拟现实管理平台，以此完成对水质、水位、水压、流量、降水量、气象等数据的实时监测，实现水资源的精细化、智能化、规范化管理。

在智慧水务的建设方面，数字孪生和水务建设的结合已经初具成效。江西省九江市长江大保护工程，采用“互联网＋水务”的新思维，开始了智慧水务的建设。构建了以“一朵云”“一张网”“一张图”“一本账”“五中心”为总体设计框架的智慧水务平台。依据该平台，九江实现了对排水设施运行的实时监测和动态管理。

★相关案例★

数字建模：节省九江水务400万元设计成本

据九江市新闻栏目报道，长江大保护工程以江西省九江市作为试点城市，建设智慧水务平台。该工程涉及污水处理厂、配套管网、水生态修复、河道整治、泵闸、枢纽工程、海绵大道生态化改造等。

该工程是由上海勘测设计研究院与长江生态环保集团联合开展的，工期为三年，总投资约77亿人民币。力图将九江城区水务信息进行多维度、多尺度、多方面的统一管理。

（1）对整个城区进行BIM①设计。在模型的构建方面，整合了所有相关专业的BIM模型，采用倾斜摄影技术，利用无人机完成工程范围内的影像采集工作。影像采集完成后，使用碰撞检查三维实景建模软件进行数字模型的建设。并在物联网技术和GIS的支持下，将范围内的地下管网数据发送到实景模型中，实现地下管网的入库和管理。

（2）在BIM设计的基础上建设智慧水务平台。平台是以“一朵云”“一张网”“一张图”“一本账”“五中心”为总体设计框架的。

“一朵云”，指长江生态云。

“一张网”，指监测感知网。

“一张图”，指BIM + GIS系统图。

“一本账”，指绩效指标体系。

“五中心”，指工程管理中心、智慧感知中心、水务应用中心、决策支持中心、展示宣传中心。

平台框架设计包括基础设施层、服务共享层、智慧应用层和安全防护层等。另外，平台将开放对外接口，便于与外界进行数据交换。

智慧水务平台构建完成后，即可借此实现智慧工程。借助数字孪生模型，对长江大保护工程的建设进度、质量等进行实时监控。

① BIM：建筑信息模型（Building Information Modeling）是建筑学、工程学及土木工程的新工具。建筑信息模型或建筑资讯模型一词由欧特克公司所创的。它是来形容那些以三维图形为主、物件导向、建筑学有关的电脑辅助设计。（摘自百度百科）

(3) 通过数字模型实时采集排水户、管网、调蓄池、泵站、污水处理厂等设施的运行信息，根据收集到的数据及时发现工程运行中的突发情况，及时采取正确的行动以避免问题的发生。

据了解，凭借数字模型，在进行模型设计时团队减少了80%的设计错误，节省了800个设计和校审工作日，节省了400万元的成本。在长江大保护工程建设过程中，也将建设工期缩短了4个月，降低了20%的施工成本。

该平台的建设，实现了传统粗放式水务管理向现代规范化、智能化、精细化管理的转型升级。

第三节　数字孪生与水陆交通融合发展的新路径

数字孪生是未来交通的新方向，该技术对现实实体的动态仿真模拟，可以解决现实空间与模拟空间的不足，融合数字模型和现实水陆交通两个维度，带来取长补短的新路径，对推动智慧水陆交通的发展具有重要意义。

一、地表交通协同管理，水陆交通协同融合

近年来，为加快建设交通强国，构建现代化高质量国家综合立体交通网，支撑现代化经济体系和社会主义现代化强国建设。中共中央、国务院于2021年2月印发了《国家综合立体交通网规划纲要》，明确提出了推进综合交通统筹融合发展的要求。这也对数字孪生技术推动水陆交通协同融合，提出了新的课题。

在水路交通中，港口是重要的交通基础设施之一，是水陆交通的枢纽。正常情况下，任何国内或国外的贸易，在涉及水上交通和陆地交通两个领域时，都将通过港口进行货物的转运。然而，由于港口具有地域性的特点，又受季节和气候的影响，水陆交通体系始终是相对独立的个体。

伴随全球交通进入数字化、信息化时代，水上交通和陆地交通不应仍是单独的个体，而应成为相互联系、协同融合的整体。因此，在对水路交通进行管理时，要有全局意识和系统思维，要使水上交通和陆地交通之间做到关系协调，从而实现两者之间取长补短、资源共享、共同发展，构建持续动态的多赢局面。

实现水陆交通协同融合是系统化的过程。加强水陆交通协同管理，需要我国各地区、部门共同努力。如今，现代技术的发展对水陆交通协同管理发挥了重要的作用。在现代科技的帮助下，特别是 5G、GIS、AI、物联网、数字化等技术的应用，为水陆交通协同管理提供了强大的技术保障。

为推动水陆交通协同，应充分利用数字孪生等现代新技术，强化水陆交通协同管理的能力，从而提高水陆交通的发展质量和效益。

相信在不久的将来，可以利用数字孪生等技术将真实的交通平移到孪生空间中，并根据水陆交通规则的变化，预测交通流的变化情况，进而对水陆交通转换接续的具体情况进行预测，为管理人员的决策提供科学依据。进一步完善一体化交通体系，推动水陆交通协同发展。此外，还可以通过综合立体交通网，为车辆、船舶的连接提供方便，避免驾驶员因天气、路况的因素发生而对安全造成威胁。

二、探索数字孪生与水融合发展新路径

现代科技的发展，对世界经济发展和生产、生活方式的变革都产生了深刻的影响。伴随物联网技术、5G、AI 等技术的进步，数字孪生与水融合发展领域，正在绽放新的活力。

（一）数字孪生引领水处理行业的“中国智造”

2015 年，我国颁布《中国制造 2025》，立志改变中国制造业“大而不强”的局面，提高中国制造竞争力。在《中国制造 2025》中，我国提出了中国制造向中国创造转变、中国速度向中国质量转变、中国产品向中国品牌转

变，由此完成中国制造由大变强的任务。体现在水处理的相关制造行业中，数字孪生和 AI 等技术支持的智能制造是主攻方向之一。

2016 年到 2020 年之间，我国国内规划新增污水处理设施规模 5022 万立方米 / 日，但经过处理后的水质仍不容乐观。事实上，在污水、废水的治理方面，由于技术要求的限制，存在着较高的操作要求。因此，水处理行业是当前亟须改变的行业之一。在现代科技的帮助下，相关部门和企业可以通过物联网采集数据，借助 AI 进行大数据分析，最后由数字模型进行预测、决策，将机器无法直接测量的指标进行直观清晰地动态模拟，实现水处理的高效、高质和低本。

（二）数字孪生助力水利现代化

2021 年 6 月 11 日，由中国工程院主办的第 333 场中国工程科技论坛——数字孪生与水科技创新论坛在武汉召开。并由中国工程院土木、水利与建筑工程学部、长江勘测规划设计研究院联合承办。

该论坛以“数字孪生与水，助力水利现代化”为主题，围绕数字孪生技术、智慧水域和水工程联合调度、水利水电工程全生命期智慧建设、城市智能建造及水务综合治理展开论文征集与交流，为推动水利现代化、数字化建言献策。

在交流中，长江设计院院长钮新强认为，通过数字孪生等新技术，构建高效、立体的数字化平台。利用数字化平台的动态感知，对水利进行综合管控，并实现水旱灾害防御“预防、预控、预警、预报”能力。

可视化数字孪生领军企业“数字冰雹公司”，在关于数字孪生与水融合方面，发布了智慧水务数字孪生 IOC 系统。该系统覆盖水环境监测、城市供水监测、排水运营监测、水生态监测、水工程监测、水安全监测等多个业务领域。利用该系统，能够对水利管理综合运营态势实时监测、一键掌握。

当今时代，数字孪生与水相融合的趋势已经不可避免。数字孪生，是支持未来“大水利”行业高质量发展的重要手段。

本章小结

着力提升水利战略科技力量是我国科技创新的重点，数字孪生技术是实现我国水利治理体系、治理能力现代化的重要工具。基于数字孪生技术构建的模型，使我国水资源信息得以更全面、更清晰、更宏观的展示，并为未来数字时代水利现代化提供强大助力。

第十七章　数字孪生，连接现实世界与数字空间

早在 2011 年，美国空军研究实验室，就提出了数字孪生技术的雏形，并在数字空间建立了真实飞行器的模型，从此开始，现实世界与数字空间开始融合。近年来，伴随着 VR、AR 等技术的发展，现实与虚拟两个世界的距离进一步拉近。未来，数字孪生技术势必迎来更大的变革，数字空间与现实世界的彻底融合将不再是空想。

第一节　数字孪生：连接现实与数字空间

从微信到支付宝，从共享单车到无人驾驶车，数字化对人和社会造成的影响已经无处不在。数字孪生概念的成熟和技术的发展，更是打破了现实世界与虚拟空间的界限。让原本受限于身体构造的人类，拥有了自由上天入海的可能。数字孪生的出现，为人类的想象力提供了一条越来越清晰地探索路线。

一、数字孪生：未来科技的基础架构

虚拟与现实的交相呼应，让数字孪生成为全球经济发展的热点，引起了

世界各国的广泛关注，并将数字孪生列入关键技术应用。

2020 年 9 月，我国国资委下发《关于加快推进国有企业数字化转型工作的通知》，明确提出要加快数字孪生的推进工作，加快数字孪生在各大领域的应用。

如今，数字孪生技术已经是未来最大的科技发展趋势之一。不仅如此，数字孪生还在赋能未来科技的基础架构。

基于数字模型的实时监控、仿真、预测等，大部分技术的实际应用，都需要建立在数字孪生技术的基础上进行。例如，智慧物流中广泛应用的物流搬运机器人、物流分拣机器人、物流码垛机器人和物流操作机器人等，都是在物流网、AI 和数字孪生融合的基础上投入使用的。除此之外，智慧城市、智慧交通的建设，同样需要 GIS、GPS、物联网等技术与数字孪生技术融合。

在一些制造业中，机器人目前还无法完成更为精密的工作。特别是进行铣削工作时，工业操作机器人需要用高速旋转的铣刀在毛坯上走刀，切出需要的形状。而走刀过程中强大的冲击力会导致不精准的运动。然而，随着数字孪生在人工智能领域的应用，机器人在铣削过程中不精准的动作，都会被数字空间实时计算出结果，对机器人未来的运动路径进行可行性、可靠性预测，以保证机器人能在准确的路径上完成精细运动。

数字孪生可以带来物理实体的虚拟化呈现，并且呈现出的不仅仅是物理实体的表面，其内在的构造、运行等都会通过高度仿真模型进行实时呈现。这也得益于大数据、云计算等技术的支持。更为重要的是，数字孪生技术目前仍处于发展阶段，还可以持续进化。数字孪生进化的同时，也将促进其他技术的发展。因此，数字孪生技术不仅是科技的基础架构，更是未来科技的创新支柱。

二、虚拟现实未来发展的新方向

早在 1929 年，有声形动态的模拟就已经蕴含了虚拟现实的思想。到 20

世纪 80 年代前后，VPL 研究公司的杰伦·拉尼尔提出了“虚拟现实”的概念，并开发了第一套 VR 眼镜和手套。进入 21 世纪后，依托雄厚的电子信息制造基础和广阔市场，虚拟现实技术逐渐成为主流。

虚拟现实技术的出现和应用，改变了人类原有的生活方式，成为引领全球新一轮产业变革的重要力量。未来 VR 或将成为推动生物、医疗、社会、教育、商业、军事等多个领域发展的重要力量。尽管目前虚拟现实的大部分应用还处于纸上谈兵的阶段。虚拟空间与现实世界之间的联系，也只是“平面式、被动式、单向式”的简单交互，但在数字孪生技术的推动下，虚拟空间在未来会有越来越大的发展空间。

2021 年，世界 VR 产业大会云峰会新闻发布会在江西省南昌市举行。在发布会上，中国电子信息产业发展研究院副院长李文强认为，虚拟现实自身在未来发展的新方向，为三维式、主动式、互动式。未来模型数据获取和理解都将会趋于全息化。

例如，有的电商企业曾对虚拟现实进行设想，其设想的主体为一个“Buy +”系统，改变现有的网上购物方式。用户不用通过图片和评价了解商品，只需要带上头盔，就可以像逛实体店一样购物。

此外，虚拟现实未来的发展也会逐渐趋于便利化、自然化、轻量化。随着虚拟现实技术的进步，虚拟现实设备能带来更身临其境的沉浸式体验。而数字孪生技术的高度仿真和预测，会计算出制造、生产虚拟现实产品的最佳配比，使虚拟现实产品的生产成本下降、生产效率提升，价格越来越便宜。

在虚拟现实与产业的融合方面也同样值得期待。虚拟现实的发展将以融合创新为导向，推动虚拟现实与重点行业相融合，推动产业应用示范基地建设，以及推动全国各地区协同联合发展。同时，政府部门也正积极培育虚拟现实产业的新模式、新业态，拓展虚拟现实产业的发展空间。

三、VR、AR，拉近虚实世界的第一把钥匙

与致力于使人进入虚拟空间，可提供沉浸式体验的 VR 不同，AR 是将

虚拟的对象放入现实世界，是现实与虚拟的交互。因此，VR 的中文译名为“虚拟现实”，AR 的中文译名则为“增强现实技术”。VR 是“进入虚拟空间的钥匙”，AR 则是“现实世界的辅助设备”。

虚拟现实因在娱乐领域的实际应用而广为人知，但增强现实却少有人提及，甚至一些不经常接触科技的人会将 VR、AR、AI、MR 等混为一谈。实际上，无论是 AR 还是 VR，作为时代发展的产物，都是为推进人类社会的发展而存在的。而在现实世界和虚拟空间的融合中，AR 和 VR 也将成为打开两者之间大门的第一把钥匙。

所谓增强现实，就是把现实世界中某一区域并不存在的信息，通过仿真模拟将虚拟对象叠加到现实世界中，并可以被人利用某种媒介进行感知的技术。例如，谷歌的 Google glass，就是一种进行感知的媒介。在 2015 年，神奇的飞跃（Magic Leap）公司发布的曾轰动全球的 AR 宣传片“大白鲸出水”，就是现实与虚拟的融合。虽然最终神奇的飞跃公司被曝出发布的宣传片均为 3D 制作，使得神奇的飞跃公司的估值大幅度缩水。但是，神奇的飞跃公司对未来 AR 发展的畅想，还是给人们带来了思维上的创新。

2021 年 1 月 30 日，继神奇的飞跃公司后，其前首席执行官罗尼·阿伯维茨又成立了一家名为太阳和雷声的新公司。罗尼·阿伯维茨在接受游戏节拍公司采访时说，成立该公司的原因，就是想要继续专注于 AR 领域的研发，并利用 AR 将智力、技术和艺术融合，从而展现一个虚拟与现实交互的新世界。同样，我国工信部在其发布的《关于推动 5G 加快发展的通知》中提出，也强调应推进 5G 与 AR、VR 相结合，推广 AR、VR 的实际应用。

例如，在制造行业，以往新产品的设计、研发、试验会产生巨大的时间和金钱成本，而 VR、AR 所具备的虚拟现实和增强现实的优势，则可以降低成本，提高生产效率。通过 VR、AR 技术与数字孪生技术的结合，可以基于现实世界来构建产品的虚拟模型，并通过虚拟现实进行实时调整，以确定设计方案。这将进一步拉近虚幻空间与现实世界的距离。

第二节　数字孪生的架构觉醒

自 2003 年迈克尔·格里夫斯教授提出数字孪生的雏形概念后，直到 2017 年，知名咨询公司德勤才在“工业 4.0 与数字孪生”中对数字孪生的架构进行了清晰的描述。在数字孪生架构觉醒的促进下，一大批技术架构师如雨后春笋般崛起于各大行业，利用数字孪生架构，为增强企业竞争力发挥了巨大的作用。

一、数字孪生创新未来科技的五大层级

数字孪生对促进未来科技创新的意义重大。德勤发布的《技术趋势 2020 报告》提出，从长远来看，要释放数字孪生技术的全部潜力，需要整合整个生态系统中的所有系统与数据。这意味着，数字孪生技术的持续发展和深入应用，离不开现有科学技术的支持。反之，未来科学技术的发展、创新，同样需要数字孪生技术的引领，数字孪生技术是促使科技发展、创新的重要推动力。

为推动未来科技的创新，应从推进数字孪生技术创新开始。我们可以从规划、设计、治理、运营、发展五个层次对数字孪生进行观念更新，为科技发展提供创新思路。

（一）规划

“不打无准备之仗，不打无把握之仗，每战都应力求有准备。”做任何事都要提前做好规划，要具有战略观和全局观。近年来，我国建设的智慧城市、智慧物流、智慧水务等智慧工程，都是基于数字孪生技术与人工智能、物联网、GIS 等技术的综合应用。在推进未来数字化建设前，相关部门要对行业、地域等进行综合考察，因地制宜、因时制宜地推进科技的创新发展。

（二）设计

创新是不断试错的过程，伴随着科技的发展，人们逐渐进入数字化的世

界。在创新过程中，原本不可避免的错误代价，变成了可以反复付出的低成本。因此，无论是在产品的设计方面，还是在新技术的实际应用方面，都可以通过虚拟空间的仿真模型进行可变参数的、可重复的测试。数字孪生技术的存在，即为未来科技创新提供了一条低成本的试错之路。

（三）治理

党的十八届三中全会召开之后，我国也明确提出要推动整个国家走向现代化治理。治理并不是单一技术的简单应用，而是一个更大科学共同体的建立。因此，在治理过程中，要充分利用包括数字孪生在内的先进技术，构建新的治理工具体系，推动治理现代化、智能化、数字化的创新式发展。

（四）运营

在科技与运营深度融合中，技术创新模式正在成为各大产业所推崇的主流。只有不断提升科技创新水平，将数字孪生的运营能力与科技创新深度相结合，才能帮助各行业建立更强的竞争优势。

（五）发展

创新发展是永恒的主题。目前，在其他技术的支持下，数字孪生技术得到充分的发展，其应用已经涵盖水、陆、空三大领域。数字孪生技术的深入应用，又能拓宽了其他技术的应用空间。在这种良性循环下，各产业领域科学技术应用的创新水平都将得到喜人提升。因此，我们有必要进一步充分利用数字孪生技术，实现未来科技的创新式发展。

二、数字孪生未来应用的四大阶段

我国正处于信息化和数字化的时代节点上，物联网、移动互联网、大数据、云计算等先进技术，为数字孪生的发展提供了坚实的保障，使之应用范围更为广泛。从数字孪生目前的发展趋势来看，这一创新技术在未来的应用，将会经历虚拟验证、双向连接、智能决策和虚实交互四大阶段。

（一）虚拟验证

数字孪生技术正式应用之前，产品、生产线、系统等现实世界事物的设计、制造、测试等环节，不仅需要付出庞大的成本，其效率也无法得到保证。然而，在数字孪生技术深入应用后，通过构建物理实体的仿真模型，对设计、制造、测试等环节进行重复的、可变参数的、可加速的仿真实验，通过反复的测试得出最佳结果。这意味着数字创新在其虚拟验证阶段，即可提高产品在设计、研发、制造等方面的准确性。

（二）双向连接

物联网是数字模型中连接现实世界与虚拟空间的纽带。通过物联网提供的单一信息源，模型可以实现现实世界与虚拟空间的双向连接。物联网与数字孪生的结合，为模型的仿真模拟提供了大量真实数据的支持。通过仿真模型实现双向连接，使数据资源利用率达到最大化，推动设计、制造的高效协同。

（三）智能决策

数字孪生技术发展的智能决策阶段，主要侧重为同人工智能的结合。一方面，人工智能可更好地接收和分析传感器发送的数据信息，帮助虚拟模型提升决策能力。另一方面，人工智能的应用离不开数字模型综合把控。近年来，数字孪生和人工智能的融合得到越来越广泛的传播，从电力、船舶、农业、建筑、制造领域，到医疗、教育、航空航天领域等，数字孪生和人工智能的融合得到更广泛的应用。

（四）虚实交互

数字孪生的动态感知、数据集成、模型构建、人机交互等核心技术，推进着“静态映射的物理实体”向“动态协同的物理实体”的转变，实现了现实世界与虚拟空间的协同交互。

数字孪生应用的发展历程，是由虚拟验证向虚实交互的闭环优化发展。未来，随着数字孪生应用的普及，各大产业领域会受到深刻影响。数字孪生技术将成为行业转型升级的新动力，行业的设计、研发、生产等部门，也将先后因此向虚实交互的模拟化迈进。

三、数字空间，真实未来

2021年8月，我国自然资源部发布了《实景三维中国建设技术大纲(2021版)》。实景三维是对现实空间进行真实、立体、实时反映的数字虚拟空间，是现实世界的数字化映像。该大纲的发布，标志着各地实景三维项目建设进入新高潮，数字化的发展势不可挡，现实世界与数字空间的融合成为大势所趋。

数字孪生作为虚实世界的数据和信息交互口，是推动现实世界数字化，促进数字经济发展的重要驱动力。在大数据、云计算、人工智能、5G等技术的加持下，数字化世界的帷幕正被逐渐拉开。

2001年前，一位叫“毛老师”的网友制作过一个关于未来数字空间的视频，表达了他对未来数字空间的美好畅想。

在毛老师的视频中，以星级对数字生活的神奇指数进行划分：一星是表现在医疗方面的“无忧无虑的健康天地”；二星是表现在教育方面的“生动有趣的学习空间”；三星是表现在家居方面的“方便舒心的家居生活”；四星是表现在娱乐方面的“身临其境的玩转世界”和饮食方面的“随心所欲的美食天地”；五星是表现在交通领域的“随心所欲地无人驾驶出行”。在该视频中，数字空间给人们带来极大的便利性、安全性、舒适性。

华为常务董事、ICT产品与解决方案总裁汪涛说：“今天的创造，大多来自过去疯狂的想象。”毛老师对未来数字生活的畅想，随着AR、VR、AI等技术的快速发展，正逐渐成为现实。

在未来，无论是商业，还是工业，抑或是农业，都将建立在数字的基础上。在购物时，人们可以借助虚拟形象直接进入购物平台的店铺体验。在制造业，管理人员可以直接通过计算机网络中的虚拟模型，进行设计、制造、测试一站式管理。在种植业，虚拟模型可以利用传感器对土壤肥力、气候、农作物习性等进行分析，并根据分析结果控制无人设备进行全天候的工作，决不耽误农时。

未来，越来越多的人会获得数字化的身份，人们将会以数字的形式存储在云端。在未来，数字将无处不在。

第三节　数字孪生的技术道德与信任

未来，现实世界与虚拟空间的协同交互不可避免。而现实世界的局限性，使得人们对虚拟空间抱有更大的期望。

然而，虚拟的数字空间不受拘束的特性，有可能使人们脱离现实社会的基本道德规范，从而助长恶意的产生。此外，未来数字化的世界，每个人的信息数据都会被存储于云端。到那时，人们自身信息的安全能否受到保障，也是数字孪生发展的一个瓶颈。因此，相关人士对于是否应该利用数字孪生技术构建虚拟空间展开了激烈的讨论。

数字孪生技术是会发展“善”还是会助长“恶”，其构建的虚拟空间会对现实社会造成怎样的冲击，应该如何平衡现实世界与虚拟空间的关系，这些是数字化进程中必须要考虑的问题。

1970 年，美国学者梅塞尼发表了关于对技术进行社会评价的《技术与社会》。通过多方面考察和思辨，梅塞尼将技术道德观分为三种观念。

（1）技术“善”论。梅塞尼在文中写道，技术是能使一切进步的原动力，能解决人类生存发展的根本问题，能给人们创造一个理想的社会。例如，移动互联网使人们的生活更加便利。

（2）技术“恶”论。该观念认为技术是万恶之源。一方面，技术的发展降低了就业率，技术含量低的工作往往容易被智能化所取代。另一方面，国家之间科技发展的程度不同，造成国家科技实力有强有弱，而某些强大的国家常常会标榜自己为救世主，打着救助的旗号对弱小的国家发动战争，对人民生命财产安全造成了严重的威胁。最后，随着技术的发展，自然环境受污染的程度越来越深。所以有人甚至认为，技术将人类和地球引向毁灭。

（3）技术“中性”论。该观念认为，技术本身无关善恶。但数字化的发展却有一个试错的过程，所以，技术在应用过程中充满了很大的不确定性。梅塞尼本人支持这一看法，本书作者对数字孪生技术也持同样态度。

同一种技术，运用在利国利民的领域，即为善；运用在祸国殃民的领域，即为恶。技术本身并不存在善恶，而是使用方式影响了人们对技术的评价。因此，在使用数字孪生技术过程中，需要积极平衡该技术与人类、社会、自然的关系，推动科技向有利方向发展。

数字孪生技术不会辜负人类，人类可以对其抱有信任，规律和时间将会证明这一点。

第四节　数字孪生的 AI 体验平台

早在数字孪生技术与物联网、大数据、云计算、AI 等技术深度融合前，数字孪生就展现出了强大的协同力。通过多年的探索，数字孪生与其他技术的融合创新也得到持续的突破，并充分应用到各个领域。随着工业 4.0 时代的到来，基于数字孪生和人工智能的深度融合，社会生产方式将逐渐由自动化向自主化转变。

一、平台上获得的未来体验

2021 年 7 月，第四次世界人工智能大会在上海召开。大会主要围绕 AI 在各种领域的应用展开深刻的谈论。其中，利用 AI 技术打造一站式 AI 平台，优化资源配置，实现资源的高效利用，成为大会研讨的热点。

AI 平台，是指以 AI 技术为基础构建的工具平台。AI 平台基于 AI 分析、处理数据的高精准、高效率、高覆盖的特点而构建的。通过 AI 平台，可以帮助使用者充分利用现有资源进行实时的数据分析，实现高效网络管理，提升运营效率。

数字化世界的发展，离不开数据、算力、算法三者的支持。然而，由于移动互联网的快速发展，导致数据相对杂乱无章，给数据的获取和分析造成了一定的难度。AI 具有从纷繁数据中寻找规律、价值的能力。而将算法和生产服务平台合在一起，将 AI 平台化是这一技术发展的必然趋势。

2021 年 5 月，阿里巴巴集团副总裁华先胜明确表示，AI 平台化是 AI 行业发展未来的趋势。华先胜随后发表了《人工智能技术规模化应用的探索与实践》的主题演讲。他认为，在不到十年的时间里，人工智能技术就已经发生了非常大的变化，并在算力、深度学习技术、视觉、听觉、自然语言决策、大数据等方面都有了很大的突破。因此，未来 AI 行业的发展是趋于平台化模式的发展。

随后不久举办的第四次世界人工智能大会上，参会方星环科技推出一款一站式 AI 平台“Transwarp Sophon7.0”。针对该 AI 平台的构想，星环科技 AI 产品研发部研发总监杨一帆曾表示：“在人工智能时代的实际应用中，用户的场景越来越复杂，有时候不得不维护多种数据库来满足不同需求。这时候，处理多模态的需求变得迫切。”因此，基于大数据 + 云计算 + 人工智能技术，能够实时地对数据进行分析、处理，并拥有高效率的 AI 平台“Transwarp Sophon7.0”就此诞生。

AI 平台方兴未艾，即将成为数字孪生技术的新舞台，创造出面向全社会的新体验。

二、“AI + 5G”驱动人类进化和文明跃迁

2016 年 6 月 6 日，工信部发放 5G 商用牌照，宣告我国正式进入 5G 元年。随后，以“智联世界、无限可能”为主题的第二届世界人工智能大会在

上海召开。该会议涉及包括AI、5G、芯片、算法等在内的多领域内容，并着重阐述了AI + 5G深度融合后，人类将进入科技产业大变革时代。

“AI和5G”之间存在着相辅相成的关系，5G的到来为AI提供了更为广阔的发展空间，进一步提升了AI的数据计算和传输速度。AI超强的分析和操作复杂系统的能力，则能够解决5G发展过程中存在的大部分问题，促进5G的发展。

AI + 5G的深度融合，为数字孪生技术推动众多行业变革增添了更多的力量。

（一）通信行业

从2017年全球移动通信系统协会发布的《5G开启无线连接与智能自动化的时代》白皮书开始，到2021年，中国移动建成了近50万个5G基地，推动AI + 5G规模性应用结束，“AI + 5G”的深度融合已经成为引领通信行业变革的最核心技术。

（二）医疗行业

随着AI + 5G在医疗领域的应用，医学影像技术等医疗类技术有了突破性的进展，疑难杂症有了发现的渠道，无法探明病因已经成为过去式。据媒体报道，2021年9月，在广州医科大学附属第一医院的指导下，佛山市第二人民医院和清远市人民医院成功开展了两例远程手术。远程手术对图像识别、实时性有很高的要求，而5G则保障了图像的质量和数据传输的速度。在5G的支持下，应用支气管镜、自动导航技术成功完成了对病人的诊断。

（三）交通领域

自AI提出后，人们就对无人驾驶车充满了美好的畅想。随着5G和AI的综合应用，无人驾驶已成为现实。5G能够提供高精度、智能化的高精定位服务，为汽车的自动驾驶提供坚实的保障，从而满足我国建设智慧交通强国的需求，推进交通强国的建设。

除通信、医疗、交通领域之外，“AI + 5G”在工业、能源、教育、文旅、党政、金融等方面也被充分应用。“AI + 5G”的综合应用，对人类的进化和文明的发展都产生了重要的意义。

三、XR 成就无限可能的三部曲

在很多人对 XR 还不甚了解时，XR 已经悄悄地进入人们的生活。

XR（Extended Reality，扩展现实），是指通过计算机技术和可穿戴设备产生的一个真实与虚拟组合、可人机交互的环境，是 VR（虚拟现实）、AR（增强现实）和 MR（混合现实）等多种展现形式的统称。在 XR 技术的支持下，能够实现虚拟空间场景、现实世界场景、道具、使用者的完美交互和融合，向使用者提供高沉浸式的视觉体验。

XR 技术是为推动社会生产力变革而产生的。华为旗下半导体公司海思将 XR 技术称为“数字空间新入口”，并在其官网中这样描述 XR 技术：“XR 指 VR/AR/MR 等相关技术，它们是下一代体验革命和计算平台、是数字空间和物理世界融合的进阶，是算力、连接和显示的革命性升级。”基于 XR 技术制造的产品，则被海思认为是后续新世界的入口，并“能够更好地实现数字空间和现实世界的连接、映射和增强”。

由此可见，XR 技术将拥有无限的可能性，并能带动 AR、VR、MR 三者视觉技术的发展和创新应用。正因如此，XR 技术已开始被建筑、教育、医疗、娱乐、工业制造业等多个行业所应用。随着数字孪生、5G 技术、物联网等技术的快速发展和深入应用，不仅将促进 XR 技术的发展，也为 XR 的创新应用提供了新的思路。

例如，在因裁判带病都要坚守岗位而爆火的东京奥运会上，XR + 5G 技术已运用到了帆船、游泳和高尔夫球场馆等方面，观众只需带上智能眼镜，就可以看到运动员的相关数据。可以预见，对这样的技术假以时日，体育赛事将会带来更多丰富体验，同时其组织和运营的成本也能大大降低。

本章小结

目前，将数字孪生技术纳入战略发展规划已成为各国共识，数字孪生深入应用于各大领域的趋势已不可挡，在其应用过程中，各行业“增效降本”的解决方案站到了全新的数字理念高度。数字孪生技术与其他技术的深度融合，也将推动科技创新，为我国抢占科技制高点提供强大推动力。

第十八章　数字孪生复制交通装备的“镜像世界”

数字孪生，顾名思义，即“数字形式的双胞胎”。与真实意义上的双胞胎不同，数字形式的双胞胎里，一个存在于现实世界，另一个存在于虚拟的“镜像世界”。基于两者在形态、结构等方面的高度相似，数字孪生的应用范围十分广泛。随着“智造强国”的深入实施、数字孪生与交通行业的深度融合，在交通装备行业领域同样能缔造出丰硕果实。

第一节　数字孪生在交通装备设备层的应用

通过数字孪生技术在交通装备领域的创新应用，我国在高铁、城际轨道、水下隧道等交通运输装备的设计、制造、运行、维护等方面已经取得重大突破。并且，数字孪生已实现在交通装备制造环节的全生命周期覆盖。其中，设备层作为制造的第一个环节，应率先加强数字孪生在设备层的深入应用。

一、如何在数字空间下赋予交通装备新生命

近年来，随着数字孪生技术的创新应用，基于数字孪生构建的虚拟空

间，赋予交通装备新的生命，同时也为我国“交通强国”建设提供了强大的驱动力。

在现代科技支持下，我国已完成多个高难度交通装备项目建设，随着我国首条海底高铁——珠江口隧道的出现，意味着我国在交通装备领域再次做出重大突破。

珠江口隧道是对接“一带一路”倡议而建设的深江高铁的一部分。深江高铁连接深圳和江门，途经西丽、深圳机场、东莞滨海湾、南沙、中山北、横栏、江门等 7 座车站。其中，珠江口隧道位于东莞、广州之间的珠江入海口，是深江高铁的必经之路。由于珠江口附近地理环境十分复杂，水腐蚀性较为严重，因此，深江高铁如何跨越珠江口是一个很大的难题。

借助数字技术方面的优势，中铁装备和中铁隧道局联合研制了“大湾区号”超大直径泥水平衡盾构机，使难题迎刃而解。该项目借助“大湾区号”，完成了水下最大埋深 115 米、最大水压 1.06 兆帕的珠江口水下隧道的建设。

在包括数字孪生等先进技术的引领下，我国在高速列车、重载列车、城轨列车等交通装备领域的建设也获得重大突破，使交通方式真正实现了“上天入海”无所不能。

未来社会将会全面数字化，数字交通则是数字经济的重要组成部分。因此，全社会应充分利用数字孪生技术的优势，尤其是交通装备制造行业，应主动与互联网、物联网、人工智能、大数据等技术深度融合，加快推进我国交通装备的数字化、智能化建设，促进交通装备领域转型升级。

二、全生命周期＋实时映射＋双向互通

数字孪生之所以能获得深度应用，关键在其三大特性，即全生命周期、实时映射和双向互通。

在生物学中，全生命周期是指一个生物体从出生到死亡所经历的整个过程。而在交通装备领域的全生命周期，则是指数字孪生覆盖交通装备设计、研发、制造、测试、运行、维护的整个过程。

实时映射是指物理实体和数字孪生体之间，可以建立全面的实时联系。

双向互通则是指物理实体与其数字孪生体之间的数据、信息流动是双向的。在全生命周期运行的过程中，为提高自身精准度，数字模型会通过传感器、人工智能、运行历史数据等，实时、持续地与交通装备制造的各个环节进行数据和信息的交互，并在数字空间完成物理实体的精准映射。同时，形成数字空间与物理世界之间的数据流动闭环。最后，利用数字空间的模型进行多方面、多方位、多尺度的实时监控，为运行的每个环节提供科学的参考依据，进一步优化、完善交通装备全生命周期各阶段的工作。

针对数字孪生的三大特性，数字孪生已在交通装备领域的多个方面落地应用。例如，佳都科技已在某大城市构建了一套与城市路面交通“全时、全域、全量”信息一一对应、相互映射的数字孪生体系。此外，在“2021中关村论坛”上，腾讯自动驾驶仿真技术总监孙驰天分享了数字孪生技术加速自动驾驶落地，并表示，能够通过数字孪生体的特性，解决智能网联、自动驾驶测试、智慧交通发展中的效率和安全等问题。

第二节　数字孪生在交通装备产线层的应用

交通装备制造的三个环节中，生产流水线层面涉及多个简单和复杂的工序，是非常重要的一环。然而，由于传统生产线工序相对独立、数据传递延迟、机器精准度等局限性，导致生产效率和成本、产品的质量等无法得到持续稳定的保证。为此，数字孪生为管理者提供了多视角的实施状态监控，并将各种数据进行可视化展示，有力推动了我国智能制造的建设。

一、形似不是目的，神似才是根本

近年来，随着数字孪生概念的火热，我国大部分企业为增强自身核心竞争力，抢占数字化市场，纷纷进行数字化转型，并积极进行数字空间建设。然而，不少企业构建的孪生体，虽然外部形态与物理实体高度相似，但是，却是“徒具其行而神不似”。这些企业所构建的孪生体，只是物理实体的简单映射，并不完全具备数字孪生体的关键特性，因此只能被称为形似。而神似，是以生产线的业务为导向，能根据传感器反馈的信息实时反映生产线的运行状况，能通过历史数据和实时数据对生产线的运行轨迹进行预测，并根据预测结果向管理者提供科学的决策支持。例如，根据生产线运行速度分析何时需要补充物料，及时调整物业机器人的动作偏差等。

做到神似后，数字孪生技术其实是一门很“简单”的技术。其所谓“简单”，在于数字孪生的适用范围。数字孪生是“普遍适应的理论技术体系”，可以被应用在众多领域中，如物流业、交通业、制造业、通信业等。同时，也可以与众多技术协同应用。如与物联网、互联网、人工智能、虚拟现实、增强现实等技术协同。

当然，数字孪生技术也是一门很复杂的技术。数字孪生是“利用物理模型、传感器更新、运行历史等数据，集成多学科、多物理量、多尺度、多概率的仿真过程”。而这一过程的具体发展和应用，需要使用者深入到每种具体应用情境中去打造，以进行全局把控。

形似不是目的，神似才是根本。只有将数字孪生完整掌握，并不断在原本的基础上进行创新，才能更好地促进数字化的发展进程。

二、三维只是表现，决策才是灵魂

数字孪生技术之所以能得到多领域的深入应用，不仅在于数字孪生能对设备、生产线、工厂等管理要素进行三维仿真展示，而在其能够向管理者提供全面、精准的决策指导。因此，数字孪生的重点不在于三维的表现形式，重点在于通过模型对设备运行、维护和产品设计、制造等多方面的反复测试而评估出的最佳决策。

数字孪生的核心在于决策，而决策是由数据来推动的。数字孪生正是基于海量的数据，才能实现对交通装备生产线过去问题的诊断，对生产线当前状态的分析、评估，以及未来运行趋势的预测。并在此基础上向管理者提供科学、全面、精准的决策依据。

同一交通装备生产线的决策方案并非一成不变的，而是需要根据传感器反馈的信息对决策进行持续优化。现代技术的快速发展，也在助长数字孪生的智慧决策。

在2021年阿里云峰会上，阿里云和机械九院联合发布了基于数字孪生技术的汽车行业数字工厂1.0，一汽红旗新厂区成为首个“吃螃蟹”的工厂。在这里一辆汽车由3000多类、3万～5万种零部件组成。数字孪生则将每一个零件都精准映射到数字空间，每一个螺丝的拧紧力度，都会被数字模型精准监测。

数字孪生的核心是决策，而决策最重要的价值在于干预生产线的运行。例如，通过对汽车生产的冲压、焊接、涂装、总装、电池各个环节的实时监测，及时对生产质量做出判断和预测，防止不必要的部件损坏或返工和其他问题的产生，保证成品的质量的同时做到增效降本。因为决策能产生这样的价值，才能成为数字孪生的灵魂。

第三节　数字孪生在交通装备工厂层的应用

在设备层和生产线层的基础上，企业可以进一步利用数字孪生技术在数字空间构建工厂层，将整个交通装备工厂的各个环节控制系统全部集中整合，由统一平台综合调控，以确保各环节生产制造工作高效运行。

一、把工厂搬进虚拟空间是一种未来趋势

随着我国《中国制造2025》战略文件的印发，我国逐渐由“制造大国”向“制造强国”迈进。而数字经济的快速发展，使智能制造成为智造强国建

设的主攻方向。因此，将工厂与数字化结合是未来的发展趋势。

通过数字孪生等技术，将工厂的细节建构在虚拟空间，能使工厂内机器工件和组件做到点对点信息通信。基于丰富数据和先进算法模型，工厂数字孪生能提供全生命周期的支持，能优化产品从设计到运维之间的缺点并弥补不足，促进制造业转型升级。

目前，我国数字经济发展十分迅速，据《中国互联网发展报告2021》显示，2020年中国数字经济规模达到39.2万亿元。德勤也表示，到2023年，全球数字孪生市场预计将以每年38%的速度增长，达到160亿美元(142亿欧元)。但是，发展数字经济并不是要用机器来淘汰人，与此相反，数字经济能有效推动实体经济的转型升级，从而对包括就业率在内的经济表现做出进一步的推升。2020年，中国工程院院士谭建荣就指出，将数字孪生应用于工业领域，能够实现资源调配、智能化生产，显著提高生产效率。而站在今天观察数字孪生技术表现，我们同样相信，将工厂搬进虚拟空间，并不会压缩工厂的就业容量，反而会诞生更多更富于创造性的工作岗位。

简而言之，数字孪生有助于包括交通装备制造在内的众多生产型企业。据帕特纳（Partner）公司预测，到2021年，50%的大型工业公司将使用数字孪生，从而使效率提高10%。未来的工厂是数字化的工厂。而智慧物流、智慧城市、智慧水务等智慧工程的建设实践，也足以证明人类对数字复杂系统具有强大的掌控力，数字化工厂必将由此迈步。

二、数字孪生工厂，既能预测未来，又能历史回放

随着现代科学技术的发展，社会生产方式也产生了巨大的变革。产品的生命期越来越短，私人定制需求的逐渐增多，都迫使工厂向数字化、自动化转变。为了在降本增效的前提下增强自身的核心竞争力，各大工厂逐渐开发出一条新途径，即利用数字孪生回放历史、预测未来的能力，对工厂的运营进行智能分析和辅助决策，为产品的设计、研发、制造、测试保

驾护航。

数字孪生工厂的成功，需要经过三个环节来实现历史回访和预测未来。

（一）历史运行数据

数据是数字孪生应用的血液。数字孪生系统可以通过互联网获取交通装备的海量原始数据，其中包括物理实体的全生命周期数字化档案。同时，可以利用传感器实时传输物理实体的运行数据。

（二）实时监测数据

通过人工智能技术，将数据进行整合分析，并驱动数字模型的精准映射，实现对交通装备物理实体的实时监控。

（三）未来模拟数据

在大量数据和实时监控的基础上，利用仿真模型对交通装备物理实体的未来轨迹进行可重复的、可变量的测试、评估，从而获得测试的最佳结果。

数字孪生回放历史和预测未来的能力，是在多种技术的支持下，历史运行数据、实时监测数据、未来模拟数据三者协同融合的结果。

竞争愈发激烈的市场环境中，利用数字孪生技术使工厂实现数字化是未来发展的必然趋势。通过数字模型，在数字空间将人员、设备、生产线、车间等各个方面进行深度还原，由系统统一调控。工厂的管理者则可以通过数字空间的模型，实时监控工厂各方面的运行状况，并能通过模型对产品的设计、生产过程和设备的运行等进行模拟，以防止现场发生故障。

★相关案例★

从一汽红旗新厂区看懂何为数字孪生

1958 年，自第一辆红旗牌汽车诞生并成为国家领导人和国家重大活动的国事用车后，红旗汽车就成为中国汽车行业的一面旗帜。弹指一挥间，已过几十个春秋。在日新月异的科技时代，红旗品牌始终没有放缓脚步，紧跟时代发展的潮流，不断进行科技创新，坚持推进厂区智能化、数字化建设。

2021 年 6 月，长春国际汽车城一汽红旗新能源汽车工厂的建设基本完成。6 月底，首批新能源汽车在该工厂下线，12 月末，工厂将正式启动量产。

从建成到产品下线，一汽红旗新能源汽车工厂发展如此迅速的原因，是因为智能中控系统的综合调控。

2020 年 7 月 17 日，阿里云宣布与有“中国汽车工厂设计摇篮”之称的机械工业九院达成战略合作，双方将利用各自的研发、技术等方面的优势，联手为汽车企业打造智能工厂，致力于推进汽车工厂数字化发展，促进我国汽车行业和制造业向数字化转型升级。应用在一汽红旗新厂区的智能中控系统，就是阿里云与机械工业九院共同开发的。

智能中控系统是基于数字孪生设计和构建的，在物联网、人工智能、大数据、云计算等技术的支持下，通过自研的数据采集监控软件，获取厂区内五大车间数百万个点位的数据，并将所有的数据发送到智能中控系统平台，由平台根据数据分析、测试、评估和改进业务，从而实现高效低本的自动化运营。

一汽红旗新厂区向人们展现出汽车数字工厂的途径。如果一句话总结“汽车数字工厂”，那就是利用数字孪生系统与其他技术的融合帮助车企拿到生产数据、看懂数据，并用好数据，让工厂的运营人员也拥有数字化创新的能力。

本章小结

新一代交通装备的鲜明特点在于数字性质，由“制造”向“智造”迈进

是当前世界制造业的共同发展趋势，而数字孪生技术则助力了交通装备制造模式的转变。展望未来，依托数字孪生等技术，我国将为交通装备行业构建出具有“全面感知、设备互联、数字集成、智能预测”等特征的智能工厂运行体系。

第十九章 “5G+AI”新型交通模式

伴随着5G网络的商业化，AI在5G的扶持下得到更强的落地式运用，人脸识别、语音识别、数据分析、无人驾驶、智能机器人等技术的提升，为解决城市道路的交通问题提供了更优的解决方案。“5G + AI”融入智慧交通建设之中将成为当代城市发展的趋势。

第一节 “5G+AI”模式下的数字孪生交通

“5G+AI”模式下的数字孪生交通是现实世界与虚拟空间的相互融合创造，通过收集现实世界中动态实时的交通数据进行分析处理迁移至虚拟空间，再对其进行数字化、模型化，可以打通物理世界和云端的数字孪生空间通道，去推演解决现实世界中遇到的交通问题。

一、“5G+AI”，新科技扎堆、新装备崛起

自智慧交通概念提出以后，世界各国加快对交通领域的技术研发，由此带来的各种创新科技让人目不暇接，交通出行领域已然成为创新科技不断爆发的领域。

众多新科技创造性的研发，正在拉开未来交通的序幕。在通向未来的诸多关于智慧交通前沿应用和解决方案中，大规模的自动驾驶已不再只是纸上空谈，数字化的交通基础设施也将不断发展。其中，虚拟仿真、数字孪生等创新科技将发挥至关重要的作用。

（一）自动驾驶领域中正广泛应用虚拟仿真

相信很多人对于虚拟仿真技术的认识，都是从各种大型 RPG（角色扮演）游戏开始，在以数据支撑的游戏世界中，能够感受到各种接近真实自然界的光影效果、物理效果，以及能做出一定仿真行为 NPC（非玩家角色）背后的 AI 技术。其实在工业、航天、交通等各个领域，虚拟仿真技术早已有了更深层次的应用。

自动驾驶汽车通过虚拟仿真技术进行测试，不但能轻松构建极端场景，还能有效降低测试风险，提升测试效率。其实，应用于自动驾驶中的虚拟仿真平台就像一个 RPG 驾车游戏，主角就是依据自动驾驶算法运行的车辆。游戏技术用以提高自动驾驶仿真测试的真实性，场景建模、传感器建模、3D 物理引擎、动画引擎等，都在自动驾驶虚拟仿真领域大量运用。

在国内开展自动驾驶研发初期，以游戏技术见长的腾讯积极投入虚拟仿真技术领域，并开发了虚拟仿真平台 TAD Sim，结合云计算能力，构建了云端虚拟仿真城市，让测试车辆进行复杂环境的测试验证。

相比虚拟仿真，数字孪生更强调物理世界数据的采集，是和现实世界动态实时同步的“数字平行世界”。

（二）数字孪生技术正在构建智慧交通

数字孪生相关技术与不断发展的人工智能、传感器、通信等技术，正在构建智慧交通的数字化基础设施，逐步以现实数据为基础，进行虚拟空间和物理世界的互通有无，在越来越多的交通领域发挥作用。其具体作用如下所述。

（1）数字孪生技术可以用于交通管控科学推演。将现实中的交通信息迁移到数字孪生空间中，通过让 AI 学习交通行为特征和规则，从而分析判断并推演交通流量的变化情况，进而对交通管理预判提供科学的依据。例如，演唱会及各大世界级、国家级、省级赛事等大型活动散场后局部地点往往会出现大规模交通拥堵，这对交管部门如何根据真实情况提前做出预判和应对，是一个极大的考验。数字孪生平台上的推演则可以提供一个高效、简便的方案。

（2）数字孪生技术可以用于提高自动驾驶测试的真实程度。数字孪生技术能够做到在云端测试场中，依照真实道路数据构建实时的训练环境，让自动驾驶算法在其中进行模拟测试。例如，在长沙智能网联测试区，腾讯运用数字孪生模拟仿真技术，对测试区的地理全貌进行数字空间迁移，实现在数字仿真环境下高效且安全的自动驾驶实验。

（3）数字孪生技术将助力交通建设规划。通过对数字孪生空间的虚拟交通建模进行设计、装配以及运行，可以模拟出交通工具从设计制造到运行维护等各阶段的情况，在该场景中可以“沉浸式”投入到整个工程之中并进行各种操作，可增长从业人员的技术手段和认知领域，为交通建设工程节约时间与成本，提高质量与效率，同时还可以通过仿真模拟，从而在建设时就及时做好维护与突发应对。

二、按国际一流标准升级数字交通管理平台

21 世纪以来，伴随计算机技术的不断发展，数据已经渗透到每一个行业和业务职能领域，对于海量数据的开发和利用，因为互联网和大数据等行业的快速发展而进一步引发关注。未来数字交通将向着基于移动交通采集大数据打造的综合交通一体化、数字化、智慧化数字交通管理平台发展。

自 5G 逐步商用以来，智能终端、车联网传感采集、物联网、移动终端设备等在航空、水运、公路、铁路等领域的广泛应用使得交通数据采集的范围、广度和深度得到进一步的加强，这为交通大数据的发展提供了基础。

（一）交通大数据开发技术

伴随着AI智能学习、云计算、并行计算等技术的发展，高效的数据开发与机器学习算法为具有多源、异构、海量等特征的交通大数据开发与分析提供了有力的支撑。基于AI智能学习的大规模交通图像识别与视频解析技术，基于手机信号的定位分析技术、综合交通数据时空特性分析与数字建模技术等大数据开发技术，为城市交通数据的潜在价值分析与进一步应用提供可能。

（二）交通大数据融合技术

在社会数据化、经济全球化、区域一体化的背景下，导致各类风险关联性、跨界性增强，没有哪个地方和部门不需要协调配合。内部数据整合能力尚且不足，何谈外部联动配合。因此交通行业内部以及各部门间的数据融合应用显得尤为重要。

交通跨行业数据共享与交换技术、交通跨行业多源异构数据处理技术等交通大数据融合技术，可实现多源异构数据之间的数据信息资源、平台资源、网络资源和应用资源的有效融合和共享，不仅能有效打破交通行业内部及各部门间的信息壁垒，而且为城市大规模综合交通系统的时空感知和运行状态管理提供基础。

同时，在交通运输部印发的《数字交通发展规划纲要》中指出，我国将按国际一流标准升级数字化交通管理平台。到2035年，我国交通基础设施可完成全要素、全周期数字化的交通控制网，按需获取的即时出行服务将广泛应用。

第二节 “5G+AI”模式下的交通事件管理

从数字交通发展的趋势可看出，在未对传统交通模式彻底改变前，其技术的发展趋势是将计算机等成熟信息技术集成运用在交通运输之中，通过强化路网通道的协同性，来达到安全高效的优化目标。因此，数字交通总体发展趋势为载运工具智能化，基于“5G+AI”的模式进行综合交通智能化服务。

在“5G+AI”模式下的交通事件管理，通过AI智能判断可减少识别中的冗余耗损，这其中的主要应用技术是传输大容量信息的无线宽带传输网络，工具方式的进步是实现数字交通的必然条件。5G无线传输网络则能规避更多的地理条件限制，是构建数字交通体系的关键核心。

“5G+AI”模式下的交通事件管理表现为以下几种形式。

（1）主动模式的交通信息联动。基于交通信息采集系统，研发构建行车信息智能服务平台App，将拥堵状况、目的地停车场车位资源、实时车流量、车流推进平均速度等信息发送至用户移动手机终端与车载互联系统终端，用户可根据需要，选择利用5G网络超高的数据传输速率，查看实时监控图像，在车内即可掌握一手信息。

（2）以“5G+AI”为基础的综合性交通智能服务。结合道路识别、移动支付、车辆识别、车辆称重等技术手段，打造基于物联网的电子不停车收费系统，实现车流自由缴费方式。通过基于车联网构建的车路协同服务系统，通过5G移动运营商提供的特定基站，为交通参与者提供交通信息，保障公众安全出行。

（3）交通运行状态中的精准感知与智能化调控系统。利用车辆识别、地磁感应、高清监视、气象监测等多源采集，通过视频解析技术，对拥堵、违停、雨雾湿滑、火灾事故等道路异常交通事件动态监控，对交通状况实时预警，引导车辆进行提前变道或择路绕行。这些信息还将发送给当地出租车指挥系统，使出租车的出车运行效率更加高效，服务更加人性化。

本章小结

“5G+AI”与智慧交通的发展相互促进、相互支撑，智慧交通能够深化“5G+AI”的发展，而“5G+AI”的深入发展又在很大程度上推进了智慧交通的逐渐完善，使其在后续的发展中拥有更多元化的发展形势与更先进的技术指标。

第二十章　洞悉数字空间，构建可视化智慧交管系统

时过境迁，随着信息时代的不断发展，以往设想的智慧城市正慢慢映照在现实生活中，很大程度上方便了日常的交通出行管理和维护。在智慧城市建设的大背景下，智慧交通监管可视化系统是其重要的组成部分，通过一条条道路监控的串联，引申出一座智慧城市的管控。

第一节　如何构架“数字＋智能”的综合立体交通网

在当今科学技术赋能下，5G、物联网与高精度地图等技术，正在将数字空间描绘和填充得愈发精细、实时、仿真；与此同时，跨区域、跨行业的多源数据也在不断汇聚，形成宏观流通的交通管理模式。这都为构架“数字＋智能”的综合立体交通网带来了便利。

一、新型综合立体交通网的规划目标

2021 年 2 月，中共中央国务院印发了《国家综合立体交通网规划纲要》，

纲要中对我国新型综合立体交通网明确提出了到2035年的五个发展目标，具体内容如下。

（一）便捷顺畅

享受快速交通服务的人口比重大幅提升，除部分边远地区外，基本实现全国县级行政中心15分钟上国道、30分钟上高速公路、60分钟上铁路，地市级行政中心45分钟上高速铁路、60分钟到机场。基本实现地级市之间当天可达。中心城区至综合客运枢纽只需半小时到达，中心城区综合客运枢纽之间公交换乘时间不超过1小时。交通基础设施无障碍化率大幅提升，旅客出行全链条便捷程度显著提升，基本实现“全国123出行交通圈”。

（二）经济高效

国家综合立体交通网设施利用更加高效，多式联运占比、换装效率显著提高，运输结构更加优化，物流成本进一步降低，交通枢纽基本具备寄递功能，实现与寄递枢纽的无缝衔接，基本实现“全球123快货物流圈”。

（三）绿色集约

综合交通走廊资源集约综合利用水平大幅提高。交通基础设施建设的整个过程和周期呈现绿色化。单位运输周转量能耗不断下降，二氧化碳排放强度相比2020年明显下降，交通污染防治达到世界先进水平。

（四）智能先进

基本实现国家综合立体交通网基础设施全要素、全周期数字化。基本建成泛在先进的交通信息基础设施，实现北斗时空信息服务和交通运输感知全覆盖。智能列车、智能网联汽车、智能化通用航空器、智能船舶及邮政快递设施的技术达到世界先进水平。

（五）安全可靠

交通基础设施耐久性和有效性显著提高，预防和处理设施安全隐患的能力和防治能力大幅提升。交通网络韧性和应对各类重大风险能力显著提升，重特大事故发生率持续降低，重要物资运输高效可靠。陆海空天立体协同的交通安全监管和救助体系基本建立。交通安全水平达到世界前列，有效保障人民生命财产和国家总体安全。

二、我国综合立体交通网的现行状况

目前，我国以铁路为主干、以公路为基础、充分发挥水运民航为优势的国家综合立体交通网日益完善。六轴、七廊、八通道的国家综合立体交通网的主骨架空间已经初步形成，我国交通运输发展成就显著。

交通运输部数据显示，我国高速铁路对百万以上人口城市的覆盖率超过了95%，高速公路对20万以上人口城市覆盖率超过了98%，民用运输机场覆盖了92%以上的地级市。以高铁和航空为主的大容量、高效率快速客运服务体系正在加速形成，动车组列车承担了铁路客运量的70%，民航航班正常率连续三年超过80%，道路客运转型升级也在加速发展。货运结构不断优化，2016—2020年铁路货运量的占比由7.6%增加到9.8%，水运占比由14.5%增加到16.4%。

已基本实现了具备条件的乡镇和建制村通硬化路、通客车和通邮。贫困地区行路难的问题得到历史性解决。我国还推出了快递下乡、慢火车、民航短途航线等，为群众提供更好的服务。港珠澳大桥、京张铁路、北京大兴国际机场、上海洋山港自动化码头等一大批重点工程相继投入使用。中国路、中国桥、中国港、中国高铁已成为亮丽的中国名片。

随着我国综合立体交通网的日益完善，我国邮政快递行业收入规模迅速扩大，由2012年的1980亿元增长到了2020年的11038亿元，年均复合增长率为24%，快递业务量从57亿件增加到835亿件，净增了14倍，年均增长 40%。

党的十八大以来，我国新增投产铁路运营里程 5.3 万公里为世界首位，铁路客运周转量、货运发送量、货运周转量等主要铁路运输经济指标稳居世界第一。

截至 2020 年，中国的航空服务覆盖了全国 92%的地级行政区、88%的人口和 93%的经济总量。航线达到了 5581 条，比 2012 年增加了 3124 条，增幅达到了 120%。航空服务覆盖了 82.6%的脱贫地区人口。

《国家综合立体交通网规划纲要》中对我国综合立体交通网现行状况也做出了公示，预计我国 2021—2035 年旅客出行量（含家用车出行量）年均增速为 3.2%左右；全社会货运量年均增速为 2%左右，邮政快递业务量年均增速为 6.3%左右；基本建成便捷顺畅、经济高效、绿色集约、智能先进、安全可靠的现代化高质量国家综合立体交通网。

三、“数字＋智能”技术分级覆盖

技术改变生活最初的体现是不受现金、银行卡甚至手机的限制，仅靠一张脸就能实现地铁乘车；如今深圳机场借助 AI 和大数据技术，让千余架次航班机位分配从原来的 4 小时缩短为 1 分钟，每年让 260 万人次旅客免坐摆渡车；厦门港借助“5G + AI”技术，实现了“无人理货”和远程遥控港口吊机……

（一）交通“新基建”，从传统“运输”时代到创新“数据”时代

信息时代背景下，新技术的推广和应用明显提高了人们的物流效率和出行体验，但是随着城市化进程的加快，由于道路、航线、港口等有限资源的限制，交通工具的效率矛盾依然突出。首先是现有交通工具的效率尚未完全释放，其次随着经济的发展，出行与物流需求仍在不断增长。在交通配套资源有限的情况下，提升出行体验和运输效率成为刻不容缓、亟须解决的问题。

随着交通业务数字化的深入，在可预见的未来中，交通不再仅是铁路、公路、水路、航空几个垂直领域独立的客、货运输，而是成为围绕公众出行、货物运输、交通工具运行三大业务流形成的一体化综合立体交通网。解决矛盾的关键所在，便是通过云计算、5G、AI、大数据等新信息通信技术提供的“数据”与交通业务深度融合，打造安全、效率、体验全面提升的智慧交通。实现交通行业从传统“运输”时代到创新“数据”时代的转变。

（二）“数字＋智能”在交通智能体中的分级覆盖

华为曾提出交通行业智能升级的参考架构，即“交通智能体”。通过将云计算、AI、大数据等多种技术有效整合，逐渐构建一个开放的、精确判断的、多域协同的、立体感知的和持续自我进化的智能系统，实现高效协同。以“稳定、高效”的架构，应对未来智慧交通多样化的创新需求与挑战，支撑交通行业智能升级。

按照此概念，交通智能体将成为一个行业共享的开放技术架构。通过智能连接、智能中枢、智能交互、智慧应用四层技术架构分级覆盖来支撑构建交通行业数字化的采集体系、网络化的传输体系和智能化的应用体系，加快交通运输信息化向数字化、网络化、智能化的方向发展。具体内容如下所述。

（1）智能连接。包括5G、Wi–Fi、IP等关键信息技术，可实现智能中枢内部的连接，智能中枢到智能交互设备的连接，以及智能交互设备之间的相互连接，通过无缝覆盖、万物互联，实现应用协同、数据协同及组织协同。

（2）智能中枢。智能中枢是交通智能体的决策系统，如同人类的大脑。依托云基础设施，有序整合关键数字技术及能力，通过API接口供应用调用、赋能应用，使数据普惠AI。

（3）智能交互。智能交互是联通交通物理世界和数字空间的基础，它包括分布在场站、枢纽、路网的各种感知设备，例如智能摄像机、雷达、传感器等。

（4）智慧应用。智慧应用是交通智能体的价值呈现，可通过与客户、伙伴的协同创新，优化体验、重构流程，以帮助交通客户在业务层实现安全、效率、体验的全面提升。

四、综合交通网络的虚拟空间全复制

任何一个国家在进行城市化进程时，都会遇到“城市病”的症状。对于大中型城市而言，出行难、停车难的交通问题已成为通病。而通过对现实中综合交通网络的虚拟空间全复制，可以有效治理各种各样的交通问题。用“数字＋智能”赋能交通，助力智慧城市、美好生活的全面实现。

（一）实时“高精度数据服务”

更高精度、更为实时的数据服务，是建设交通数字空间的最后一块瓦砖，也是“数字＋智能”综合立体交通网的底层与基础。

如果我们看到的世界是模糊的、延时刷新的，便无法对其做出准确的判断和行为反馈；对于交通世界来说更是如此，因为交通的本质是快速、动态和交互的。

当更高分辨率的空间构建与定位大幅提升空间信息量时，智慧交通出行（辅助驾驶 / 自动驾驶）才能够趋近于甚至超越人对道路和路况的感知能力，跨越了以往低分辨率时无法实现的交通场景需求：从机械信息的“知道”、动态仿生的“感知”，到上帝视角的“超感”质变迁跃，这是高精度地图、高分遥感、高精度定位与物联网共同完成的时空认知过程。

以高精度地图为例，其采集原理与数据更新过程便与感知过程相近，如国内高精度地图商易图通，采用的是实地采集与新型“众包＋深度学习”相结合的模式，在利用高精度外业设备采集数据的同时，也向互联网用户群定期推送众包任务或 UGC，采集道路和 POI 数据；并通过 AI 图像识别，自动完成道路标牌类信息更新。

（二）数图转换技术与时空索引技术

如果不将多源、海量的时空数据进行有机融合、管理组织与分发共享，数据将依然是随意堆砌的建筑材料，无法构筑整体的数字空间，更无法形成数字孪生。

交通的数字空间，并非是多源数据的包罗万象，而更像交通路网体系，数据结构化而有秩序的排列与组合，不仅能迅速深入看到路旁某个传感器精准定位的微观世界，也要能纵观多元、跨区域的整体立体交通架构。

将多源数据按照时空秩序自动化组织发布，并通过时空索引技术实现快速查询与实时信息提取，在提升多源数据的管理效率的同时，也能有效地实现空间数据与视频流、物联网等数据在底层的融合，进而交互分析；同时保持客户端业务应用数据与服务器端数据的完整性，空间关系不变，在前端精准快速呈现，可以解决交通部门多源海量数据汇聚的高效管理、精准时空匹配等问题。

（三）基于高精度北斗定位的实时空间运算

将高精度空间数据服务、北斗系统与实时空间运算这三大利器融合应用，实现端到端的实时感知与预警反馈后形成的整体数字底座，将在智慧交通领域释放更强大的能量：不仅在智能驾驶、车路协同、车联网等新兴领域中必不可少；即使在当下，也能在各种出行场景中普惠大众，如高速、夜间与雨雾天气等风险驾驶环境中，对车道前方异常实时预警，以及城市路侧智慧泊车等。

目前，数字底座已在智慧高速领域落地，有效帮助交管部门提升高速驾乘人员的安全保障与应急救援能力，降低高速场景下异常停车、事故造成的后续连环事故，以及高速恶劣天气对驾乘人员造成的行驶风险。

第二节　数字孪生，智慧交通可视化决策系统

智慧交通可视化决策系统是将先进的信息技术、数据通信传输技术、电

子传感技术、控制技术及计算机技术等有效地集成运用于整个地面交通管理系统而建立的一种在大范围内、全方位发挥作用的，实时、准确、高效的综合交通运输管理系统，是未来交通智慧化的重要内容。

一、可视化交通监测系统的构建流程

在可视化交通监测系统的构建中，实时数据、设备状态以及视频监控是不可或缺的。其中视频监控一直是作为主体的部分，而在万物互联的影响之下，“中国天网”顺势而生，这其实是一项遍布城市大街小巷的监控系统，拥有 1.7 亿个监控摄像头，并且未来三年内，还将再安装 4 亿个摄像头，成为一个“公共治安视频监控系统”，关乎人们日常的安全治安管理。

“要想富，先修路”，交通是一座城市经济发展的命脉，与人们日常生活的方方面面密切相关，道路、公交、轨道交通等设施是城市交通的主要体现方式。伴随着经济社会发展的推动带来的城市化进程加快，我国家用车保有量迅速增加，城市交通问题日益严峻。为了缓解城市交通面临的各种问题，交管部门采取了多种解决方案，例如建设一系列路口卡口监控、视频监控、信号灯控制等多种监测及管控设备，这在一定程度上发挥了效果，但是各个设备之间都独立解决其对应的问题，无法形成整体的系统及对交通形式的全局掌控。而构建可视化交通监测系统可以很好地应对这一问题。具体构建流程如下所述。

（一）交通态势监测

支持对摄像头、卡口设备、流量检测设备、交通信号灯等交通基础资源的数量、空间位置分布、实时状态等信息进行监测和可视化管理，支持设备详细信息查询，做到对未正常工作的设备进行告警，加强管理者对设备状态的监测与感知，提升交通基础设施的运维管理效率。

（二）视频巡检监测

通过集成前端视频巡检系统，有效结合视频智能分析、智能定位、智能研判技术，对具有安全隐患的路段、极易出现突发事故的路段、道路经常拥堵的路段等进行可视化监测，实现异常事件的实时告警、快速显示，并可智能化调取异常点位周边监控视频，有效提升接处警效率。

（三）路口信号灯监测

通过收集路口交通流量、流速、车辆及道路异常事件、信号灯状态等信息进行实时监测，并可联合 AI 建模智能算法，对历史最佳通行速度及最佳通行量进行比对，同时进行可视化分析研判路口交通态势，为路口交通组织优化及信号配时优化提供科学的决策依据，充分提高交通运行效率。

（四）违法违章案件分析

高效整合交管部门现有数据资源，通过多种可视化交互和分析研判技术，对海量历史违法违章案件数据进行可视化串联分析，深度挖掘案件时空分布规律，为交管部门进行原因分析、主动防范等业务应用提供支撑。

二、即时应急指挥调度系统的构建方法

在交通出行过程中，一旦道路运输受阻，人员、物资、设备无法及时运输，将会给人民群众的生命及财产安全带来难以估量的损失。因此，保证道路运输的安全顺畅，是实现交通出行安全、便捷的重要支撑。城市交通即时应急指挥调度系统旨在建立一个科学、规范的交通应急保障管理信息系统，以应对道路运输出现紧急交通事故时，高效地进行即时应急指挥调度。其主要构建方法如下所述。

(1) 值班应急通信手段采用有线通信系统，配备无线通信设备（如移动警务终端)、电话调度、多通道传真、数字记录等系统，确保应急管理部门

与上下级相关部门之间的安全、顺畅沟通。同时结合北斗卫星、蜂窝移动和集群通信等通信手段，实现突发事件现场和应急平台间的图像、语音、数据等信息传输。

（2）基于数据库服务器、消息服务器、应用服务器、GIS 服务器、视频监控磁盘阵列等，建设数据库管理系统、应用中间件、GIS 中间件、PGIS 调用接口、消息服务机制，进一步强化和完善数据库和地理信息服务等技术支撑平台建设。

（3）梳理现有业务系统的数据源，以及其他行业信息资源，通过信息资源整合，建立数据交换与共享信息平台，形成城市交通即时应急指挥调度专题数据资源库，包括道路设施数据库、交通信息数据库、车辆管理数据库、应急资源数据库、应急预案数据库、事件信息数据库。

（4）针对即时应急指挥调度管理的实际需求，充分运用成熟、先进、适用的信息网络技术实现各类系统的功能设计开发，进一步丰富信息展现和发布手段。

（5）充分考虑与交通运输管理部门、政府相关部门等单位的相关系统进行数据交换与共享的数据接口开发，实现应急资源的共建共享与应急管理的协同指挥。

三、高效准确数据研判系统的核心板块

针对各种监测手段采集的交通数据，建立高效准确的交通数据研判模型，对交通数据进行分析处理。同时，在“掌握现状、找出规律、科学诱导”总体建设思路方针的指导下，根据大量实时检测数据及历史数据，对 15 分钟内的交通参数进行预测，可以使交通管理者及时了解路网运行状况的变化，及时采取对策，也可为出行者提供参考信息。

（一）道路交通运行状况的分析

根据交通流信息采集系统、公路车辆智能及检测记录系统采集的车辆号牌信息对路段行程时间进行综合分析，得到不同路段的行程时间状况，并基

于 GIS 地图进行展示。行程时间分析可以分为三个步骤。

(1) 在道路上下游交叉路口设置监控，并根据经验计算从上游路口到下游路口的平均时间和最短时间。

(2) 对下游路口的通行记录，系统会去上游路口的通行记录缓存中查询同一车辆的通行记录，如果找到则首先对通行时间进行判断，若小于或大于预设值的时间，则进行剔除。对于具有“适当”行车时间的车辆，系统会根据上游或下游路口的行车记录，建立新的行车记录，并加入自动行车时间计算系统。

(3) 计算系统通过收集一定数量的行车记录后，加以某些可变参数对于全部记录进行一个去边界值的处理，即去除通行时间过长或过短的记录，以少量较为合适的平均通行时间的均值作为行程时间的估算值。

根据不同时间、不同空间所产生的交通参数，挖掘上下游路段交通参数的变化规律，建立交通参数预测模型，从而做到未卜先知，提前预测未来时段的交通参数。

（二）路口交通参数预测

对一个特定时间内（例如上下班高峰期），某交叉口相邻路段的车流量以及车速进行预测，通过选取中层指标（道路平均形成速度比、道路车流饱和度等）和底层指标（排队长度比）来分析研判城市路段运行状况，继而确定交叉口的道路运行情况，从时间的角度，生成交叉口是否发生拥堵的预警指标，并设置短处拥堵形成与消散的临界点。

同时，对某一路段的行程时间进行预测，计算重点路段 15 分钟内的行程时间。其最终预测结果可通过交通指示屏、交通电台等大众媒体进行全城范围内的信息公布，也可提供给智慧交通服务平台，满足市民对智慧交通城市路口提前感知的需求。

四、多维数据感知系统的有效结合

信息时代，数据是一切算法和人工智能的基础支撑。在智慧交通中，通过多维数据感知系统的有效结合，可以有效缓解交通拥堵、提升交通效率、提高交通服务等，保持交通供求关系的最优匹配和动态平衡。

（一）物联网大数据——智慧交通的基础支撑

数据分为收集、传输和储存。以最简单的 GPS 导航软件为例，系统需要的数据便是每条道路的限速、车道数、编号、长度、拥堵状况和预录的导航语音等，这些数据除了道路拥堵状况，其他无须实时传输。而智慧城市所需要的数据，则需要在城市各个角落和车辆上安装不同的传感器进行收集，并通过 5G 实时传输，实现物联网、车辆网与城市智慧大脑互联，并存储到城市智慧大脑的数据中心。

视频监控记录下道路上车辆的数量、道路状况、行驶速度、每辆车的行驶路线。公交刷卡记录了全天候时间段、有多少人乘坐了公交。同时个人的出行轨迹也可通过手机 App 定位进行记录，建立交通物联网大数据库。其中大部分数据会在传感器终端进行实时处理，再上传至云端连接城市智慧大脑。

有的数据通过 5G 直接传输到云端，并由城市智慧大脑实时处理，以帮助城市管理者做出最优的判断和决策。但并不是所有的数据都可如此，需要经过数据开发等技术，将有用的数据筛选出来并做储存，供城市智慧大脑做长远规划。

（二）智能交通信号灯

不科学的等待红灯如今被认为是造成堵车的主要原因。因此，全球各大城市开发出“智能”交通信号灯管理系统，以提高重点拥堵路段承载与运作效率。

这种智能交通信号灯系统利用城市普遍存在的摄像头内置的计算机视觉芯片进行边缘计算，收集即时交通流数据，例如城市上下班高峰期某一路段车辆数量、行车速度、道路拥堵情况等。收集这些数据后进行分析判断，优化路口的红绿灯配时，提高道路通行效率，从而有效减少堵车问题。

依托筛选出来的各种天气、各个时段下的车流大数据，通过人工智能预测未来某个时段和天气下的车流，提前实现城市所有路口的红绿灯配时规划。

同时，智能交通信号灯系统还将实现公交信号优先，即在车路协同技术的加持下，“道路终端”实时获取智能网联公交车辆的位置、驾驶状态、速度、车辆人数等数据，并与红绿灯控制系统进行实时联动。

当公交车辆接近路口时，与智能交通信号灯控制系统进行数据交互，在科学的多维调控机制下即时调整信号灯各相位时长配置，通过缩短红灯、延长等方式实现公交优先通行。

本章小结

在未来数十年内，国家综合立体交通网将是我国交通基础设施顶层设计的空间网络，是综合交通运输体系的基础。其包括铁路、公路、水运、民航、管道等各种运输方式的主要通道和节点，是一张布局完善、规模合理、结构优化、资源集约、衔接高效、互联互通的海陆空天骨架网络。

第二十一章　数字孪生，开创交通基建新格局

随着人工智能 + 三维数字化自动建模等技术的研发与应用，数字孪生的实现效率将大大提高，进而实现智慧交通可视化操作系统，并赋能产业互联网由2D内容升级到3D，甚至4D，赋予人类视觉从2D到4D数字万物的跨越。

第一节　“数字孪生 + 云计算”新基建模式

按照现有局势来看，未来十年之内都将是新型基础设施的建设安装期，如今全球数字经济最重要的一个主题就是如何进行数字基础设施的重构与迁徙，以及基于新型数字基础设施的生态圈再造。以数字孪生为代表的先进数字技术，在不断地叠加、融合和升级迭代中，为未来数字经济发展提供经济、适用、可靠的技术底座。新一代信息技术发展将推动人类社会进入一个全面感知、可靠传输、智能处理、精准决策的万物智联（Intelligence of Everything）时代。

一、数字时代交通行业的内生发展

城市交通的发展进程，总体来说就是涉及的领域越来越广泛。自改革开

放以来，交通管理一直都是交管部门等少数相关部门负责的问题，交通规划则由城市规划部门兼职主导，没有专门的交通规划单位。时过境迁，如今的城市交通已不再只是某个管理部门的工作，而是从政府到企业再到社会各行各界都要关注的核心要点。

（一）数字时代的智慧交通模式

21 世纪初，信息技术发展驶入快车道，同时促进传统交通加快向智慧交通升级转型。2000 年，我国科技部连同国家计委、公安部、交通部等相关部门，专门成立了全国智慧交通系统协调指导小组及办公室，正式组织研究中国智能运输系统的发展，我国由此开始描绘智慧交通未来画卷。

智慧交通将先进的科学技术，即 AI 技术、传感器技术、5G 通信技术等综合运用于交通运输、服务控制及车辆制造，加强人、车、路、环境及其他交通参与部分之间的联系，从而形成一种保障安全、提高效率、改善环境、节约能源的综合运输系统。

简单来说，就是利用高科技让传统的交通模式向智能化转型，从而达到安全、节能、高效率的目的。

（二）数字时代的智慧交通建设

2009 年 IBM 提出智慧交通的概念，其主旨是在智慧交通的基础上，充分利用空间感知及物联网等新一代信息技术，将交通科学与 AI 融汇创新，达成主动服务、科学决策、全局感知的目标。通过构建实时动态信息服务体系，把握并转化交通运输相关数据，形成问题分析模型，推动交通运输安全、高效、便捷、经济、环保、舒适的运行与发展。

智慧交通的关键点就在于"智慧"，"智慧"通常指生命体所具有的基于生理和心理器官的一种高级创造思维能力，即对事件的理解、分析、判断、感知、记忆、升华等，属于生物层次的概念，其核心在于灵性与悟性。简而言之，"智慧"强调的是一种无意识或者潜意识的状态，不需要太多外界干预，就能发挥自身主观能动性的能力。

而智慧交通的实现样板就是通过给城市交通安装一个“大脑”，使其能及时看到、听到、有关信息，并以最快速度做出反应，从根本上解决城市交通道路拥堵、资源浪费、事故频发、难以实时控制事态等问题，使城市交通发展走上良性发展的轨道。

我国已经是名副其实的交通大国，但仍算不上交通强国。归根结底，差距就体现在服务方面。服务才应该是交通运输的本质属性。而在交通运输服务方面，有两个重点：一是安全；二是便捷。这也是一直以来人们出行生活的美好愿景，也是智慧交通建设的主要内容。

二、交通新基建，在“虚拟设计”中生产“实体产品”

“交通新基建”强调让交通系统具备一切可连接、一切被连接的能力，其实现方法便是将路网、车辆、出行者、管理者等交通要素从物理现实世界迁移到数字虚拟空间，让每个被数字化的个体都成为一个 CPS。在“虚拟设计”中生产“实体产品”，使交通数据得到最大化丰富，数据流动更趋于多样化、网络化，最终实现交通数字化转型中的数据化与网络化。

（一）虚拟设计：建立“数据组织架构”

数字经济时代，数据作为一种“关键生产要素”已成为社会各行各业的共识。2019 年，我国交通运输部印发的《数字交通发展规划纲要》中，对数据在交通层面的作用做出了定义：数字交通是数字经济发展的重要领域，是以数据为关键要素和核心驱动，促进物理和虚拟空间的交通运输活动不断融合、相互作用的现代交通运输体系。数字交通发展要以数据为关键要素，赋能交通运输及关联产业，推动模式、业态、产品、服务等联动创新，提升出行和物流服务品质，让数字红利惠及人民，增强人民获得感。

数据作为一种信息化时代的生存要素，要成为能够生产业务和经济价值的资产，要像运营实际现实资产一样管理数据资产，而这就需要构建负责数据管理的组织机构。此机构负责定义数据战略目标，短期和长期的数据任务，推进和运营整个数据体系的建设，定义治理相关的制度规范和保障措施，并作为共享服务实体用数据为各业务管理赋能。

（二）实体生产：抓住“数据工具、数据经验、数据运营”三大主线

建立好数据组织架构后，就需要基于三大主线，推进在“虚拟设计”中生产“实体产品”的重点工作。

（1）数据工具。随着数据量级和数据源种类的增多，数据的复杂性越高，管理成本也越高。如果数据种类规模在千级别（1000＋的数据种类）就需要考虑运用数据工具，因为如果系统已经有1000种数据，新接入1种数据，不是简单的“1000＋1”算术运算，而是乘积运算，要建立一个数据与其他1000种的“网络关系”，包括信息关系、指标依赖、应用共享等。

（2）数据经验。交通数据管理体系的构建，既要融入行业，理解实际业务需求；又要跳出行业，从全局结合国家标准，构建行业数据信息域、指标信息体系、数据资产体系和共享服务体系等。这一部分是数据建设的重点。

（3）数据运营。数据作为关键生产要素，是行业部门的实际“资产”，要按照资产的要求进行运营管理。数据资产化之后，核心目的是为业务服务、为管理赋能，进行业务化共享。最后达成数据的所有权与交易权分离，能够进行交易，达成数据的资本化。这一切的前提需要有统一的“立法和执法”，进行制度设计及资产管理，形成数据的治理和运营“骨骼”。

第二节　虚拟仿真成为交通基建刚需

交通虚拟仿真，指以现实的城市交通道路为基本，结合街道、绿化、车辆等交通设施实现的三维虚拟仿真效果，使用户沉浸于虚拟城市的交通之中。或者通过虚拟驾驶提高驾驶技巧与上路心理素质，又或者在“仿真”世

界中评审与优化交通系统的整体布局。虚拟仿真的多种技术优势使其逐步成为交通基建的刚需。

一、未来道路设施与环境的数字化融合

伴随“新基建”政策的颁布，及大数据、人工智能、物联网等新技术的迅速蓬勃发展，可以预见在未来的15年内，交通行业的发展，尤其是智慧交通方向，都将围绕道路设施等基础交通设施与环境的数字化融合来展开。

通过运用计算机系统构建一个全局感知、全面连接、真实场景、AI智能的数字公路空间，对提升整个公路交通系统的运行水平，及传统公路交通系统的运营管理模式、服务模式及商业模式进行重塑和再建，实现行业的转型升级，有着重大意义。而根据现有发展趋势来看，未来道路设施与环境的数字化融合主要有四点内容。

（1）交通基础设施和信息技术的深度融合，就是利用信息技术对现有交通基础设施的功能进行改变，从而提升设施的运营效率，并融合到日常的业务中，更好地为交通服务。

（2）针对不同道路设施的属性信息进行数字化构建。将道路设施的位置、功能、状态等烦琐且不断变化的信息转变为可以度量的特征数据。

（3）对公路交通设施，包括路、桥、隧以及一些附属设施，根据它们的特点和应用场景建立相应的数字模型，利用模型在现实中进行计算处理，并采取相应的措施，进行分类管理。

（4）道路设施与环境的数字化融合，即推动交通基础设施从被动感知、他人感知，到自我感知、可视化感知，从而便捷、精准地获取前端数据，而后通过数字化平台及车路协同系统进行终端输出，让道路使用者知道“路上有什么”，让管理决策者知道“车在干什么”。

目前信息采集和信息发布领域还存在许多缺陷，对于出行者来说，上了路就不知道前方的路况，也不知道前方天气如何，相关信息很难实时获取；对于管理者，虽然每天都进行交通流基础数据的统计，可更细致的数据，例

如，车上有多少人？货车装的什么货？驾驶员疲劳程度如何？车辆的车况如何？这些信息却收集不到。所以如今智慧交通的目标就是建立起一整套的道路设施与环境的数字化融合体系和配套平台，有了这个平台，将来通过路侧设备收集这些数据进行分析就变得易如反掌，进而让交通参与者更安全便捷地出行，让交通管理者更经济高效地管理。

二、虚拟空间的动态场景仿真

科技的迅猛发展让计算机的功能日益强大，可为人民服务的内容也日益增多。现实中的交通可通过计算机进行实时动态仿真，问题的解决也可由其模拟实现。以大型赛事活动场馆为例，几万人的巨型体量，让组织现场人车交通变得复杂难辨。例如观众进场的时间是不同的，可赛事和节目结束后，却是几万人同时离场，对于这个庞大的人流量，如何做到及时合理有效的人群疏散，避免走道过度拥挤，造成安全事故，这都要求交通工程师改变以往依靠经验，往组织规范上套的传统设计手段。

伴随经济社会的发展，使人民拥有更多交通出行的需求。时间段、大体量的交通流要求交通管理者运用“科学量化”来作为细致化设计的支撑，再利用交通预测的方法来实现“科学量化”的需求。而采用虚拟空间的动态场景仿真来测试大型赛事活动场馆建造方案的交通合理性，推测人流量，在虚拟空间中模拟人在这个建筑流动的状态，实现“动态场景仿真下的交通分析”，就可以真实地反映出空间的需求。

例如，2019 年北京五棵松体育馆举行盛大的篮球世界杯赛事，观赛观众数量庞大且复杂。如何对一个已经建成多年的建筑进行安保评估，是一个关系重大又非常复杂的工程。中科院交通中心通过利用虚拟空间的动态场景模拟仿真分析，轻松地解决了这个技术难点，用最直观和最真实的模拟技术，反映了潜在拥堵风险，有效地实现了安保评估工作。

由此进行逆向推测可以得出，在未来的城市规划中，小到某一条城市道路的设计建造，大到整个城市路网该如何进行规划，都能在仿真场景中得到最直观的呈现并验证实施。届时，城市道路拥堵问题将得到有效解决。

三、交通基建仿真性的提升方法

交通基建仿真系统是以真实的地理数据为基础，开发城市级、国家级甚至全球的道路地形仿真场景。同时，整合如长途汽车、高速公路、道路、停车场、航空、航运、轮渡、交通标志、铁路等多种交通设施系统，使一定的车流量在指定的道路区域内以合理的流量密度做运动呈现，从而有效提高城市交通仿真规划的可视化效果。而提升交通基建仿真性的方法主要有以下内容。

（1）推动交通网与信息网融合。规划建设智慧交通通信网，有序推进高速公路、高速铁路、城市道路与综合枢纽 5G 融合的新一代信息通信基站建设，逐步实现大面积连续覆盖。

（2）通过前沿通信技术整合交通系统与北斗卫星数据，打造北斗时空信息服务网。依托我国北斗卫星导航定位打造基准站网，沿城市道路、铁路、机场、港口码头等交通基础设施补充建设通导一体基准站网，促进北斗导航信息服务网络全方位、连续化覆盖。

（3）建设交通运输感知全覆盖网。分施分治推动交通运输感知网络建设，打造所有道路、航道交通运输状态全面感知覆盖网络。强化部署重点隧道、桥梁及事故多发路段和浅险航段等关键部位主动预警设施。

（4）全面推广智能分拣系统。利用自动化分拣、智能化安全探查、机械化装卸等技术设备，进一步提升邮政快递分拣中心、客运枢纽包裹转运的工作效率和安全水平。

（5）打造交通智能运行控制网。踊跃推动交通基础设施构件级、车道级高精度地图服务。在交通沿线规划建造交通智能运行边缘云、云控中心，研究推进智慧交通发展，建立 AI 交通控制网，通过云端控制实现交通运行全局最优。强化交通突发事件动态仿真，提高交通运输应急指挥能力，保障交通安全畅通。

四、大数据与车路协同的构建模式

5G时代，作为城市和车辆的衔接，道路正逐步成为通信网络与智能传感器融合创新的交集。如何利用大数据与车路协同的构建来提升城市智能化水平，提高城市道路网络与车辆的协同效率和安全性，成为技术改变生活的新机遇和挑战。

（一）人工智能

随着人工智能技术的普及，图像识别能力、语音交互能力大幅度提升，对出行业务的智慧化程度有着极大提升，将助力车路协同建立高效稳定的智能化运行体系。

智能语音交互在车路协同中，被广泛应用于车载交互方面，但如何快速、准确地识别驾乘人员的语音并执行，需要车载AI结合出行场景进行有针对性的研究分析。

（二）云计算

车路协同的模拟场景会产生大量数据和数据处理业务，这就需要有高效的计算能力，云计算就是一个解决方案。例如国内逐渐兴起的汽车云服务，基于云计算的技术积累，一般分为汽车云平台和自动驾驶云平台。其中汽车云平台包含有公有云、私有云、混合云的行业优势，是数据清洗、管理与分析的有效技术支持。

（三）高精度地图

只有掌握最新的、实时的、动态的车辆周边环境信息，车路协同才能确保车辆和驾乘人员的安全与效率，从而通过其他驾驶辅助系统做出及时反应。因此，通过大数据构建车路协同的一个重要基础，就是高精度地图。首先，高精度地图要对整个道路的描述更加准确、清晰和全面，需要把所有物体、所有能看到的影响交通驾驶行为的特性全部进行可视化呈现。其次，高精度地图产生的数据将更为丰富，更为庞大，并且还需要动态实时更新，包括有车道中心线、边界点、参考点、虚拟连接线等静态数据，以及天气、地理环境、道路交通、自车状态等动态数据。

本章小结

数字孪生基建既需要巨大的资金投入，也需要深厚的技术沉淀，同时还需要管理水平和员工技能达到相应的层次。而目前阶段来看，国内大部分企业并不具备这些条件。因此，如果盲目跟风数字孪生技术，很有可能会导致血本无归。只有潜心研究、客观评估、谨慎投入后，方能打开通往数字孪生空间的正确道路。

第二十二章　数字孪生激活我国综合立体交通网络新架构

在我国贵州，已先行试点数字孪生交通系统，利用视频监控，融合毫米波雷达，全息感知机动车辆、非机动车、行人等交通要素，实现在数字空间构建现实交通系统的映射模型，进行实时分析与跟踪，可以有效解决交通资源浪费、信号系统功能僵化、交通事件无法预测及快速响应等交通问题。实现数字孪生全面激活我国综合立体交通网络新架构，已指日可待。

第一节　数字孪生立体交通的“三元一体”定义

尽管信息技术高速发展，但截至目前，信息系统依然无法像工厂流水线那样，在硬件建设完毕后，就能驱动交通系统自动化运行。实际情况是，信息系统既无法驱动看得见的物理世界自动化运行（现实瓶颈），也无法驱动看不见的数字空间自动化运行（数据瓶颈）。针对这一现实情况，研发机构需要采用立体模式治理思维，重新运用 IT 技术治理交通运行中存在的各种问题，重构数字孪生交通，侧重于主要的过程和规律重构。而这需要做到三个维度的思考。

从物理维度，可以从路网、路权、路设、路障、路效这几个角度去深入梳理，借助信息技术手段，挖掘道路的空间价值。从社会维度，可以从民生、民信、民意这几个角度去梳理，借助信息技术手段，挖掘民信民意价值。从信息维度，无外乎就是数据、模型、算法和平台，当然，这些可能都是表象，真正需要治理的应该是数据的功能层面。

以下是数字孪生立体交通的“三元一体”治理方式。

一、数据为土壤，AI 即透视

如今很多 IT 公司都在对外灌输一个理念，即数据是生产资料，是水和电。然而，这个描述却不太准确。如果真是生产资料，那么意味着我们可以直接拿来使用。然而现实是这样吗？真正使用交通数据的从业者都会清楚，这些数据大多都没办法拿来即用。所以，一定要给数据打个比喻的话，数据更像是“土壤”，在这个“土壤”上种出什么，要自己去设计，同时要对这个“土壤”本身进行治理维护。

从我国国情来看，区别于传统 AI 基于数学衍生的 AI 算法，在数字孪生立体交通系统中，AI 在短期现实的价值应该是透视能力，而不是期望 AI 能够实现无人值守的自动化。

二、数字孪生透视城市交通

所谓透视，就是把原来没注意到的问题，都能够清晰地理清楚，达到可见、可辨、可管、可控、可治、可服。也就是做到对城市级交通运行的状况可见，对常发以及偶发性问题可辨，对日常业务流程可管，对交通拥堵及异常态势可控，对综合性疑难问题可治，对管理者以及广大出行者可服务即提供有品质的服务。

第二节　建立在智慧交通上的数字孪生体

数字孪生，就是在一个设备或系统的基础上，对实体对象进行“克隆”，而这个“克隆体”被称为“数字孪生体”。它被创建在信息化平台上，是虚拟的。数字孪生体最大的特点在于：它是对实体对象的动态仿真。如今，随着国内驾驶场景复杂化的当下，人们对车辆行驶的稳定性、驾驶路途的安全性、日常出行的便利性的呼声越来越大，让数字孪生赋能智慧交通势必是未来出行的新方向。

一、全球视野、全局规划，加速智慧交通数字空间发展

1998 年，韩国首尔开始建设智慧交通系统，2005 年正式将此系统命名“TOPIS”，TOPIS 系统随着社会变化和技术不断迭代，如今已与交警、气象局、道路运输管理等相关部门实现联动，演变成了一套能够对城市交通数据进行实时收集、反馈、分析、处理的综合性管理平台。

TOPIS 系统的大数据收集终端囊括了该市 7 万多台出租车搭载的 GPS 设备、近一万台公交车及地铁站安装的公交卡读取设备，以及近 800 处监控摄像点。通过这些设备，首尔对市内约 1436 公里的道路实现了实时监测，每天汇总约 2600 万条实时交通数据和 8500 万条公交卡读取信息。市民可以通过查看手机地图应用或首尔市政府指定的网站，了解实时路况和拥堵情况预报。首尔还在城市主干道设置了超过 300 块大型实时路况显示屏，便于民众避开拥堵路段。

而我国的“十四五”规划和 2035 年远景目标中，首次提出“把科技自立自强作为国家发展的战略支撑”，与此同时，与产业升级相关的交通强国战略多次被提起，也被赋予了更多的使命和任务。

“十四五”规划是我国全面建成小康社会之后，开启现代化新征程的第一个五年规划，意义重大，与交通强国关联密切的智慧交通也因此获得了一

个巨大的发展机遇。在关于产业升级方面，“十四五”规划指出要坚持把发展经济着力点放在实体经济上。在这一目标指引下，建设制造强国、质量强国、网络强国、数字中国，推进产业基础高级化、产业链现代化，提高经济质量效益和核心竞争力成为主要任务。

在提升产业链供应链现代化水平的过程中，发展战略性新兴产业，加快发展现代服务业，统筹推进基础设施建设，加快建设交通强国，推进能源革命，加快智慧交通数字化发展又成为重中之重。

如今，我国贵州、上海、深圳、北京等多地已逐步开始利用数字孪生技术建设智慧交通，着眼全球视野、发力全局规划，在可见的未来，智慧交通数字空间将得到加速发展。

二、“人、车、路、环境”交通四要素的数字空间迁移

交通是兴国之要、强国之基。在自动驾驶技术发展战略上，全世界呈现两条技术路线：一条是以美国所主导的“单车感知”自动驾驶方案；另一条是以中国引领的“网联感知”自动驾驶技术方案。两者的主要区别是：单车感知不依赖于外界环境的额外传感单元部署，主要依靠车辆的自身装配感知系统进行车身周围环境信息的获取；而网联感知需要借助在路侧安装额外的传感器、通信单元，以实现降低车身感知、计算能力的技术与成本需求，拓展车辆的感知范围和精度。由此可见，数字交通基础设施的建设与发展是支撑自动驾驶与车路协同的关键技术所在，开展这一领域研究势在必行，意义重大。

而在智慧交通模式下，重塑交通出行体验，通过人、车、路、云之间车联与路联数据互联互通，实现智慧出行服务 MaaS、智能网联汽车 V2X、智能网联设施 I2X、智能车路协同等。

智能车路协同管控综合感知、通信、计算、控制等技术，基于标准化通信协议，实现物理空间中包括“人、车、路、环境”四要素的数字空间迁移，标准化交互与高效协同、利用边、端、云计算大数据能力，解决系统性的资

源优化与配置问题。智能车路协同体系支撑的智慧交通系统核心四要素主要包括以下内容。

（1）人—智慧出行服务 MaaS：行为管理与诱导（行人、驾驶员、自动驾驶算法）系统。

（2）车—智能网联汽车 V2X：智能车载终端系统。

（3）路—智能网联设施 I2X：智能路测设施系统。

（4）环境—智能车路协同平台：区域交通与城市交通管理与控制决策可视化推演系统。

三、智慧交通新思路、新途径、新理念的时代变革

传统交通模式下，从交通规划到建设再到管理与运行维护，很大程度上都是被动的从属关系，对城市的土地规划具有很强的依附性。城市土地的使用与布局，很大程度上限制甚至决定了城市交通将如何发生及分布。这样一来，传统交通体系对城市管理而言，更多表现为配套设备性质，只是为了满足城市各地区的基本交通功能。

正因为这样的从属地位，传统交通模式下城市的交通发展总是落后于土地利用导致交通需求的增长。

“头痛医头，脚痛医脚”的交通治理方式在过去一段时间被各地规划部门广为接受，寻求的交通改善方法大多也是通过不断修建新的道路以增强交通运输能力。然而，在交通工程中，有一个著名的“布雷斯悖论”，即在一个交通网络上增加一条路段反而使网络上的旅行时间增加，降低了整个交通网络的服务水准。换句话说，越是新修路，城市反而可能更加拥堵。

而智慧交通则是以需求为核心，催生应用服务，针对复杂随机需求动态生成服务、动态匹配服务、动态衍生新服务，实现交通信息精确供给，互联网将同交通行业深度渗透融合，对相关环节产生深刻变革，并将成为建设智慧交通的提升技术和重要思路。立足于大数据思维，将城市交通数据有条件地开放，基于开放的数据进行数据融合、深度挖掘，为交通出行者和管理者

提供更为智能和便利的交通信息服务。立足于用户思维，运用互联网交互体验，开展公众需求调查，了解公众最迫切希望解决的问题，在任何时间、任何地点随时随地提供个性化、多样化的信息服务。

第三节　数字孪生：中国新基建不可放手的机遇

数字孪生的概念近年来逐渐进入大家的视野，其核心技术是使用最新的三维可视化图形引擎，反映实体世界全生命周期过程。相对于传统的二维管理界面来说，是一种革命性的转变，尤其擅长于新基建这一类科技含量高、极其复杂的管理对象的展示。它与新基建结合后，能够很好地解决新基建类项目落地时展示能力不足、实际效果不佳的尴尬问题，是中国新基建成功落地的机遇。

一、中国交通新时代，数字孪生启动正当时

数字孪生强调物理世界数据的采集具有实时性、全面性和交互性，是和现实世界动态同步的“平行世界”。通过各类仿真、分析、数据积累、挖掘，甚至人工智能的应用，确保与现实系统的同步性。

智慧交通中数字孪生的实现，可以做到大区域交通出行三维场景迅速构建，海量动态性交通信息实时呈现。

（1）大区域交通出行三维场景的迅速构建。数字孪生首先应能迅速构建一套完整的交通出行三维场景。参数化建模技术，是在道路二维矢量数据的基础上，依据道路设施分布、设计参数等信息，结合道路所在地形，充分利用空间模型算法，自动生成三维道路模型，与道路实际形状基本一致。用户充分利用简易的数据输入，依靠软件，就可以实现大范围交通设施迅速建模。

（2）海量动态性交通信息实时呈现。交通设施管控与运转监管中的动态

数据在5G技术与北斗技术的加持下，时效性愈来愈强，数据量越来越大，在三维场景中将海量动态性数据加载呈现，并进行管控、统计、分析，是数字孪生场景构建的第二个关键技术。

智慧交通中的数字孪生支持三维场景中多源海量动态性信息的叠加呈现、统计与分析，不但可以将北斗高精度定位信息在三维场景中同步动态性呈现，并能对接交通流数据服务，将交通设施中传感器信息在三维场景中以可视化的方式进行动态性呈现。后台管理构建电子围栏等分析服务，对轨迹、形变等信息进行分析监管预警，统计其运转损耗，实现交通设施管控的实时管控。

未来交通是现实世界与虚拟空间的交汇融合，通过获取现实世界中动态实时的交通数据，在虚拟空间里将其数字化、模型化，可以打通物理世界和云端的数字孪生空间，去推演解决现实世界中遇到的交通问题。

二、中国交通十大光辉奖项彰显数字化成就新高度

2021年2月23日，奔特力（Bentley）中国发布了2020中国基础设施数字化杰出成就奖，包括有10位个人和6个机构荣获本项大奖，共颁发两个基础设施数字化终身成就奖，三个基础设施行业大咖奖，五个基础设施数字化创新先锋奖，以及三个基础设施技术推进最佳机构奖和三个基础设施最佳创新企业奖，而与交通数字化相关的机构或个人获奖的就有十位之多。

用户始终是数字化创新的原动力，中国基础设施行业更是一支强大的创新力量，成就了世界所瞩目的最佳实践，也是纵览基础设施大会光辉大奖赛舞台上的明星。

如今，中国交通正全力推动数字化和数字孪生，以改进人民的生活质量，并计划在两到三年的时间内推动数字孪生技术在中国落地生根、开花结果，全面助力“新基建”和智慧中国的建设。

而那些代表中国交通的获奖者们，在推进数字化的进程中，成就了诸多

中国第一和世界第一，彰显了中国交通数字化成就的新高度。

站在新的历史起点上，中国交通比历史上任何时期都更接近建成世界交通强国的目标。回首过去，成绩令人自豪；立足当前，任务饱满充实；展望未来，梦想催人奋进。事要去做才能成就大业，路要去走才能开辟通途。中国交通必须牢牢把握数字化和数字孪生给予的发展机遇，时刻牢记国家与人民赋予的历史使命，奋力开启建设交通强国新征程。

第四节　交通强国背景下智慧交通发展趋势展望

根据《交通强国建设纲要》中的规划目标，到 21 世纪中叶，我国将全面建成交通强国。交通信息的数字化、网络化、智能化水平位居世界前列，同时计算机、互联网、大数据、人工智能、数字孪生等技术的快速发展，将为智慧交通建设提供强大的技术支撑。

一、“泛在物联，全面感知”智慧交通新模式

2018 年初开始的以“加快 5G 商用步伐，加强人工智能、工业互联网、物联网等新型基础设施建设”引导的新基建浪潮，尤其是数字基建的特点，需要全国各地做好顶层设计，有针对性地进行布局。这也是智慧交通现在面临的重要课题。

如何利用机器智能技术、云计算技术、大数据融合技术等互联网高新技术，为城市智慧交通治理提供新手段和新思维，满足在技术不断进步和人民生活品质不断提升过程中产生的新需求，是交通管理部门面临的一个重要挑战。而从交通集成指挥调度平台、交通信号控制系统、视频监控资源、交通诱导系统、交通流信息采集等实战业务系统着手，引入主流的互联网信息技

术，构建面向智慧交管的精准业务服务场景，可以有效提升智慧交通在数据融合应用、视频智能分析算法、业务创新支撑、增效交管业务、服务市民出行等方面的数据和信息服务能力。

“泛在互联，全面感知”下的智慧交通新模式采用互联网+智慧交通治理框架，通过建立一张感知“泛在网”，协调人、车、船、路、港相关感知设备，实现一体化交通运行状态可视、可测、可控；感知网络汇集了来自各部门、各用户、各种流程、各种设备和系统的信息。同时感知网络为不同应用服务，使多种应用所感知的信息范围获得极大扩展。

通过从感知层系统和设施完成智慧交通感知和信息采集，并采集到的各类交通信号、数据等信息传送到各个业务子系统，由这些子系统分别实现各类基础的交通业务功能。

该层主要负责包含交警部门、交通部门、城管部门的业务管理系统，这些系统既包括本期新建的业务系统，也包括各部门前期已经建设完成的业务系统。根据未来中国智慧交通的发展状况，还可通过接入层实现与铁路、民航、轨道交通等相关交通运输部门子系统的对接。

二、“真实复制、虚拟模拟”交通镜像发展

交通镜像即交通仿真技术，从整体趋势来看，交通仿真发展较快，发展较早的国家是美国，世界其他国家的仿真软件全部都是在美国的交通仿真技术的基础上进行的发展。从整个交通仿真软件的发展历程来看，交通仿真软件经历了初步发展阶段、飞速发展阶段和商业化阶段。

（一）初步发展阶段

初步发展阶段交通仿真发展的主要目标还是实现交通信号的合理设计，这个阶段，设计模型主要还是运用的宏观设计模型，这种模型具备一定的局限性，它的机动性以及表述性不够理想，通过这种模型得到的结论自然也就不具备真正意义上的真实性。

（二）飞速发展阶段

1970 年到 1980 年间，交通仿真软件迎来了发展的高速时期，计算机技术的飞速发展，推动了计算机相关产业的同步飞速发展，这其中交通仿真软件便是一个比较经典的例子。有电子计算机飞速发展作为基础，仿真软件的仿真模拟精度有了很大的提升，同时，软件的功能也倾向了多元化色彩。在宏观软件全力飞速发展的同时，微观交通仿真也踏上了时代的高速列车，这其中最为突出的两款软件便是 NESTSIM、AIMSUM2 交通仿真软件，两款软件中，又以美国政府开发设计的 NETSIM 仿真软件为代表。这款模型是对于单个车辆的运动状态的网络微观交通仿真，NETSIM 的出现将城市道路的交通现象的描述推到了一个新的台阶。

（三）商业化阶段

交通仿真软件的发展成熟阶段出现了仿真软件的新的开发设计方向，已经从传统的开发模式转向了面向软件使用目标的软件开发设计。软件开发运用的方式方法也有了更多更好的选择，开发模式已经呈现出了百花争艳百家争鸣的现象，人们摒除了传统的 FORTRAN 语言或专用的仿真语言开发设计，使得仿真软件的性能有了极大的提升。

目前国内交通仿真软件的开发设计还处于一个较基础的运用设计阶段，和国外的仿真软件有着较大的差距，不管是技术还是人才方面，我国基础都较薄弱。未来，我国的仿真软件要达到更大规模的商业化水平，还需要更多的资金政策等多方面的大力投入。但无论如何，真实复制、虚拟模拟，都是这一技术的主要发展方向。

三、用数字强国战略实现交通强国

2019 年，我国交通运输部制定并印发了《数字交通发展规划纲要》，首次提出用数字强国战略来实现交通强国。这也为智慧交通与数字孪生的全面融合，指明了具体方向。

到 2025 年，交通运输基础设施和运载装备全要素、全周期的数字化升级迈出新步伐，数字化采集体系和网络化传输体系基本形成。第五代移动通信等公网和新一代卫星通信系统初步实现行业应用。交通运输大数据应用水平大幅提升，出行信息服务全程覆盖，物流服务平台化和一体化进入新阶段。到 2035 年，交通基础设施完成全要素、全周期数字化，天地一体的交通控制网基本形成，按需获取的即时出行服务广泛应用。我国成为数字交通领域国际标准的主要制定者或参与者，数字交通产业整体竞争能力全球领先。

为了实现这一美好图景，创新必须成为未来数字交通发展的第一动力，"出行即服务"的新理念将得到充分普及。以数据衔接出行需求与服务资源，使出行成为一种按需获取的即时服务，让出行更简单。强调以"数据链"为主线，构建数字化的采集体系、网络化的传输体系和智能化的应用体系，加快交通运输信息化向数字化、网络化、智能化发展，为交通强国建设提供支撑。

未来，数字交通主要由七大体系构成，包括数字化的采集体系、网络化的传输体系、智能化的应用体系、产业生态体系、网络和数据安全体系、标准体系、支撑保障体系等。

可以预见，在不远的未来，我国将以数据为关键要素，全面赋能交通运输及关联产业，提升出行和物流服务品质，营造更加幸福、和谐的社会生活环境。

本章小结

数字孪生虽然是智慧交通的前沿趋势，但距离真正的全面覆盖、同步可视、虚实互动仍存在一定差距。不过在 5G 技术变革和需求升级的共同驱动下，数字孪生技术为智慧交通提供了新思路、新途径、新理念，在未来将会持续发展并最终形成一套完整的技术运行体系，让现实搬迁虚拟，虚拟照进现实。

卷后语

1. 数字孪生与交通强国建设

互联网、大数据、云计算、人工智能、区块链等技术加速创新，日益融入经济社会发展各领域全过程，数字经济发展速度之快、辐射范围之广、影响程度之深前所未有，正在成为重组全球要素资源、重塑全球经济结构、改变全球竞争格局的关键力。要加强数字经济发展的理论研究，就涉及数字技术和数字经济发展的问题提出对策建议。交通运输部为推动数字化升级，促进新兴科技与交通运输深度融合，先后出台《数字交通发展规划纲要》等政策。包括数字孪生在内的数字科技遍布交通运输各个角落，我国交通发展开始呈现二进制化、量化、编码化，数字孪生作为与交通运输行业切合度高、价值突出的数字科技崭露头角，深度推动了我国交通强国的战略进程。

在这种趋势下，数字孪生与我国《交通强国建设纲要》《数字交通发展规划纲要》《国家综合立体交通网规划纲要》等关键政策契合。基于此，笔者提出数字孪生在交通运输领域应用的实质建议，包括强化数字孪生的应用深度，打造智慧性突出的综合立体交通网，借鉴的经验与方法，以此推动我国交通发展由传统要素驱动转变为创新科技驱动，依靠数字力量支撑、加速交通强国建设。

2. 数字孪生交通引领交通运输现代化发展

数字孪生将成为我国交通强国战略中的一大利器，其铸就的数字之路指明了我国交通未来发展的方向与趋势。在万物皆可数字化的数字时代，数字孪生的发展不断改变着大众的生活品质。它实现了现实世界在数字空间的真实复制与演变，并在物联网的时代背景下完成了现实事物在虚拟空间的孪生体相连。这项技术可以提供现实事物状态信息的动态演示及相应变化，对事物的改良发展、升级迭代有极大的促进作用。数字孪生落地我国交通运输领域后，逐渐成为我国交通发展的重要技术。数字孪生不仅是我国交通发展的技术支撑，在全球范围内其最常见的应用领域都是交通运输行业。比如，数字孪生升级了德国高铁的智慧系统、帮助日本完成了 ETC 2.0 系统与车辆导航系统、VICS 的整合，实现了车辆与道路的协同管理。数字孪生不仅成了美国、日本、德国等交通发达国家智能发展的重要标志，更带动了这些国家的经济进步。自 2019 年起，我国交通便开始在数字孪生的带动下发生诸多变化，整体智慧性、便捷性、有效性的提升十分显著。

我国颁布的《数字交通发展规划纲要》中就明确指出：“数字交通未来发展内容为‘构建数字化的采集体系、构建网络化的传输体系、构建智能化的应用体系、培育产业生态体系、健全网络和数据安全体系、完善标准体系、完善支撑保障体系’。”各个发展重点都映衬了数字孪生的技术核心，数字孪生与我国数字交通发展的契合度十分显著。

交通运输数字化发展已然是当下可见可触碰的发展趋势，交通运输数字化发展的初衷是提升交通运输发展效果，确保交通运输网络的建设满足社会发展所需。在交通运输的数字技术应用过程中，数字孪生技术的应用正在不断深入，其带给交通运输行业的助力更为突出，在交通运输领域创造的价值更为巨大。2020 年 3 月，交通运输部正式发布《中国城市轨道交通智慧城轨发展纲要》，提出智慧轨道交通的六大内涵“智慧城轨内涵、智能与智慧、智能系统与智慧城轨、智慧城轨与城轨信息化、智慧城轨与交通强国、智慧城轨标准与城轨信息化规范”，在随后的智慧轨道交通建设中，数字孪生技术充分突出了轨道交通的智慧性，并成了我国轨道交通部署的关键保障，让智慧轨道交通的六大内涵在各项重大举措中充分凸显。例如，我国长沙地铁通过数字孪生完成了智慧性升级，并根据数字建模突出的决策依据，顺利解决了2021年五一期间1521.13万人次，日均客运量253.52万人次超高流量的运输、周转问题。2020年4月，国家发改委和中央网信办联合发布了《关于推进“上云用数赋智”行动·培育新经济发展实施方案》，方案正式将数字孪生、大数据、人工智能、5G认定为我国经济发展的核心科技，并专辟章节谈论了“开展数字孪生创新计划”，要求“引导各方参与提出数字孪生的解决方案”。这项经济发展实施方案发布后，我国各行各业与数字孪生的结合速度再次提升，数字孪生虚实结合的仿真能力也开始在我国交通运输领域发挥更大作用。随后的1年多时间内，交通数字基建开始大力发展，且各地也相继推出了数字孪生的相关政策，数字孪生逐渐在我国交通运输领域得到普及。2021年7月，国家互联网信息办公室发布的《数字中国发展报告（2020年）》中明确提到，数字交通催生了众多新技术，并展现了新业态、新热点，发展中聚焦实际应用加速了交通运输行业的发展，聚焦政策促进了我国民生行业、扶贫项目的推进，聚焦国际水准，引领我国交通向高质化、国际化高速迈进。

数字交通已经成为我国数字经济的重要增长极，成为我国数字领域的代表性行业。数字科技为我国经济发展带来了百年难遇的机遇，在理清了各领域复杂格局后，为我国科技发展、产业发展带来了巨大改变。这个时代中，万物皆可互联，万物皆可编程，数据化、网络化成为驱动世界进步主要方式。在数字力量提质我国交通强国战略进程中，数字孪生在提升大众智慧出行品质、开创交通运输新时代、助力交通智慧性发展三个方面发挥了重要作用，同时惠及经济促使人民生活水平不断提升，进而成为我国交通发展的关键驱动力。

不过当能源、金融、交通等各个领域与数字孪生挂钩之后，虽然发展速度获得了翻倍提升，但安全性也伴随着“互联性”出现了诸多隐患，正如360集团CEO周鸿祎在第八届互联网安全大会所说：“进入数字孪生时代，网络攻击影响力更甚核弹。”

我国交通运输部门认真分析了交通发达国家数字交通安全体系特点，并从中总结了交通网络的七个新要素，基于此打造了一套满足交通发展所需的智慧系统，并以安全数据、数字孪生技术、专业团队为基础建立了完善的安全防护体系。目前，在这套安全系统的保障下我国交通网络可以有效防范APT攻击，并确保了交通运输网络的高效运行。在安全平稳的前提下，预测未来5～10年内，我国可以全面进入数字化、智能化的发展时期，正如《交通强国建设纲要》中指出：“5G、云计算、大数据、物联网、人工智能、区块链为数字技术核心驱动我国发展。”在社会的这种转变中，交通依然是主要发展力量，交通建设也将围绕数字化、智能化的趋势进行升级，相较以往海陆空的垂直领域发展，未来交通将围绕出行运输的协调发展，我国综合立体交通网将表现出强大的主导作用。

交通与数字的结合可以视为时代发展的必然规律，更可以视为我国交通发展的必然趋势。因为交通是现实世界的联通方式，而数字是虚拟空间的联通方式，随着世界的虚实结合，交通与数字的融合也成了必然。为促进我国数字交通、智慧交通的有序发展，数字新基建成了我国交通运输部门统筹规划、产业布局、竞争力提升的首要目标，将数字孪生与交通新基建有效融合，既可以全面满足交通发展所需，又能够确保我国核心交通科技与世界同步。

所以，我国交通运输管理部门在全面提升交通网络安全的前提下，开始大力发展交通数字基建的建设，同时升级仓储物流系统的数字系统，从交通运输的各个基础方面质变发展模式，努力打造智慧交通发展的新格局。首先，根据我国《交通强国建设纲要》的建设要求，我国交通运输管理部门以基础设施安全、运输工具安全、运行环境安全为核心，进一步提升交通运行效率。其次，加强了数字基建的建设力度，同时也加大了公共安全保障的建设。之后，注重网络应用、数字应用的结合，加速交通运输网络整体的数字化升级。最后，努力进行数字技术升级创新，力求最大化表现交通基础设施数字化升级的最大价值。

在我国交通基础设施具备了数字化特性之后，我国仓储物流行业也进行了匹配性发展。根据《交通强国建设纲要》的方向指引，近两年的时间内我国交通运输部门加强了仓储物流行业的智慧性发展，在努力创造良好政策条件与优质发展环境的过程中，促进了仓储物流行业与数字、5G、人工智能等新兴技术的深度融合，数字孪生在这一过程中发挥了重要作用，不仅建立了全智能化的物流仓储系统，更通过数字模型充分提升了仓储物流行业的智慧性、高效性，为这一行业降本增效和高质量发展提供有力支撑。

同时，在各地政策的扶持下，多地仓储物流市场开始进行数字化转型，各大物流品牌纷纷建立了智慧化物流中心，并构建了可模拟、测试的数字模型。这一过程数字孪生让仓储物流行业人士看到物流系统潜在的问题、弥补的方式，并激发了行业发展的新思维、新路径，让仓储物流行业提升了自身价值，加速了发展步伐。

3. 数字孪生交通发展的全球态势和局面

随着数字孪生在全球交通运输行业的价值提升，世界各国交通运输行业的智慧性越发凸显，部分交通发达国家更发布了多项加强数字孪生应用的相关政策，以提升智慧交通的发展速度。比如美国为促进运输行业发展曾颁布并多次升级联合运输相关法律，这些法律也贯彻到了智慧交通的发展过程中，加深了智慧交通与运输行业的融合；日本先后于 2019 年发布了《创造世界最先进的数字国家宣言》、2020 年发布了《国土交通白皮书 2020》，两项法律法规都明确了加强交通运输领域的数字应用，努力提升数字交通的建设成果。

从全球交通发展的新浪潮中可以看出，数字孪生的深度应用是国家交通发展的一大方向。数字孪生在交通应用的深度、宽度、匹配性上都表现出了独特优势。我国交通运输行业很早便开始研究类似数字孪生仿真技术的科技应用，这些仿真技术通过对交通个体位置数据、交通网络客流数据的关联分析，进行交通发展的仿真模拟。而数字孪生诞生之后，交通运输行业与其的匹配度、融合度明显高于传统仿真技术，数字孪生实现了交通运输网络的虚实同步、实时跟踪、情景在线，让全要素仿真在我国海陆空各个领域展现出了巨大价值。

比如我国北京大兴国际机场的数字孪生应用，不仅提升了机场运行效率、旅客出行体验以及飞机运行的安全保障水平，对我国航空经济发展也起到了促进作用。北京大兴国际机场作为数字孪生对我国空中交通数字化升级的代表性交通枢纽，其升级效果具有指向性，对我国智慧交通整体仿真升级有着深远意义。

从数字孪生取得的应用效果中可以看出，这一是数字技术的应用从多个层面契合了我国交通发展的需求，我国也根据数字孪生的应用效果发布了多项相关政策，比如 2020 年，我国发改委发布的《长江三角洲地区交通运输更高质量一体化发展规划》；2021 年河南省印发的《郑州都市圈交通一体化发展规划（2020—2035 年）》中都提到了数字技术的有效应用，交通运输的数字化升级也成了数字孪生的主要特点。

未来发展中，数字孪生还将在随我国各项交通政策的深入，在海陆空各个领域体现出更大作用。

比如在地面交通方面，数字孪生最大作用在于立体展现各类复杂环境下的交通建设情况、交通设施运营情况，以及预测各类意外状况与特殊状况，可以说数字孪生的应用带领地面交通数据实现了从二维到三维突破，并全面结合了外部数据，对地面交通发展进行了真实全方位仿真；在航空领域，数字孪生将在航空运维管理的可视化、航空运行的可视化展现、提升机场的应急处置能力三个方面发挥重要作用；在水上交通方面，数字孪生的仿真应用解决了我国水上交通发展的现有堵点，弥补我国水网的现有不足，在数字孪生的仿真模拟下我国水路交通更直观地明确发展方向，借鉴交通发达国家水上交通数字化转型的经验，我国水上交通的突破指日可待。

笔者总结梳理过数字孪生在我国交通发展中取得的效果后，发现数字孪生为交通发展带来了更多可能，其中主要包括新的交通管制可能、交通运营改进的可能、交通发展的广阔前景，大幅拓展了交通的发展空间。

在数字孪生帮助我国智慧交通完成仿真升级后，各种交通运输领域的新业态频繁出现。“人悦其行，物优其流”的智慧特性越发凸显。从交通科技发展的角度分析，数字孪生的重要性不断凸显，其打造车路协同的交通网络，助力交通产业实现数字化转型，且获得多项政策的支持。但从交通全球化的角度分析，又可以看出数字孪生在我国的应用方式融合了许多交通发达国家的先进经验。

这是因为数字孪生不仅是我国交通发展的重要科技力量，在全球范围内其都受到了较高重视，取得了卓越的成果。我国交通的蓬勃发展正推动中国由交通大国转变为交通强国，这一过程中欧美交通发达国家的智慧转型之路成了我们借鉴的主要对象。虽然我国交通发达水平接近了国际发达水平，但很多欧美国家的智慧交通起步更早，其转型经验、升级方式仍然值得我们借鉴分析。

以数字孪生在欧美交通的应用现状为例，自数字孪生被美国运用到航天航空领域开始，这一技术便在全球各个交通运输领域落地生根，茁壮成长。在十余年的发展中，数字孪生先后带领多个欧美国家率先实现了智慧交通升级，并全面带动了国内经济发展。比如欧洲 27 国于 2015 年共同提出了“第五代交通”的发展概念，这一理念针对欧洲超 3 万公里的路网进行网络化管理，并根据统一规则进行整体网络关键路段的判别。在数字孪生技术的支撑下，欧洲“第五代交通”发展得十分顺畅，随着公路路网管理的有效性提升，欧洲 27 国的拥堵、交通伤亡，以及碳排放量显著降低。

目前，德国、法国、英国、意大利等国家的交通都已通过数字孪生技术取得了突出的发展成果，且这些成果为我国智慧交通建设提供了参考，指明了方向。

相较我国智慧交通的发展现状，多个欧美国家在智慧交通系统的打造上都具有明显优势，这主要由于这些国家对数字孪生的运用较早。以美国为例，美国对新一代信息技术、数字通信技术、传感器技术、网络控制技术、人工智能技术的运用都早于中国，所以美国能够更早、更全面地建立起保障安全、改善环境、提升效率的智慧交通系统。

截至2021年，我国智慧交通的建设与发展已与欧美交通强国缩短了差距，甚至在城市交通智能调度、高速公路智能运维等方面有所超越，但人、车、路、环境的整体结合还存在明显不足，这主要体现在智慧交通系统（ITS）的成熟性上。

目前，美国ITS已经达到了国际一流水平，其智能性十分突出，整体而言美国ITS包含了交通管理系统、交通需求管理系统、公交运营管理系统、州际运输管理系统、电子收费系统、应急管理系统、车辆控制与安全系统七大系统，从多个角度促进着美国智慧交通的发展；而ITS也实现了日本的车路协同，实现了日本ETC 2.0的全面升级；并且在交通管理、出行规划、行程监控、车辆控制、自动收费等方面对欧洲其他国家的交通智慧性进行着整体提升。

总体而言，数字孪生已经为这些交通发达国家探索出了适合本国国情的交通发展策略，让交通建设、交通发展、交通运维管理都展现出了巨大价值，这也是这些国家发展成交通强国的主要原因。

近年来，在交通强国战略的促进下，我国总体立体交通网络的建设发展也取得了明显成效，据交通运输部门统计，我国近年在交通路线建设里程数、交通科技升级水平领域均在世界上名列前茅。我国“交通优先”的发展战略正促进着交通强国的目标实现。

虽然我国交通发展整体形势一片大好，也借鉴了的先进理念，但智慧性差距依然存在。这种差距不只存在交通建设发展当中，更存在于交通对服务民生、拉动国家经济领域。尤其数字时代到来后，交通发达国家借助数字力量带动国家整体发展的态势越发明显，这些发展经验与成果值得我国交通行业人士在探索适合国情的发展道路中思考、借鉴。

（1）从交通发达国家的智慧交通建设发展现状中可以看出，交通发达国家对智慧交通的定义非常全面，这些国家认为智慧交通并不是交通自身具备了智能型，而是充分运用新兴交通科技对交通管理、交通运输、公众出行，以及交通建设发展进行管控支撑，使交通网络成为国家感知、联系、分析、掌控、带动国家发展的重要力量。同时新型交通科技还需要保障交通安全发展，充分发挥交通基础设施效能，提升交通运输运维管理水平，为国家可持续发展提供源源不断的动力。

（2）擅长通过各领域的科技发展促进社会的整体进步。正如各个交通发达国家都在利用数字孪生技术解决着人、车、路、环节间的不协调关系，并在智慧交通的监测与协调管理、收费与停车管理、交通辅助驾驶功能、物流运输管理等多个方面获得了诸多代表性的发展成果。

（3）注重新基建、交通资源调配、智慧交通管理、交通运输发展政策、城市交通管理与国家交通协调管理等方面的建设，从而才取得了今日的发展成果。

从交通发达国家的智慧交通发展中，我国交通行业人士可以感受到新兴科技加速了交通运输行业与民生行业的融合，并改变了交通基础设施的建设方式，催生了新的出行模式、新的管理方式，推动了社会整体进行颠覆性发展。

而对比之下，我国交通的智慧性发展还存在城市交通系统的智慧性有待提升、综合立体交通网络的整体智慧性有待提升、交通资源调节引导能力的智慧性有待提升、城市交通基础设施建设的智慧性有待提升、交通管理的智慧性有待提升等问题，所以在未来发展中，我国智慧交通发展需要从创新新型出行模式、构建车路协同发展、打造智慧交通产业生态圈等几方面借鉴交通发达国家的经验，以提速我国智慧交通的发展进程。

随着数字孪生在全球范围的应用，各国交通运输行业都获得了质变性发展，全球交通智慧性升级已成为大趋势。我国通过数字孪生与交通运输的深度结合，逐渐建成了泛在先进的交通新基建，实现了交通运输的实时感知，这种发展模式的智慧性升级，对我国交通运输行业产生了积极深远的影响，缩减了我国与交通发达国家的实质差距。

2021 年，在我国“十四五”规划全面启动之后，国务院印发了《国家综合立体交通网规划纲要》，这一交通运输行业发展指引是继《交通强国建设纲要》之后的又一份重要文件。文件中强调交通数字化、智能化发展的重要性，并设置具体的发展目标，指明了我国在预定时间建成交通强国的重要参考对象。

如果说《交通强国建设纲要》指明了我国未来十几年内智慧交通发展的重要任务，那么《国家综合立体交通网规划纲要》就指出了未来十几年内智慧交通发展的具体内容。从《国家综合立体交通网规划纲要》的“推进智慧发展”的内容中可以看出，我国交通的智慧发展重点在于交通技术设施的数字化建设程度，全面的数字基建是支撑我国交通数字化升级的重要基础。《国家综合立体交通网规划纲要》中还明确指出，到2035年，我国要完成泛在先进的交通信息基础设施，要实现交通运输网络的全面感知，要构建起智能、高效、实时的交通运维管理系统。这不仅是交通运输行业的发展目标，更是我国加速交通运输发展的主要方式。

综合《交通强国建设纲要》《数字交通发展规划纲要》《国家综合立体交通网规划纲要》等几个关键文件的方向指引与建设内容，可以得出未来我国交通基础设施的全面数字化主要通过交通基础设施的全生命周期数字化、增强交通运输网络的感知能力、增强交通科技的智能性和先进性这三种途径，之后深挖交通大数据采集技术、交通大数据挖掘技术、交通大数据融合技术的价值，让数字力量赋予我国交通发展更多动能，将数字孪生的作用无限放大，增强交通数据之间的碰撞，为我国交通强国目标带来更多帮助。

纵观我国基于数字孪生进行的交通发展规划与建设，车路协同、智慧高速、全网感知等成果全方位凸显，数字孪生在提质交通智慧性发展的过程中取得了突破性进展。但细看数字孪生在我国交通各领域的落地方式，无一不是提升交通基建的智慧属性，通过交通根基的数字改善，数字孪生实现我国交通在数字空间与现实世界的实时交互。

自国务院先后发布《交通强国建设纲要》《国家综合立体交通网规划纲要》以及“十四五”期间数字交通发展的相关要求后，我国交通基础建设便走上了数字化转型、智能化升级的道路，在这一过程中，数字孪生技术充分发挥了自身价值，促进了我国交通基建的高质量发展。国务院发布《交通运输领域新型基础设施建设行动方案（2021—2025年）》中也明确提出：“立足新发展阶段，贯彻新发展理念，构建新发展格局，以推动交通运输高质量发展为主题，以加快建设交通强国为总目标，坚持创新驱动、智慧发展，以数字化、网络化、智能化为主线，组织推动一批交通新基建重点工程，打造有影响力的交通新基建样板，营造创新发展环境，以点带面推动新基建发展，促进交通运输提效能、扩功能、增动能，不断增强人民群众获得感、幸福感、安全感。”

未来我国交通新基建是全面性、智慧性的民生工程，并且应用前景广阔，对我国实现强国目标有着深远的影响。基于这一现状，笔者清晰梳理了数字孪生在助力我国新基建全面发展的主要方式，发现交通系统的智慧建设、能源领域的智能建设、运输系统的智慧建设恰为关键，数字孪生在这三个领域中逐渐成为交通新基建主流建设模式，相信在未来发展中，我国智慧交通、新能源、仓储物流等行业都将受到数字孪生的赋能，我国基础实力、经济发展都将因数字孪生获得更多突破。

4. 数字孪生交通提升交通运输技术创新

人类数字化技术的发展，为智慧交通带来新的机遇和挑战，数字孪生技术更是为智慧交通开辟了新的透视窗口。通过梳理这一技术应用于交通管理的纹理脉络，全社会将对其发展未来看得更清晰、更全面。近年来，我国交通运输行业对数字孪生的应用越发重视，并先后召开了中国智慧城市高峰论坛、全球智慧物流峰会、数字孪生技术峰会等众多活动，华为、小米、北京五一视界等多家知名企业纷纷展示了数字孪生在物流、仓储、港口管理、自动驾驶等领域的研究成果。

在交通与数字孪生携手，开启盛大“克隆”宴会的过程中，数字孪生技术将充分利用物理模型、传感器更新、运行历史等数据信息，从不同学科角度，对不同物理量、概率、尺度标准所描述的交通现象进行多维仿真。不仅如此，数字孪生将之完全映射到虚拟数字空间，体现交通系统的全周期过程。简单而言，未来交通的数字克隆计划，就是在先进设备或系统的基础上，创造出数字版本的交通系统克隆体。

交通系统创建于现实，而其数字孪生体则创建于信息化平台上。正因其对交通现实的“克隆”性质，才能对现实交通系统完成动态仿真，成为真正会“动”的信息系统。

数字孪生体的“动”并非自主发生，而是来自交通系统主体模型的组成部分，其中主要包括交通系统中各类本体上传感器反馈的数据，以及本体运行的历史数据。这意味着，交通系统中每一辆汽车、每一条公路的实时状态，以及相关外界环境条件的改变，都会还原到其数字“克隆体”身上。

数字孪生与交通体系的结合过程中，体现出全局性、实时性、双向性的技术特征。从诞生之日开始，数字孪生技术不断强化这些特征，人们正凭此深刻洞察未来交通发展趋势。而在数字孪生智慧交通系统的构建和应用过程中，5G 技术发挥着重要的赋能作用。智慧交通系统中，物理主体与其数字孪生体之间，存在实时的海量数据交互。这一过程正如健康人体和外界环境之间的互动，各类感知与控制信息通过神经网络传入传出以维持人体的正常运转。同样，在智慧交通系统的数字孪生体中，通信网络发挥着不可替代的类似作用。

5G 这一先进网络技术，不仅成了数字孪生落地交通领域的强风口，还将在智慧交通数字孪生系统的不同分支应用场景下，积极进行动态切换和调整，实现持续赋能。

近年来，5G 技术逐渐发展成为我国的科技重点，多项加强 5G 发展的政策相继出台，比如我国新疆维吾尔自治区出台了《促进 5G 网络建设发展规定》；安徽省出台了《安徽省 5G 发展规划纲要（2019—2022 年）》，在这些政策引导 5G 发展的过程中，5G 技术也开始与数字孪生集合，助力交通行业实现数字化转型。

移动通信与交通出行本身关系密切，新的移动通信技术不仅能提升交通行业的运营效率，还能改变整个交通行业的经营模式和机制。当数字孪生落地交通领域时代到来，通信运营商的服务模式必须再次加以改变。通信运营商不能再像过去一样每天按照使用峰值来设定一个固定网络容量，而是需要和应用企业共同实现智能化运营。

（1）5G 技术实现了物理交通与数字交通高效交互。一直以来，通信和交通的发展都是密切相关的。数字交通发展并非空中楼阁，也不是将传统的信息化工作简单搬运到网上。正是在 5G 技术与数字孪生落地交通领域的融合风口下，车路协同、自动驾驶、智慧高速等新业态，衍生出物理与数字交通高效交互的发展新趋势。

（2）5G 技术支撑了数字交通的多维动态映射。随着 5G 技术在智慧交通中的深入应用，其优势在支撑数字交通方面展露无遗。该技术既能将虚拟现实、人工智能等科技充分融入数字交通运行中，让数字孪生智慧交通有了质的飞跃。又能融入智慧交通运转前，让智慧交通依靠云计算、大数据分析获得一定进步，但数字孪生建设目标提出的技术要求越来越高，所以唯有 5G 才能取代原有的部分落后信息技术，加快数字化、多元化的动态映射。

（3）5G 技术加速了数字孪生的成型应用。数字孪生智慧交通体系中，5G 技术充分发挥其优势，实现了交通大数据的收集和监管，破解了智慧交通发展中的诸多难题，很大程度上加速推动数字孪生的成型应用，也推动着我国智慧交通发展。

在 5G 技术与数字孪生完成全面的深度融合后，我国智慧交通的可视化管理更加顺畅。数字孪生先构建了智慧交通生态网，再推动数字基建建设，兼备仿真特性构建了立体性交通地图，最后构建了交通“云路”，实现人、物、路数据的动态感知。总而言之，透过智慧交通的纹理，可以看出数字孪生是交通行业发展的关键方向和应用场景，也是智慧交通完成视觉呈现的关键手段。通过各类智能化应用，数字孪生技术将在多个层面实现动态性虚拟场景，不但能同步现实交通，还能充分利用构建的信息模型，完成对现实交通的科学研究、分析与预测。

2021 年 2 月，国务院印发了《国家综合立体交通网规划纲要》，明确提出了我国综合立体交通网的发展目标：“到 2035 年，基本建成便捷顺畅、经济高效、绿色集约、智能先进、安全可靠的现代化高质量国家综合立体交通网，实现国际国内互联互通、全国主要城市立体畅达、县级节点有效覆盖，有力支撑‘全国 123 出行交通圈’（都市区 1 小时通勤、城市群 2 小时通达、全国主要城市3小时覆盖）和‘全球123快货物流圈’（国内1天送达、周边国家2天送达、全球主要城市3天送达）。交通基础设施质量、智能化与绿色化水平居世界前列。交通运输全面适应人民日益增长的美好生活需要，有力保障国家安全，支撑我国基本实现社会主义现代化。”

从我国综合立体交通网的建设成果来看，《国家综合立体交通网规划纲要》中提到的每一个发展重点可以与数字孪生产生直接关系。比如“全球123快货物流圈”建成，既需要数字孪生构建数字模型提升物流系统的智慧性，更需要数字孪生预演出物流系统运营的最优方案，进而提升物流效率。

另外，数字孪生的价值不仅在现实交通领域凸显，在虚拟空间数字孪生更具力量。通过现实世界的数据收集，数字孪生将当代各种超前的交通装备在虚拟空间完成的设计与测试，这提升了当代交通装备的升级速度，更为各国交通运输部门节约了大量研发成本。

首先，数字孪生与汽车产业的结合有效提高了汽车产业研发能力和生产效率，降低生产损耗，提前预判出错的可能性。并用“可视化＋仿真＋预测”，支撑汽车研发的全要素模拟，让汽车行业的虚拟产业链的研发、生产、测试全仿真，实现了汽车行业的“车、路、云三位一体化”发展。

其次，数字孪生改变了波音飞机的发展命运，催生了智能化机场，明确了航天航空装备的发展方向，成为当代空天交通装备解决当下、面向未来的重要保障。

再次，数字孪生通过实现物理实景与虚拟空间的联动，赋能轨道交通高质量发展。构建了轨道交通的实景孪生底座，促进轨道交通的虚实沉浸式融合，构建了轨道交通的立体孪生模型，直接解决了175.9亿人次安保问题。

最后，数字孪生还提供了传统交通行业转型的新路径。作为数字化和智能化的载体，数字孪生与水利行业的结合应用，也将形成水利行业变革的重要推动力。

随着数字化、信息化技术发展在我国交通领域的加深，数字孪生在赋能交通装备升级后，又开始赋能我国智慧城市的发展。

2021年3月，我国十三届全国人大四次会议通过的《中华人民共和国国民经济和社会发展第十四个五年规划和2035年远景目标纲要》，《纲要》中多处明确涉及智慧城市建设内容，并明确了数字基建、数字经济、数字社会、数字政府、数字生态的规划部署。

在我国社会进行数字化升级的过程中，城市交通以数字孪生为主的智能技术应用越来越广泛，城市交通系统迎来数字化转型的关键阶段。我国城市交通系统的发展中，虚拟数字不断与现实交融。数字孪生作为智慧交通的前沿技术，其关键任务是如何结合当下的切实需求，找到合适的应用场景，从而更高效地赋能城市交通。为此，在满足现有城市交通发展需求下，数字孪生正进行新一轮的研发，推动城市交通由智能化走向智慧化。

就我国城市交通的智慧性发展而言，城市智慧大脑的形成与数字孪生有紧密的关系。数字孪生在城市交通的落地应用，让城市交通大幅改善，其将现实中复杂的交通网络系统，使用物联网、3D建模、云计算等技术进行复制，通过实时数据传输构建出数字孪生交通系统，达到了优化城市交通，保障交通安全的效果。

目前，我国的数字孪生交通体系已在各大城市以分层分区的方式展开试点，比如2021年我国贵阳市先行试点了数字孪生交通系统；青岛市开展了"数字青岛2021年行动方案"，围绕ETC智慧停车、巡游出租车车载智能终端等多项目努力构建数字交通"新场景"，以此提升青岛交通的运行效率。

另外，数字孪生还清楚解读了智能交通与智慧交通的差别。智能交通和智慧交通是数字孪生交通体系的不同阶段。虽然两者的概念相似，但明确区分两者差异，智慧交通有利于更好地明确数字孪生技术在交通体系的层次结构及技术内涵，防止前期开发需求过多导致推进困难，避免缺少前瞻性而导致系统迭代受限。在狭义的理解层面，智能交通偏向技术的迭代，追求的是更多高新技术的应用，而智慧交通是智能交通的升级版，它与"人"密不可分，解决的是人机系统协同的问题。

可以说数字孪生对智慧城市的促进是全方位的，它加速了智慧城市的基础建设，让城市管理达到了"一览无余、一呼百应、一目了然"的效果，同时有提升了城市交通安全，创新了交通安全管理的新理念，用数字孪生基建深厚城市交通内涵与外延，铸造了智慧交通安全道路。

数字时代的尖端力量在数字孪生的带动下，从交通基建延伸到智慧城市，随后又引领了海陆空的交通科技。

首先，数字孪生“智”造了空天科技的新时代，在航空航天领域引发了数字变革。2020 年 12 月，中国航天科技集团对外宣布：“航天科技集团始终以中国特色社会主义思想为指引，贯彻网络强国、数字中国的指示精神，研究落实党中央、国务院关于推动数字经济和实体经济融合发展的决策部署，将数字化转型作为改造提升传统动能、培育发展新动能的重要手段，全面推进数字航天建设。”

自这项战略制定之后，中国航天科技集团便开始增强数字科技应用，这一过程中数字孪生的应用效果极其凸显，它打通了元宇宙通道，用虚拟航天加速时代发展脚步。在新能源更换人类航天双翼的同时，数字孪生又升级航天智慧大脑；数字孪生助力了航天生产，反哺着高端技术业的发展。并让“虚实混合、人机协同”航天未来清楚展现到了航天人士面前。

总体而言，数字孪生是解决智能制造信息物理融合和践行智能制造理念与目标的关键技术，它通过物理实体与数字空间的相互映射，对航天工具的多维设计及实践起到极大的促进作用，使航天行业进入“智”造时代。

其次，数字孪生“智”造了更强的地表交通。2020 年 2 月，国家发展改革委、工信部等 11 个国家部委联合印发了《智能汽车创新发展战略》，提出到 2025 年，中国标准智能汽车的技术创新、产业生态、基础设施、法规标准、产品监管和网络安全体系基本形成。中国标准智能汽车体系全面建成。我国开始加速无人驾驶行业的发展。2021 年 10 月，北京智能网联汽车政策先行区正式开放无人化道路测试，百度、小马智行两家企业获得了首批无人化道路测试的 15 张牌照。这一无人化道路测试区域内 L4 级自动驾驶测试中，主驾安全员可以坐在副驾驶座，这代表着我国无人驾驶技术已经向前迈进了一大步。

无人驾驶汽车的蓬勃发展同样得力于数字孪生技术。数字孪生的建模仿真促使无人驾驶汽车进入爆发期，让汽车永恒在线成为可能；数字孪生技术还入局自主导航物流机器人领域，让现代物流呈现出了“数字化、自动化、智能化”的特点，并以物流机器人为起点，让物流行业从智能走向了数字孪生；数字孪生更在虚拟城市构建智慧公交的“镜像系统”，在虚拟空间跑出城市公交管理最优解，让城市公交进入了最佳运营状态。

最后，数字孪生描画了“水天一色”。数字孪生用柔性仿真缔造了智慧河道的柔性管理；用全线管控，创新了水上交通的分段式管理方法；用全要素分析，在数字空间掌控河道运筹，进而支撑我国完成了智慧水务的数字化升级，实现了水资源的精细化、智能化、规范化管理。

5. 数字孪生交通改变交通运输生命周期

自数字孪生雏形诞生于美国空军研究实验室，现实世界与虚拟空间开始融合。近年来，伴随着 VR、AR 等技术的发展，现实与虚拟两个世界的距离进一步拉近。数字孪生技术势必迎来更大的变革，数字空间与现实世界的彻底融合将不再是空想。2020 年 9 月，我国国资委下发《关于加快推进国有企业数字化转型工作的通知》，明确提出要加快数字孪生的推进工作，加快数字孪生在各大领域的应用。

数字孪生技术已经是未来最大的科技发展趋势之一。不仅如此，数字孪生还在架构未来科技的基础架构。

基于数字模型的实时监控、仿真、预测等，大部分技术的实际应用，都需要建立在数字孪生技术的基础上进行。例如，智慧物流中广泛应用的物流搬运机器人、物流分拣机器人、物流码垛机器人和物流操作机器人等，都是在物流网、AI 和数字孪生融合的基础上投入使用的。除此之外，智慧城市、智慧交通的建设，同样需要 GIS、GPS、物联网等技术与数字孪生技术融合。

数字孪生可以带来物理实体的虚拟化呈现，并且呈现出的不仅仅是物理实体的表面，其内在的构造、运行等都会通过高度仿真模型进行实时呈现。这也得益于大数据、云计算等技术的支持。更为重要的是，数字孪生技术目前仍处于发展阶段，还可以持续进化。当数字孪生进化的同时，也将促进其他技术的发展。因此，数字孪生技术不仅是科技的基础架构，更是未来科技的创新支柱。

在数字孪生打开了连接现实世界与数字空间的大门之后，未来科技的基础架构、虚拟与现实世界未来的发展方向便逐渐清晰。现实空间与虚拟空间的协同交互已是不可避免。而现实世界的局限性，使得人们对虚拟空间抱有更大的期望。

然而，虚拟的数字空间不受拘束的特性，有可能使人们脱离现实社会的基本道德规范，从而助长恶意的产生。此外，未来数字化的空间，每个人的信息数据都会被存储于云端。到那时，人们自身信息的安全能否受到保障，也是数字孪生发展的一个瓶颈。因此，相关人士对于是否应该利用数字孪生技术构建虚拟空间展开了激烈的讨论。

数字孪生技术是会发展“善”还是会助长“恶”，其构建的虚拟空间会对现实社会造成怎样的冲击，应该如何平衡现实世界与虚拟空间的关系，这些是数字化进程中必须要考虑的问题。

就各种新兴科技在我国的落地应用而言，科技运用在利国利民的领域，即为善；运用在祸国殃民的领域，即为恶。科技本身并不存在善恶，而是使用方式影响了人们对技术的评价。因此，在使用数字孪生技术过程中，需要积极平衡该技术与人类、社会、自然的关系，推动科技向有利方向发展。数字孪生技术不会辜负人类，人类可以对其抱有信任，规律和时间将会证明这一点。

2021 年 9 月，我国交通运输部印发了《交通运输领域新型基础设施建设行动方案 2021—2025》，方案中明确指出：“以加快建设交通强国为总目标，坚持创新驱动、智慧发展，以数字化、网络化、智能化为主线，组织推动一批交通新基建重点工程，打造有影响力的交通新基建样板，营造创新发展环境，以点带面推动新基建发展，促进交通运输提效能、扩功能、增动能，不断增强人民群众获得感、幸福感、安全感。”方案中还提到我国交通建设以公路、航道、港口、枢纽的智慧性为重点，深度结合数字孪生、AI、大数据、云计算等技术。

从行动方案的内容中可以看出，运用现代科技打造车路协同的交通网络，助力交通产业实现数字化转型将获得广阔的发展空间，且获得多项政策的支持。

未来交通必然是现实世界与虚拟空间的交汇融合，通过获取现实世界中动态实时的交通数据，在虚拟空间里将其数字化、模型化，可以打通物理世界和云端的数字孪生空间，去推演解决现实世界中遇到的交通问题。

例如，在数字技术支持下，我国已完成多个高难度交通装备项目建设，随着我国首条海底高铁——珠江口隧道的出现，意味着我国在交通装备领域再次做出重大突破。

珠江口隧道是对接“一带一路”倡议而建设的深江高铁的一部分。深江高铁连接深圳和江门，途经西丽、深圳机场、东莞滨海湾、南沙、中山北、横栏、江门等 7 座车站。其中，珠江口隧道位于东莞、广州之间的珠江入海口，是深江高铁的必经之路。由于珠江口附近地理环境十分复杂，水腐蚀性较为严重，因此，深江高铁如何跨越珠江口是一个很大的难题。

借助数字技术方面的优势，中铁装备和中铁隧道局联合研制了“大湾区号”超大直径泥水平衡盾构机，使难题迎刃而解。该项目借助“大湾区号”，完成了水下最大埋深 115 米、最大水压 1.06 兆帕的珠江口水下隧道的建设。

在包括数字孪生等先进技术的引领下，我国在高速列车、重载列车、城轨列车等交通装备领域的建设也获得重大突破，使交通方式真正实现了“上天入海”无所不能。

未来社会也将会全面数字化发展。数字交通则是数字经济的重要组成部分。因此，全社会应充分利用数字孪生技术的优势，尤其是交通装备制造行业，应主动与互联网、物联网、人工智能、大数据等技术深度融合，加快推进我国交通装备的数字化、智能化建设，促进交通装备领域转型升级。

数字孪生之所以能获得深度应用，其关键在其三大特性，即全生命周期、实时映射和双向互通。

在生物学中，全生命周期是指一个生物体从出生到死亡所经历的整个过程。而在交通装备领域的全生命周期，则是指数字孪生覆盖交通装备设计、研发、制造、测试、运行、维护的整个过程。

实时映射是指物理实体和数字孪生体之间，可以建立全面的实时联系。双向互通则是指物理实体与其数字孪生体之间的数据、信息流动是双向的。在全生命周期运行的过程中，为提高自身精准度，数字模型会通过传感器、人工智能、运行历史数据等，实时、持续地与交通装备制造的各个环节进行数据和信息的交互，并在数字空间完成物理实体的精准映射。同时，形成数字空间与物理世界之间的数据流动闭环。最后，利用数字空间的模型进行多方面、多方位、多尺度的实时监控，为运行的每个环节提供科学的参考依据，进一步优化、完善交通装备全生命周期各阶段的工作。

针对数字孪生的三大特性，数字孪生已在交通装备领域的多个方面落地应用。例如，佳都科技已在某大城市构建了一套与城市路面交通“全时、全域、全量”信息一一对应、相互映射的数字孪生体系。此外，在“2021 中关村论坛”上，腾讯自动驾驶仿真技术总监孙驰天分享了数字孪生技术加速自动驾驶落地，并表示，能够通过数字孪生体的特性，解决智能网联、自动驾驶测试、智慧交通发展中的效率和安全等问题。

交通装备制造的三个环节中，生产流水线层面涉及多个简单和复杂的工序，是非常重要的一环。然而，由于传统生产线工序相对独立、数据传递延迟、机器精准度等局限性，导致生产效率和成本、产品的质量等无法得到持续稳定的保证。为此，数字孪生为管理者提供了多视角的实施状态监控，并将各种数据进行可视化展示，有力推动了我国智能制造的建设。

在设备层和生产线层的基础上，企业可以进一步利用数字孪生技术在数字空间构建工厂层，将整个交通装备工厂的各个环节控制系统全部集中整合，由统一平台综合调控，以确保各环节生产制造工作高效运行。

另外，数字孪生顺利开创智慧交通可视化决策系统，构架“数字＋智能”的综合立体交通网。不仅是因为其天赋异禀、特点突出，更因为它拥有良好的交互性。

数字孪生不仅融合了 5G 技术，更结合了 AI 技术、云计算等各种新兴科技。未来交通是现实世界与虚拟空间的交汇融合，而数字孪生与新兴科技结合越紧密，其在虚拟世界构建模型的速度、精确度便越高，推演解决现实交通问题的能力便越强。

比如伴随5G网络商业化，AI在5G的扶持下得到更强的落地式运用，人脸识别、语音识别、数据分析、无人驾驶、智能机器人等技术的提升，城市交通问题获得了更优的解决方案。将“5G + AI”融入智慧交通的模型当中，交通智慧性将获得大幅升级。

在新时代科技手段下，5G、物联网与北斗卫星，结合对地观测、高精度地图等技术，将数字空间勾画和填充得愈发精细、实时、仿真。与此同时，跨区域、跨行业的多源数据也在不断汇聚，形成宏观流通的交通管理模式。这都为构架“数字+智能”的综合立体交通网带来便利。随着人工智能+三维数字化自动建模等技术的研发与应用，数字孪生的实现效率将大大提高，进而实现智慧交通可视化操作系统，并赋能产业互联网由2D内容升级到3D，及至未来4D实景三维的提升，赋予人类视觉从2D到4D数字万物的跨越。

从《交通强国建设纲要》《关于科技创新驱动加快建设交通强国的意见》《交通运输领域新型基础设施建设行动方案2021—2025》《中国交通的可持续发展》白皮书等我国交通运输部发布的关键政策中可以看出，未来十年是我国交通数字基建发展的井喷期，我国交通基础设施领域开始经历数字基建的重构、切换与迁徙，以确保物联网、云计算、边缘计算、人工智能、移动化、数字孪生等为代表的智能技术群落，在不断融合、叠加和迭代升级中，为未来经济发展提供高经济性、高可用性、高可靠性的技术底座。在过去十年的发展进程中，城市交通涉及的领域越来越广泛。在改革开放初期，交通管理只是交警等少数部门关注的问题，交通规划则由城市规划部门主导，并没有专门设立交通规划单位。时至今日，城市交通行业不再只是某个管理部门的工作，而是从政府到企业再到社会各界都会关注的焦点，成为未来智慧城市建设的重中之重。

6. 数字孪生交通增进交通运输智慧化水平

智慧交通的核心就是在“智慧”，“智慧”通常指人们对事物与问题能迅速、机灵正确地理解、并处理与解决好的能力。“智慧”是心灵层次升华的概念，其核心是强调人的灵性、悟性与天才创新。总而言之，“智慧”强调的是一种无意识或者潜意识的状态，不需要太多的外界干预，主要在于其自身的主观能动性。

而智慧交通就是通过给城市交通安装“大脑”，使之能够及时看到、听到、闻到有关信息，并及时做出反应，从根本上解决城市交通拥堵、资源浪费、安全事故频发、难于实时控制事态等难题，使城市交通发展走上良性发展的轨道。

我国是名副其实的交通大国，但还算不上是交通强国。究其原因，差距很重要的一点就是在服务方面，服务是交通运输的本质属性。而在交通运输服务方面，一个是安全，另一个是便捷，这一直以来都是人们出行生活的美好愿望，也是智慧交通建设的主要宗旨。

根据《交通强国建设纲要》中的规划目标，到 21 世纪中叶，我国将全面建成交通强国。我国交通运输部发布的《中国可持续交通发展报告》中也明确提出：“中国交通将立足新发展阶段，完整、准确、全面贯彻新发展理念，服务构建新发展格局，在发展中加快解决不平衡不充分问题，努力实现更高质量、更有效率、更加公平、更可持续、更为安全的发展，为促进全球可持续发展，推动构建人类命运共同体贡献中国智慧、中国力量。”

我国交通数字化、智能化、强国化的发展需要借助互联网、大数据、人工智能、数字孪生等前沿科技的力量，这些关键科技将为智慧交通建设提供强大的技术支撑。

2018 年初开始的以“加快 5G 商用步伐，加强人工智能、工业互联网、物联网等新型基础设施建设”引导的新基建浪潮，尤其是数字基建的特点，需要全国各地做好顶层设计，有针对性地进行布局，这也是智慧交通现在面临的重要课题。

如何利用机器智能技术、云计算技术、大数据融合技术等互联网高新技术，为城市智慧交通治理提供新手段和新思维，满足在技术不断进步和人民生活品质不断提升过程中产生的新需求，是交通管理部门面临的一个重要挑战。而从交通集成指挥调度平台、交通信号控制系统、视频监控资源、交通诱导系统、交通流信息采集等实战业务系统着手，引入主流的互联网信息技术，构建面向智慧交管的精准业务服务场景，可以有效提升智慧交通在数据融合应用、视频智能分析算法、业务创新支撑、增效交管业务、服务市民出行等方面的数据和信息服务能力。

“泛在互联，全面感知”下的智慧交通新模式采用互联网+智慧交通治理框架，通过建立一张感知“泛在网”，协调人、车、船、路、港相关感知设备，实现一体化交通运行状态可视、可测、可控；感知网络汇集了来自各部门、各用户、各种流程、各种设备和系统的信息。同时感知网络为不同应用服务，使多种应用所感知的信息范围获得极大扩展。

2019 年，我国交通运输部制定并印发了《数字交通发展规划纲要》，首次提出用数字强国战略来实现交通强国。这也为智慧交通与数字孪生的全面融合，指明了具体方向。

到 2025 年，交通运输基础设施和运载装备全要素、全周期的数字化升级迈出新步伐，数字化采集体系和网络化传输体系基本形成。第五代移动通信等公网和新一代卫星通信系统初步实现行业应用。交通运输大数据应用水平大幅提升，出行信息服务全程覆盖，物流服务平台化和一体化进入新阶段。到 2035 年，交通基础设施完成全要素、全周期数字化，天地一体的交通控制网基本形成，按需获取的即时出行服务广泛应用。我国成为数字交通领域国际标准的主要制定者或参与者，数字交通产业整体竞争能力全球领先。为了实现这一美好图景，创新必须成为未来数字交通发展的第一动力，“出行即服务”的新理念将得到充分普及。以数据衔接出行需求与服务资源，使出行成为一种按需获取的即时服务，让出行更简单。强调以“数据链”为主线，构建数字化的采集体系、网络化的传输体系和智能化的应用体系，加快交通运输信息化向数字化、网络化、智能化发展，为交通强国建设提供支撑。数字交通主要由七大体系构成，包括数字化的采集体系、网络化的传输体系、智能化的应用体系、产业生态体系、网络和数据安全体系、标准体系、支撑保障体系等。可以预见，在不远的我国将以数据为关键要素，全面赋能交通运输及关联产业，提升出行和物流服务品质，营造更加幸福、和谐的社会生活环境。

主要参考文献

[1] 丰波：《基于西门子 PLC1200 交通灯系统设计》，《信息系统工程》2019 年第 12 期。

[2] 王强：《数字孪生技术模拟出城市交通最优解》，《汽车零部件》2020 年第 2 期。

[3] 中国通信工业协会物联网应用分会：《物联网 + BIM：构建数字孪生的未来》，电子工业出版社 2021 年版。

[4] 方志刚：《复杂装备系统数字孪生：赋能基于模型的正向研发和协同创新》，机械工业出版社 2020 年版。

[5]朱国振：《德国英国交通管理工作考察与经验借鉴》，《道路交通管理》2019 年第 9 期。

[6] 朱熙：《数字孪生技术在城市轨道交通线网指挥中心应用浅析》，《幸福生活指南》2018 年第 6 期。

[7] 伍朝辉等：《交通场景数字孪生构建与虚实融合应用研究》，《系统仿真学报》2021 年第 33 期。

[8] 刘庆荣等：《数字孪生技术在高速公路隧道安全预警中的应用》，《中国交通信息化》2020 年第 7 期。

[9] 安筱鹏：《数字基建：通向数字孪生世界的迁徙之路》，电子工业出版社 2021 年版。

[10] 克里斯蒂安·曼蔡、李努斯·施劳宜普纳：《全球背景下的工业4.0》，湖南科学技术出版社 2021 年版。

[11] 杜明芳、邢春晓：《数字孪生城市：新基建时代城市智慧治理研究》，中国建筑工业出版社 2021 年版。

[12] 李哲：《道路交通信息化管理思路》，《现代交通技术研究》2019 年第 2 期。

[13] 肖静华：《智能制造、数字孪生与战略场景建模》，《北京交通大学学报》2019 年第 2 期。

[14] 吴付标：《“数字孪生”中国“新基建”不可放手的机遇》，《中国勘察设计》2020 年第 12 期。

[15] 吴付标：《数字孪生赋能新基建》，《中国建设信息化》2019 年第 6 期。

[16] 吴柯维：《基于视频智能分析技术的交通数字孪生应用》，第十五届中国智慧交通 2020 年会。

[17] 张龙：《从智能制造发展看数字孪生》，《软件和集成电路》2018 年第 9 期。

[18] 张艳丽等：《数字孪生与全息技术融合下的未来学习：新内涵、新图景与新场域》，《远程教育杂志》2020 年第 5 期。

[19] 张竞涛：《数字孪生技术在智慧交通应用中的态势与建议》，《信息通信技术与政策》2020 年第 3 期。

[20] 陈根：《数字孪生：5G 时代的重要应用场景未来实体产业的基石》，电子工业出版社 2020 年版。

[21] 陈根：《智能制造、数字孪生与战略场景建模》，北京交通大学学报（社会科学版）2019 年第 4 期。

[22] 苗田等：《数字孪生技术在产品生命周期中的应用与展望》，《计算机集成制造系统》2019 年第 6 期。

[23] 罗钰：《交通运输管理信息化建设的思考》，《中国中小企业》2019 年第 11 期。

[24] 季玮等：《数字孪生智慧交通系统的技术内涵与应用展望》第十五

届中国智慧交通 2020 年会。

[25] 周祖德等:《数字孪生与智能制造》，武汉理工大学出版社 2020 年版。

[26] 郑伟皓等:《基于三维 GIS 技术的公路交通数字孪生系统》计算机集成制造系统，2020 年第 1 期。

[27] 郑国荣等:《数字孪生驱动的城市综合交通枢纽多运输方式调度协同优化框架研究》,《自动化博览》2020 年第 12 期。

[28] 赵任远:《数字孪生技术推动机场向智能建造和新基建创新转型》,《中国工程咨询》2021 年第 3 期。

[29] 胡权:《数字孪生体：第四次工业革命的通用目的技术》，人民邮电出版社 2021 年版。

[30] 胡晓丽:《信息化建设与交通运输管理的思考》,《科学与财富》2020 年第 1 期。

[31] 耿彦斌等:《长江三角洲地区交通运输现代化发展国际对标研究》,《综合运输》2019 年第 2 期。

[32] 高艳丽、陈才:《数字孪生城市：虚实融合开启智慧之门》，人民邮电出版社 2019 年版。

[33] 郭沙等:《数字孪生：数字经济的基础支撑》，中国财富出版社 2021 年版。

[34] 陶飞等:《数字孪生及其应用探索》,《计算机集成制造系统》2018 年第 1 期。

[35] 黄永军等:《“云上港航”数字孪生系统助航解决方案》,《信息技术与信息化》2018 年第 12 期。

[36] 黄海松等:《数字孪生技术在智能制造中的发展与应用研究综述》,《贵州大学学报（自然科学版）》2020 年第 5 期。

[37] 曹晶磊、张波:《数字孪生，未来可期》,《中国公路》2020 年第 3 期。

[38] 梁乃明等:《数字孪生实战：基于模型的数字化企业》，机械工业出版社，2019 年版。

[39] 彭俊松:《工业 4.0 驱动下的制造业数字化转型》，机械工业出版社 2016 年版。

[40]董华、狄小峰:《大数据时代背景下交通信息化建设路径思考》,《建筑·建材·装饰》2019 年第 5 期。

[41]曾岳、朱良才:《工业 4.0 下大规模机器人调度系统研究与产业化》,《中国科技成果》2020 年第 18 期。

责任编辑：茅友生
封面设计：胡欣欣

图书在版编目（CIP）数据

数字孪生赋能交通强国高质量发展研究 / 赵光辉 著 . —
北京：人民出版社，2022.11
ISBN 978 – 7 – 01 – 024948 – 3

I. ①数… II. ①赵… III. ①公路运输发展 – 研究 – 中国 IV. ① F542.3

中国版本图书馆 CIP 数据核字（2022）第 138668 号

数字孪生赋能交通强国高质量发展研究

SHUZI LUANSHENG FUNENG JIAOTONG QIANGGUO GAOZHILIANG FAZHAN YANJIU

赵光辉 著

人民出版社 出版发行
（100706 北京市东城区隆福寺街 99 号）

北京盛通印刷股份有限公司印刷 新华书店经销

2022 年 11 月第 1 版 2022 年 11 月北京第 1 次印刷
开本：710 毫米 ×1000 毫米 1/16 印张：23.75
字数：341 千字 印数：0,001–5,000 册

ISBN 978 – 7 – 01 – 024948 – 3 定价：119.00 元

邮购地址 100706 北京市东城区隆福寺街 99 号
人民东方图书销售中心 电话（010）65250042 65289539